二十一世纪"双一流"建设系列精品教材

基础保险学

JICHU BAOXIANXUE

主　编　兰　虹

副主编　王伊琳

西南财经大学出版社

中国·成都

图书在版编目(CIP)数据

基础保险学/兰虹主编.—成都:西南财经大学出版社,2024.2
ISBN 978-7-5504-5353-1

Ⅰ.①基… Ⅱ.①兰… Ⅲ.①保险学—教材 Ⅳ.①F840

中国版本图书馆 CIP 数据核字(2022)第 081256 号

基础保险学

JICHU BAOXIANXUE

主 编 兰 虹
副主编 王伊琳

策划编辑:金欣蕾
责任编辑:金欣蕾
责任校对:冯 雪
封面设计:墨创文化
责任印制:朱曼丽

出版发行	西南财经大学出版社(四川省成都市光华村街55号)
网 址	http://cbs.swufe.edu.cn
电子邮件	bookcj@swufe.edu.cn
邮政编码	610074
电 话	028-87353785
照 排	四川胜翔数码印务设计有限公司
印 刷	郫县犀浦印刷厂
成品尺寸	185mm×260mm
印 张	17.375
字 数	457 千字
版 次	2024 年 2 月第 1 版
印 次	2024 年 2 月第 1 次印刷
印 数	1— 2000 册
书 号	ISBN 978-7-5504-5353-1
定 价	42.00 元

前　言

党的二十大报告指出，高质量发展是全面建设社会主义现代化国家的首要任务。发展是党执政兴国的第一要务。要坚持以推动高质量发展为主题，把实施扩大内需战略同深化供给侧结构性改革有机结合起来，增强国内大循环内生动力和可靠性，提升国际循环质量和水平，加快建设现代化经济体系，着力提高全要素生产率，着力提升产业链供应链韧性和安全水平，着力推进城乡融合和区域协调发展，推动经济实现质的有效提升和量的合理增长。

保险业要为新时代国家高质量发展服务。对人民财产进行有效的保护是增强人民群众的获得感、幸福感、安全感的有效和必要手段，而保险作为有效的风险管理工具，具有损失补偿、防灾防损和融资功能，在服务居民家庭和提升实体经济发展能力中发挥作用，为改善民生保障提供了有力的支撑。保险业要优化产品供给，以客户为中心，创造与提升对经济主体和社会的价值。目前，我国人口老龄化和家庭小型化发展趋势明显，对养老和医疗保障体制提出了严峻挑战。通过产品供给的优化与创新，商业保险为社会公众提供了多层次、个性化的养老、健康保险产品和服务。

由西南财经大学出版社出版的《保险学基础》（兰虹主编）自 2002 年出版以来，持续建设 20 余年，已修订出版五版，并多次重印，得到了广大读者的认可，系四川省"十二五"普通高等教育本科规划教材。

本书在《保险学基础》的基础上做了大的结构调整，构建了更加系统的保险学基础知识结构，增加了三章内容——"风险理论""保险市场与保险监管""个人保险规划基础"，并修改了部分章节。本书注重理论与实务的结合，以最新法律法规为依据，吸收了新的实务动态和编者的研究成果。

全书包括五篇共十二章：

第一篇，保险的风险基础：第一章风险理论、第二章风险管理概述。

第二篇，保险机制及其发展基础：第三章保险概述、第四章保险的产生与发展、第五章保险市场与保险监管。

第三篇，保险的法律基础：第六章保险合同、第七章保险合同的原则。

第四篇，保险产品与个人保险规划基础：第八章人身保险、第九章财产保险、第十章个人保险规划基础。

第五篇，保险的运行基础：第十一章保险业务经营、第十二章保险的数理基础。

本书由兰虹拟定大纲并负责全书总纂，王伊琳为梳理教材结构和审稿做了大量工作。参加编写的人员及具体分工如下：第一章、第二章（高海霞），第三章（孙蓉），第四章（李潇一、韦生琼），第五章第一节至第四节（王晓全）、第五节（杨馥），第六章、第七章（王伊琳），第八章（兰虹、韦生琼），第九章、第十章、第十一章（兰虹），第十二章（孙正成）。

本书适用于高等院校保险学课程的教学，也可作为保险从业人员及自学者的参考用书。本书在编写和出版过程中，得到了西南财经大学出版社的大力支持，在此深表感谢！同时，感谢韦生琼、李虹等老师为教材建设所做出的贡献。

编者学识水平有限，书中难免存在不足之处，恳请各位同仁指正。

编者

2023 年 12 月于光华园

目　录

第三篇　保险的法律基础

第四篇 保险产品与个人保险规划基础

第五篇 保险的运行基础

3

4

基／础／保／险／学

第一篇　保险的风险基础

第一章
风险理论

章首语:

　　风险是保险产生的逻辑起点,对风险的研究亦是保险学习的逻辑起点。基于研究目的和研究视角的不同,研究主体对风险的理解和认知不同,到目前为止很难对风险做出统一的定义。长期以来,学术界形成了以客观实体派与主观建构派为代表的风险学说和理论学派,其对风险有着不同的理解和定义。保险学是客观实体派的典型代表,保险学对风险的定义通常是指损害发生的不确定性,它强调事件发生后导致的不利结果。

第一节　风险学说与学派

　　人类社会发展史是一部人类与风险抗争的历史,风险无时不在、无处不在、无所不在。在与风险的抗争中,社会不断进步和发展。17 世纪中期,英语中才出现 risk(风险)一词,它源自法文 risque,意思是"航行于危崖间",因此,很多学者将之译为"危险"。而法文 risque 又源于意大利语 risicare,意思是"胆敢、敢于",risicare 则源于希腊文 risk①。到 18 世纪前半期,"risk"一词逐渐开始出现在保险交易中。19 世纪末,西方军事领域也引用了风险概念。现如今,风险已被广泛应用于各个领域。

　　早期的风险概念总是和损失(loss)、伤害(injury)、损害(damage)联系在一起的,但这种不利后果未必会发生,所以,学者常常用可能性(possibility)、概率(probability)、不确定性(uncertainty)、不可预见性(unpredictability)、机会(chance)、偏差(deviation)等词语来对风险进行描述。长期以来,学术界形成了以客观实体派与主观建构派为代表的风险学说与理论学派,其对风险有着不同的理解和定义。

---

① 宋明哲. 现代风险管理 [M]. 北京:中国纺织出版社,2003.

一、客观实体派

客观实体派的观点是典型的经济理性人假设，即把风险看成一种物质属性，认为风险是一种不以人的意志为转移，独立于人的意识之外的客观存在。无论是自然界的物质运动，还是社会的发展，都由事物的内部因素和客观规律决定。保险精算、医学与工程学、统计学、经济学、财务理论等这些学科的学者认为风险是客观的。他们强调损失，认为风险应该是损失的可能而不是产生的收益。他们认为风险是可以被计算和测量的，强调风险的可测性和可补偿性。

（一）可能性（possibility）与概率（probability）说

美国学者海恩斯（Haynes）于1895年在其所著的《经济中的风险》一书中指出："风险一词在经济学中和其他学术领域中，并无任何技术上的内容，它只是意味着损失的可能性。"1928年，法国学者莱曼（Leimann）在其所著的《普通经济学》一书中将风险定义为"损失发生的可能性"。此外，还有德国学者斯塔德勒（Staeder）定义风险为"影响给付和意外发生的可能性"，普赖恩定义风险为"企业的目的所不能实现的可能性"。

概率说认为风险是客观存在的，损失的可能性可以用概率来表达，概率可以用来客观地测量风险。例如，美国学者佩费尔（Irving Pfeffer）认为"风险是危险状态的结合，由概率加以测定"；日本学者武井勋（Saburoikeda）认为"风险是自然或人类行为所导致的不利事件发生的可能性"，并强调风险由两部分组成：不利事件发生的概率及不利事件造成的后果。

从最开始人们对风险的认识到后来大数法则、保险业的出现，在相当长一段时期内，风险被人们以概率的形式进行描述。保险精算、流行病学与安全工程的风险概念均属于此派。

（二）不确定性说

由于可能性和概率均包含了事件不会发生和必然发生这两种确定性结果，它们显然不属于风险。于是，有学者提出了风险的不确定性说，他们认为用损失或者不利事件发生的不确定性来定义风险能更准确地描述风险。

美国学者威利特（A. H. Willett）把风险与保险联系起来进行研究，在其博士论文《风险与保险的经济理论》中定义风险："风险是关于不愿发生事件发生的不确定性之客观体现。"威利特强调了风险是客观存在的，是不利事件发生的不确定性，但没有对不确定性做进一步的分析和界定。

1921年，美国经济学家奈特（Frank H. Knight）在其著作《风险、不确定性和利润》中首次指出风险与不确定性之间的区别："风险是可测的，不确定性却是不可测的。"他认为"可测定的不确定性"是风险，而"不可测定的不确定性"是真正的不确定性，从而，将风险与不确定性进行了区分。凯恩斯也认为"风险是一种人们可知其概率分布的不确定，是人们可以根据过去推测未来的可能性。而不确定性则意味着人类的无知，因为不确定性意味着人们根本无法预知没有发生过的将来事件，它是全新的、唯一的、过去从来没有出现过的"。

在许多保险学著作中，风险通常被解释为"损失的不确定性"（uncertainty of loss）。例如，克布（Kulp）和约翰·贺尔（John Hall）在《意外伤害保险》（*Casualty Insurance*）一书中定义风险为"风险是在一定条件下财务损失的不确定性"。美国学者罗伯特·梅尔（Robert I. Mehr）所著的《保险学原理》（*Fundamentals of Insurance*）中将风险定义为"损失的不确定性"。

我国的保险教材大多将风险定义为"损害的不确定性"，这里的损害包含了财产损失和人身伤害，更加契合保险实务内容。

（三）变动说

变动说学派的代表人物以经济学者、财务管理学者和统计学家居多，他们认为对风险的关注不应仅限于损失方面，也需要考虑获利方面。他们认为预期结果与实际结果之间的不一致或者偏离即风险。

早在1876年，精算师特滕斯（Tetens）就在年金保险中第一次精确地用数学定义了风险的概念，他建议将风险描述为平均离差的一半。统计学家瓦尔德（Wald）定义风险"就是当采用一个特别的决策函数时，由于错误的最终决策而产生的预期实验成本和预期损失之和"。威廉姆斯（Williams C. Arthur）和汉斯（Heins Richartcl M.）于1964年出版了《风险管理与保险》（*Risk Management and Insurance*），他们认为："风险是指在一定条件下、一定时期内可能产生结果的变动。如果结果只有一种可能，不存在发生变动的可能，风险为零；如果产生的结果有几种，则风险存在。可能产生的结果越多，变动越大，风险就越大。预期结果和实际结果的变动，意味着猜测的结果与实际结果的不一致或偏离。"[①] 此外，美国经济学家赫舒拉发（Jack Hirshleifer）和赖利（Riley）认为，"当一项经济决策可能产生两种或以上结果时，不确定性就出现了"[②]。

最初的风险变动说主要是围绕着损失进行定义，后来，学者们沿着实际结果与预期结果的不一致性进行了更多讨论分析。现代风险观认为风险除了存在损失的可能，还存在收益的机会，风险不只是损失的创造或分配，也可能是财富的创造与分配。风险内涵的这种变化使传统的消极风险管理观转变为积极的风险管理观。

二、主观建构派

主观建构派与客观实体派的分歧主要源自不同学科在理论、研究方法以及思维方式上存在的差异。心理学、社会学、哲学、人类学等学科领域的学者指出，客观实体派忽视了个人行为、偏好、价值观、文化、制度、经验积累等因素对风险认知与风险管理的内在影响。就不确定性而言，不同的人在面临相同的客观事物时主观上对不确定性的判断并不一致。他们批判客观本身就是问题，各种客观标准往往是引起争议和风险的原因。他们认为风险不是客观存在物，而是经由人们的主观建构而成，是人们对客观世界的主观认知和评价，风险具有主观性、团体性和社会性。

① 威廉姆斯，汉斯. 风险管理与保险 [M]. 陈伟，译. 北京：中国商业出版社，1990.

② HIRSHLEIFER J，RILEY J G. The analytics of uncertainty and information [J]. Journal of Economic Literature，1979（12）：1375-1421.

他们从人的心理活动及特征、人类的社会活动及社会性等方面展开分析，从社会公平正义、公序良俗、文化制度的规范与构建等视角来理解、定义及应对风险，由此得名主观建构派。

20 世纪 80 年代开始，越来越多的人文学者用后实证的思维思考风险在后现代社会中的角色，以及人们建构风险的方式。建构理论（the constructivism theory of risk）中最具代表性的是风险文化理论、风险社会理论和风险统治理论。

（一）风险文化理论（the cultural theory of risk）

风险文化理论的创始人是玛丽·道格拉斯（Mary Douglas）。道格拉斯在《自然符号》（1970）一书中提出著名的"阶层/团体"图式（grid / group scheme），把它作为一种对文化进行分类的认知方式。在 1978 年出版的《文化偏见》一书中，道格拉斯把它提升为一种分析社会问题的方法。随后，"阶层/团体"分析模式被她运用于风险问题的研究。1983 年，道格拉斯与韦达斯基（A. Wildavsky）合著的《风险与文化》一书提出风险是群生的概念，而不是个体的概念，风险可被视为一种文化符号①。文化是价值、规范与信仰的总称，风险是文化认知的结果。人们在不同的文化背景下往往会有不同的风险认知以及不同的风险应对。

道格拉斯开创了风险文化研究的先河。1990 年以来，经英国社会学家斯科特·拉什（Scott Lash）、人文学者希瓦斯（M. Schwarz）、汤普生（M. T. Thompson）和亚当斯（J. Adams）等的共同努力，风险文化研究成为一种理论流派。

风险文化研究者主张从文化的角度理解风险，将风险视为违反规范的文化反应。他们批评传统的风险理论忽略了伦理道德文化因子，而每个社会都有其伦理道德文化习俗，文化差异导致了不同文化对风险的不同认识。这是一种全新的风险认知视角，体现了人们对风险认识的加深。

（二）风险社会理论（the risk society theory）

风险社会理论的代表人物是德国社会学家乌尔里希·贝克（Ulrich Beck）。他在《风险社会》（1986）一书中首次提出"风险社会"概念，但并未对风险社会直接下定义。贝克认为人类历史上各个时期的各种社会形态从一定意义上说都是一种风险社会，因为所有有主体意识的生命都能够意识到死亡的危险。风险社会是一个人为的混合世界，风险社会中的风险来自人类的科技、经济活动，表现为"人为风险"。这些社会风险总是伴随人类的决策、实践活动产生并蔓延。在贝克后来的著作中，他更明确地指出人类行为后果是彻底的现代化产生的意料之外的后果，而风险是一种"虚拟的现实、现实的虚拟"②。

风险社会理论的另一位代表人物是英国学者安东尼·吉登斯（Anthony Giddens），他把"风险社会"定义为制度性结构所支撑的社会体系，把先前的工业社会的现代化称为"简单现代化"，把风险社会的现代化称为"反思性现代化"或"激进的现代化"。吉登斯认为，我们所面对的最令人不安的威胁是那种人为风险，它们源于

① 张宁. 风险文化理论研究及其启示 ［J］. 中央财经大学学报，2012（12）：91-96.
② 卓志. 实体派与建构派风险理论比较分析 ［J］. 经济学动态，2007（4）：97-101.

科学与技术的不受限制的推进；在工业化前两百年里，外部风险占主导地位，但在自然和传统终结之后，人为风险渐渐发展成为主导的风险。他还强调风险不只是个人的行动，有一些共同影响着许许多多个体的风险环境。

综上所述，风险社会理论认为风险是现代化的副产品，是现代化带来的灾难和不安全，是现代性制度自反的产物，这种自反试图以创造新的制度来超越和化解风险。

（三）风险统治理论（the theory of risk and governmentality）

风险统治理论也叫风险治理理论，是由多位理论家在吸收了法国哲学家米歇尔·福柯（Michel Foucault）著作中关于规训的理论的基础上提出来的。福柯作为风险统治理论的鼻祖，其关于权力（power）和"治理术、统治术"（governmentality）① 的理论是风险统治理论的核心基础。福柯认为风险和权力有关，权力是产生人们不平等结构的力量，权力就是统治、治理。他在《规训与惩罚》（1979）中讨论了17到18世纪西方社会出现新的权力形式，即微观权力，它隐藏在社会运作体制之中，隐藏在人们的日常生活之中，并且生产出了大众所认可的真理与知识，形成了规训社会②。福柯强调政府在风险统治中的地位和作用，主张政府运用权力对那些脱离法律和社会规范的群体或个人进行社会化的规训和风险控制③。

受福柯的权力与统治思想影响，结合风险社会理论，后续学者更多地从社会、政府及经济主体的角度进一步展开风险理论的研究，他们开始广泛使用一个新的概念——风险统治（risk governance）。艾瓦尔德（Ewald）强调知识和政治权利在风险统治中的作用，特别是个人的主观性认识，指出"任何事情本身都不是风险，但任何事情都能成为风险，这有赖于人们如何分析危险、考虑事件"④。

风险统治理论认为所有与风险相关的规章制度、办法与机构都是为了建构风险而生，风险也只有依存于这些规训、制度、办法与机构才有意义。

三、国际权威组织对风险的定义

（一）国际标准化组织（ISO）的定义

1995年，澳大利亚/新西兰标准联合技术委员会历经三年发布了全球第一份真正意义的风险管理标准 AS/NZS 4360。在此标准中，风险被定义为："对目标产生影响的事项发生的机会（The chance of something happening that will have an impact on objectives）。"

2004年，澳大利亚/新西兰标准联合技术委员会发布了 AS/NZS 4360 的更新版，对风险的定义依旧沿用了1995年的描述。与此同时，澳大利亚、新西兰和日本提出

---

① 在很多中文文献中"governmentality"一词经常被学者翻译为统治、统治术、治理、治理性、治理术。

② 韩平. 微观权力分析：读米歇尔·福柯的《规训与惩罚》[J]. 河北法学，2006（11）：2-8.

③ 何小勇. 风险、现代性与当代社会发展：当代西方风险理论主要流派评析 [J]. 内蒙古社会科学（汉文版），2007（6）：67-71.

④ EWALD F. Insurance and risk [M] // BURCHELL G, GORDON C, MILLER P, et al. The Foucault effect studies in governmentality with two lectures and an interview with Michel Foucault. Chicago：The University of Chicago Press, 1991：197-210.

要求，希望 ISO 采取 AS/NZS 4360 作为国际标准。

2009 年，经过四年的研究和反复讨论，ISO 终于推出了《风险管理原则与实施指南》（ISO 31000：2009），这是全球业内专家数十年共同努力的结果。该指南采用了我国工作组提出的对风险的定义："不确定性对目标的影响（Impact of uncertainty on objectives）。"这一定义被广泛参考和采用。

2018 年，ISO 发布了《风险管理指南》（ISO 31000：2018），其中对风险的定义沿用了使用不确定性（uncertainty）定义风险的方式，即"不确定性对目标的影响"。2018 版的指南试图解决的是思想意识和顶层设计问题，为风险管理提供了一个纲领性的文件，这一版的内容比上一版的内容更加简化。

（二）美国反舞弊性财务报告委员会发起组织（COSO）的定义

2004 年，COSO 发布了《企业风险管理——整体框架》。COSO 对风险的定义是："对目标实现有不利影响的某一事件发生的可能性（The possibility that an event will occur and adversely affect the achievement of objectives）。"

2017 年，COSO 发布新版《企业风险管理——整合战略与绩效》。新版在精神内核上和 ISO 文件已经开始趋同。但 COSO 的定义和 ISO 的不太一致，COSO 一直用可能性（possibility）来定义风险，新版的风险定义是："对战略和业务目标实现有影响的某一事件发生的可能性（The possibility of that event will occur and affect the achievement of strategy and business objectives）。"

与 ISO 相比，COSO 对风险的定义以及框架内容都因为长篇幅而更加细化和具体，它更加偏重于微观层面。

第二节 风险的构成要素及特征

在第一节，我们谈及我国的保险教材大多将风险定义为"损害的不确定性"，这里的损害包含了财产损失和人身伤害，更加契合保险实务，本书亦采用此定义。保险对风险的研究是典型的客观实体派思维，认为风险是客观存在的实体，是由多种要素构成的。这些要素缺一不可，并形成了一套内在的作用机理，共同决定了风险的存在、发展和变化。

一、风险的构成要素

客观实体派认为风险的构成要素主要由风险因素、风险事故和损害构成。

（一）风险因素（hazard）

牛津词典对 hazard 的解释是"有潜在危险性或者造成损害的事物（A thing that can be dangerous or cause damage）。"我们习惯把它翻译成风险因素。风险因素是风险事故发生的潜在原因，是造成损害的间接的、内在的原因。风险因素的存在，有可能增加风险事故发生的频率、加深风险损害的程度。风险因素可分为两类：有形风险因素和无形风险因素。

1. 有形风险因素

有形风险因素也叫实质风险因素，是指导致损失发生的物质方面的因素。它是指那些看得见的、影响损害频率和程度的环境条件。汽车的用途及刹车系统，建筑物的位置、构造及占有形式，甚至人体的免疫力等，都可以归入实质风险因素。实质风险因素与人为因素无关，故又称为物质风险因素。

2. 无形风险因素

文化、习俗和生活态度等一类非物质形态的因素也会影响损失发生的可能性和受损的程度，它是一种无形的风险因素，包括道德风险因素和心理风险因素。

（1）道德风险因素

道德风险因素是指与人的道德修养及品行有关的无形的因素，即个人行为不端、不诚实、居心不良或有不轨企图，故意促使风险事故发生，以致引起社会财富损毁和人身伤害的原因和条件。在保险实务中，道德风险主要表现在投保人的欺诈骗赔，如伪造保险事故、虚报保险财产价值、对没有保险利益的标的进行投保、伪造保险事故等恶意行为，利用保险牟取不正当利。

（2）心理风险因素

心理风险因素是指与人的心理状态有关的无形因素，因人的主观疏忽、过失、侥幸心理或依赖保险心理等，造成风险事故发生的机会增大。如外出未锁门的行为会增加盗窃事故发生的可能性；驾驶车辆不愿意系安全带，增加了发生车祸以后伤亡的可能性等。人们在购买了保险以后，易产生对保险的依赖和对风险的漠视，如过度吸烟、服药；接触放射性物质和其他有害物质；养成不良的饮食、睡眠和运动习惯等。

道德风险因素和心理风险因素都是无形风险因素，由于它们都与人的行为密不可分，因而，可以统称为人为因素。

（二）风险事故（peril）

风险事故是指造成生命财产损害的偶发事件，是造成损害的直接的、外在的原因，是损害的媒介物。即只有发生风险事故，才会导致损失或伤害。例如，在汽车刹车失灵酿成车祸导致车毁人亡这一事件中，刹车失灵是风险因素，车祸是风险事故。如果仅有刹车失灵而无车祸，就不会造成人员的伤亡。风险事故意味着风险的可能性转化为现实性，即风险的发生。

就某一事件来说，在一定条件下，它可能是造成损失的直接原因，则它成为风险事故；而在其他条件下，它又可能是造成损失的间接原因，则它又成为风险因素。比如，冰雹导致路滑而引起车祸，造成房屋被撞毁，这时冰雹是风险因素，车祸是风险事故；若冰雹直接砸伤行人，则它是风险事故。

（三）损害（damage）

损害即损失（loss）和伤害（injury），是指经济价值的减少或人身伤害。损害分为直接损害和间接损害：前者是指实质性的、直接引起的损害；后者是指额外费用损失、收入损失、责任损失、信誉损失、精神损害等。风险是损害的发生具有不确定性的状态，离开了可能发生的损害，谈论风险就没有意义了。

风险是由风险因素、风险事故和损失三者构成的统一体。一方面，风险与损害机会之间存在着密切的关系。损害机会的大小在一定程度上反映了风险程度的高低，损害机会越大，风险越大；而损害机会越有规律，越易被人们把握，那么风险的程度也就越低。但是它们之间的关系并不是绝对的，也就是说并不是所有风险都必然造成损害。比如财产的折旧损失就是一种可以预计后果的损失。另一方面，风险因素、风险事故以及损害之间存在着因果关系：风险因素的增加或产生，可能导致风险事故发生并引起损害，从而产生实际结果与预期结果之间的差异，这就是风险。

二、风险的特征

（一）风险的客观性

风险是客观存在的，是不以人的意志为转移的，是独立于人的意识之外客观存在的，如自然界的地震、台风、洪水以及人类社会中的瘟疫、意外事故等风险。人们只能在一定的时间和空间内改变风险存在和发生的条件，降低风险发生的频率和损害程度，但难以彻底消除风险。

（二）风险的普遍性

人类社会自产生以来就面临着各种各样的风险。随着科学技术的发展、生产力的提高、社会的进步，新的风险不断产生，且风险事故造成的损害也越来越大。在现代社会，个人及家庭、企事业单位、机关团体乃至国家都面临着各种各样的风险，风险渗入社会经济生活的方方面面。风险的发生具有普遍性，风险无时不在、无处不在。

（三）风险的不确定性

在与损失相关的客观状态中，如果能够准确地预测到损失必然发生以及损失的程度，那么人们就可以采取准确无误的方法来应对或者回避，这就不存在风险；如果损失肯定不会发生，也不存在风险。不会发生和必然发生的损失都具有确定性，因此严格意义上说都不是风险，只有损失的发生具有不确定性时，才有风险的存在。

（四）风险的可测性

个别风险的发生是偶然的，但是通过对大量风险的观察可以发现，风险往往呈现出明显的规律性，从而体现出风险是可以测定的这一特性。如果我们根据以往的大量资料，运用概率论及数理统计的方法，去处理大量相互独立的偶发风险事故，就可以测算出风险事故发生的概率及其损害范围，可以较为准确地预测风险损害，从而可以较为准确地把握风险发生的规律性。可见，我们通过对大量偶发事件的观测分析，可以揭示出风险潜在的规律性，使风险具有可测性。

（五）风险的发展性

随着人类社会的进步、科技的创新发展，会产生一些新的风险。而与此同时，人们对风险的认知和管控能力提升，有些风险在一定程度上得到控制，有些风险在一定的时间和空间范围内被消除，还有些风险会发生性质上的改变。总之，人类社会的进步与发展，既可能使新的风险产生，也可能使原有的风险发生变化。

（六）风险的社会性

风险具有社会属性，而不仅仅具有自然属性。就自然现象本身而言是无所谓风险的，各种自然灾害、意外事故可能只是大自然自身运动的表现形式，或者是自然界自我平衡的必要条件。然而，当灾害事故与人类相联系，对人类的财产、生命等造成损害时，对人类而言就成为风险。因此，没有人类社会，就没有风险可言，这正体现出风险的社会性。

第三节　风险的分类

人类在日常的生产与生活中，面临着各种各样的风险。为了对风险进行管理，我们需要对风险进行分类。按照不同的分类依据，我们可将风险分为不同的类别。

一、从认知的角度分类

格林（Greene M. R.）和道尔夫曼（Dorfman）等将风险分为客观风险（objective risk）和主观风险（subjective risk）。

（一）客观风险

客观风险是指不以人的意志为转移而客观存在的风险，如自然灾害、意外事故等。客观风险可以借助历史资料，按照大数定律的原理，采用统计方法进行分析测算。

（二）主观风险

主观风险是指由于精神状态和心理状态所产生的风险。当风险在客观上不能准确测算时，人们对风险要做出主观判断。由于缺乏系统的资料，很难对风险做出科学估测，而只能用经验和判断来解释现有资料，估计风险因素向风险事故转化的趋势和过程，由此得到的仅仅是主观上的估计值。由于人们处理风险的态度和观念的差异，这种估计值可能存在较大的差异。例如，有的人可能十分谨慎，不愿接受、担负各种可能发生的损失，而有的人可能比较乐观。于是对同样的风险，谨慎者比乐观者所做的损失估计就会更大些。

二、按风险的性质分类

按风险的性质分类，风险可分为纯粹风险和投机风险。

（一）纯粹风险

纯粹风险是指可能造成损害的风险，其所导致的结果有两种，即损害和无损害。或者说纯粹风险是指只有损害机会而无获利可能的风险。例如，房屋所有者的房屋遭遇火灾，会造成房屋所有者经济上的损失。各种自然灾害、意外事故的发生，都可能导致社会财富的损失或人员的伤害，因此，都属于纯粹风险。纯粹风险的变化较为规则，有一定的规律性，可以通过大数法则加以测算。发生纯粹风险的结果往往是社会的净损害。因而，保险人通常将纯粹风险视为可保风险，但并不是所有的

11

纯粹风险都是可保风险。

（二）投机风险

投机风险是指既有损害机会又有获利可能的风险。投机风险是相对于纯粹风险而言的。投机风险所导致的结果有三种，即损害、无损害和收益。比如，赌博、买卖股票等风险，都可能导致赔钱、赚钱和不赔不赚三种结果。投机风险的变化往往是不规则的，无规律可循，难以通过大数法则加以测算；而且，发生投机风险的结果往往是社会财富的转移，而不一定是社会的净损害。因而，保险人通常将投机风险视为不可保风险。

三、按风险对象分类

按风险对象分类，风险可分为财产风险、责任风险、信用风险和人身风险。

（一）财产风险

财产风险是指因财产发生损毁、灭失和贬值而使财产的相关权利人遭受损失的不确定性状态。财产风险既包括财产的直接损失风险，又包括财产的间接损失风险。例如，火灾、爆炸、雷击、洪水等事故，可能引起财产的直接损失；而事前的预防、事中的抑制、事后的施救等所花费的时间、精力以及可能的误工等都属于间接损失。

（二）责任风险

责任风险是指个人或团体因造成他人的财产损失或人身伤害而发生的侵权责任，在法律上必须负有经济赔偿责任的不确定性状态。比如，驾驶汽车不慎撞伤行人，构成车主的第三者责任风险；专业技术人员的疏忽、过失造成第三者的财产损失或人身伤亡，构成职业责任风险等。责任风险较为复杂和难以控制，其发生的赔偿金额也可能是巨大的。

（三）信用风险

信用风险是指在经济交往中，权利人与义务人之间，因一方违约或违法给对方造成经济损失的风险。例如，借款人不按期还款，就可能影响到贷款人资金的正常周转，从而使贷款人因借款人的不守信用而遭受损失。

（四）人身风险

人身风险所导致的损害包括损失和伤害，是指人们因早逝、疾病、残疾、失业或年老而引起的经济损失或身体的伤害。人身风险一旦发生可能给本人、家庭或其抚养者等造成难以预料的经济困难乃至精神痛苦等。

四、按风险产生的原因分类

按风险产生的原因分类，风险可分为自然风险、社会风险、政治风险、经济风险和技术风险。

（一）自然风险

自然风险是指自然力的不规则变化引发的种种现象所造成的财产损失及人身伤害的风险。如洪灾、旱灾、火灾、风灾、雹灾、地震、虫灾等，都属于自然风险。自然风险是客观存在的，不以人的意志为转移，但是，其形成与发生具有一定的周期性。自然风险是人类社会普遍面临的风险，它一旦发生波及面可能很大，使社会蒙受莫大的损失。

（二）社会风险

社会风险是指个人或团体的故意或过失行为、不当行为等所导致的损害风险。例如，盗窃、玩忽职守等引起的财产损失或人身伤害。

（三）政治风险

政治风险是指在对外投资和经济贸易过程中，政治因素或其他订约双方所不能控制的原因所致的债权人损失的风险。例如，战争、暴动、罢工、种族冲突等致使货物进出口合同无法履行的风险。

（四）经济风险

经济风险是指个人或团体的经营行为或者经济环境变化所导致的经济损失的风险。例如，在生产或销售过程中，由于市场预期失误、经营管理不善、消费需求变化、通货膨胀、汇率变动等致使产量增加或减少、价格涨跌等的风险。

（五）技术风险

技术风险是指伴随着科学技术的发展、生产方式的改变而发生的风险。例如核辐射、空气污染、噪音等风险。

五、按风险的影响程度分类

按风险的影响程度分类，风险可分为基本风险和特定风险。

（一）基本风险

基本风险是指由非特定的个人或组织引起的损失的不确定性状态，通常损失波及范围较大。像政局变动、经济体制改革、失业、战争、通货膨胀、地震和洪水等都属于基本风险。基本风险不是仅仅影响一个群体或一个团体，而是影响到很大的一组人群，甚至影响整个人类社会，且不易防止。在大多数情况下，基本风险不是由某个特定的个人或组织的过错造成的，损失通常由社会而不是个人来承担，这就产生了社会保险存在的必要性。

（二）特定风险

特定风险是指风险的产生及其影响只和特定的个人或组织有关。此风险损失波及范围较小，一般可以通过对个人或组织采取某些措施进行控制。例如，纵火、爆炸、盗窃可能导致财产损失，属于特定风险；又如，某企业生产的产品因质量不佳引起经济赔偿责任的风险，可列入特定风险范畴。特定风险通常被认定为个人应承担的责任范围，因此，个人应当通过保险、损失防范和其他风险管理工具来应对这一类风险。

■ 本章关键词

风险　不确定性　客观实体派　主观建构派　纯粹风险　投机风险　风险要素

■ 复习思考题

1. 总结客观实体派有关风险定义的代表性学说及观点。
2. 总结主观建构派有关风险定义的代表性学说及观点。
3. 就风险理论及风险管理理论对客观实体派和主观建构派进行比较。
4. 保险学对风险的定义。
5. 试述风险因素、风险事故、损害及其相互关系。

第二章
风险管理概述

章首语：

　　安全方面的需求，是人类与生俱来的，这种需求，是推动社会进步的重要原动力。风险管理思想源远流长，但风险管理作为一门学科进行推广和传播并不久远。而保险的产生与发展有着更为悠久的历史，它一度成为处理风险的主要方法，在人类社会发展的历史长河中功不可没。从传统风险管理到现代全面风险管理，风险管理的理念、目标、手段、方法以及研究框架都发生了巨大变化，这些对保险的发展也产生了深远影响。

第一节　风险管理的诞生与发展

一、风险管理的早期意识

　　人类很早就具备了应对风险的能力，史前人类结为部落、穴居等。当时，社会处于原始的未开化时期，生产力极其落后，人们面临的主要风险是来自毒蛇猛兽的威胁，为了生存，人们不得不联合起来共同抗击猛兽的袭击，并研制出一些原始的工具。随着社会生产力的提高，剩余产品可用于储备和交换，人类抵御自然灾害和意外事故的能力增强，商品经济得到发展。人们应对风险的方法越来越多，技术水平越来越高，而互助共济是一种主流思想。

　　公元前 2690 年左右，在古埃及从事金字塔修建的石匠中盛行一种互助基金组织，即通过收缴会费来支付会员死亡后的丧葬费用。在古希腊，一些政治哲学或宗教组织由会员摊提形成一笔公共基金，专门用于意外情况下的救济补偿。在古罗马历史上曾出现丧葬互助会，会员缴付会费，在其死亡后，他的继承人会得到抚恤金。

　　公元前 916 年的《罗地安海商法》规定，"凡因减轻船舶载重而投弃入海的货物，如为全体利益而损失的，必须由全体分摊归还"。这就是著名的共同海损分摊原则。它体现了损失分担这一保险的基本原理，因而被公认为海上保险的萌芽。

　　共同海损是船主与货主分担损失的方法而不是保险补偿，它是否属于海上保险尚有争议。公元前 800—700 年的地中海周围的一些城市出现了船舶和货物抵押借款，被认为是海上保险的雏形。当时，意大利的借贷盛行于各都市，凡接受资本的，当船舶及货物安全到达目的地后，即须偿还本金及利息；若中途船货蒙受损失，则可依其受损程度，免除借贷关系中债务的全部或一部分，由于借贷利息极高，约为本金的 1/4 或 1/3，后被教会禁止。14 世纪的商船贸易催生船舶航运保险，开始有了从事草拟和撰写保险契约的专业人员。意大利商人在 1347 年 10 月 23 日签发的船舶保险契约，是迄今为止发现的一份最古老的保险单。

保险产生之后，保险（insurance）是处理风险的主要方法。18 世纪中叶，进入"技术至上"的工业革命时期，安全管理（safety management）和保险一并取得了重大进展。20 世纪初，很多大公司雇佣了保险经理，以现代风险管理的视角看，保险和安全管理只是其中一部分。在保险和安全管理领域中，人们只关注危害性风险，人类面对灾害与风险的思维以客观实体派为主。

二、风险管理的诞生与兴起

由于风险研究总是在保险部门进行，风险管理的研究就局限于少数部门和行业。最早提出风险管理概念的学者可被追溯为美国宾夕法尼亚大学所罗门·许布纳博士，他在 1930 年美国管理协会的第一次保险问题会议上提出了风险管理概念。1931 年，美国管理协会首先倡导进行风险管理，在以后的若干年里，学者以学术会议及研究班等多种形式探讨和研究风险管理问题。1932 年，纽约保险经纪人协会宣告成立，由纽约几家大公司组织，定期讨论有关风险管理的理论和实践问题，后来逐渐发展成为全美范围的风险研究所。但此时期风险管理主要还局限于理论探讨，只有少部分大企业开始试行。

在 20 世纪 50 年代前后，美国大公司发生的重大损失促使高层决策者更加认识到风险管理的重要性。其间，有两个标志性事件促使风险管理在美国蓬勃发展起来。一是 1948 年美国钢铁工人罢工。工会因就养老金和团体人寿保险与资方意见不一致，举行了长达半年多的罢工，最终最高法院判劳工胜诉。此后，所有福利的提供均可作为劳工谈判的条件，员工福利计划方案开始普及。二是 1953 年通用汽车的变速器生产车间发生大火。总损失近一亿美元，企业巨灾损失深化了企业管理者的风险管理意识。

由于社会、法律、经济和技术的压力，风险管理运动在美国迅速开展起来。1956 年，美国学者拉赛尔·格拉尔（Russell B. Gallagher）在《哈佛商业评论》上发表论文《风险管理——成本控制的新阶段》（"Risk Management：New Phase of Cost Control"），并提出在企业中应该有专人负责管理风险，即在企业内部应该有一个全职的"风险管理者"。

自此，风险管理概念开始广泛传播，风险管理的教育也逐渐普及。1960—1961 年，美国坦普尔大学终身名誉教授、美籍华人段开龄博士与美国保险管理学会联合筹备开设全球第一个风险管理课程。1963 年，梅尔与赫斯奇的《企业的风险管理》（*Risk Management in the Business Enterprise*）出版，1964 年，威廉姆斯与汉斯的《风险管理与保险》（*Risk Management and Insurance*）出版。20世纪70年代中期，美国大多数大学的工商管理学院开授风险管理课，而且传统的保险系纷纷改为风险管理与保险系，教学重点也相应地转移到风险管理方面。很快，风险管理的概念、原理和实践从美国传播到加拿大和欧洲、亚洲、拉丁美洲的一些国家。

三、风险管理的成熟

20世纪70年代至90年代，经济和社会发展飞速，环境日趋复杂，加剧了损失后果。这个时期也有两个重大事件，它们推动了风险管理进一步发展并进入成熟期：一是1971年布雷顿森林体系崩溃，金融风险空前突出；二是1986年苏联切尔诺贝利核电站爆炸。这一时期，学者开始深入研究风险理论，行为风险与人文风险得到关注，风险社会理论、风险文化理论和风险统治论得以发展。传统的风险管理思维发生了重大的转变，客观实体派与主观建构派的思维并重，财务风险管理与危害性风险管理出现融合的趋势。风险管理服务从以保险为核心的风险管理中脱离出来，出现了专业的风险管理学会、资询公司，它们制定了风险管理条款和准则，这是迈向现代全方位风险管理的转折时期。

1978年，日本风险管理学会（Japan Risk Management Society）宣告成立。1983年，在美国风险管理与保险管理协会年会上，世界各国的专家学者云集纽约，共同讨论并通过了"101条风险管理准则"（简称"101条款"）。101条款作为各国风险管理的一般标准，共分为12部分，其中包括风险管理识别与衡量、风险控制、风险财务处理、索赔管理、职工福利、退休年金、国际风险管理、行政事务处理、保险单条款安排技巧、交流、管理哲学等。1986年，英国风险管理学会（Institute of Risk Management，IRM）在伦敦成立。同年，由欧洲11个国家共同成立了"欧洲风险研究会"，进一步将风险研究扩大到国际交流范围。

四、风险管理的创新发展

20世纪90年代以后，衍生金融商品交易不当引发金融风暴，保险业本身的创新变革打破了保险市场与资本市场间的界限。金融工程在风险管理中得到应用，风险证券化被引入风险管理领域，新的财务风险评估工具——风险值（VaR）使财务性风险管理又迈向新的里程。系统论与控制论在复杂风险的管理中得到应用，计算机技术的普及运用提高了风险计量能力与水平。

1999年，《巴塞尔新资本协议》成为全面风险管理理论发展的一个推动力。《巴塞尔新资本协议》将市场风险和操作风险纳入资本约束的范围，提出了资本充足率、监管部门监督检查和市场纪律三大监管支柱，蕴含了全面风险管理的理念。进入21世纪，美国遭受"911"恐怖袭击、2002年安然公司倒闭等重大事件，使众多企业意识到风险是多元的、复杂的，必须采用综合的管理手段。全面风险管理的概念获得广泛认同。2001年，北美非寿险精算师协会明确提出了全面风险管理的概念，并对这种基于系统观点的风险管理思想进行了较为深入的研究。2006年，国际风险管理会议将"将全面风险管理整合到企业实践中去"作为其主题，表明全面风险管理在企业实践中的重要地位已经引起了学术界和企业界的高度重视。之后的研究都是在全面风险管理理念的基础上进一步细化和深入。

自此，风险管理进入一个创新发展的新阶段，我们称之为现代的、全方位的、整合的风险管理。

第二节　风险管理理论与学派

前面就客观实体派和主观建构派的风险理论进行了梳理和介绍，从时间脉络看，这些观点和理念上的差异呈现出鲜明的阶段性特点。20 世纪 80 年代以前，客观实体派为主流，他们强调风险的客观性、损失性和可测量性，只关注纯粹损失类风险。在几次大的科技灾难和人为因素导致的灾难之后，主观建构派逐步兴起，人们开始更多地关注主观风险、社会风险和投机风险。20 世纪 90 年代之后，有关风险的思维方式和理念发生了实质性转变，新的风险观既把风险看作一种物质特性，也视之为一种社会建构。物质特性强调了风险的可计算性和可补偿性；社会建构性则强调了主观认知，深化了对风险的认识，重视风险沟通和风险教育在风险管理中的重要作用。此外，新的风险观强调风险与特定的目标或机会相关，更加关注投机风险和盈利机会。进而，一种综合的、整合的、一体化的、全面的风险管理思想被倡导和广泛传播。国外学术界一般将 1990 年以前的阶段称为传统的风险管理，此后的发展阶段称为现代风险管理。

一、传统的风险管理理论与学派

（一）传统的风险管理定义

风险管理作为一门新的管理科学，既涉及一些数理观念，又涉及大量非数理的艺术观念。如对风险的理解，不同的学者由于研究角度和侧重点不同，提出的定义也不同。

较为明确的风险管理定义最早可溯及 1964 年，美国学者威廉姆斯和汉斯在其著作《风险管理与保险》中指出，风险管理是通过对风险的识别、衡量和控制，以最小的成本支出使风险所致的不利后果减少到最低限度的一种科学管理方法[①]。在他们之前的学者一般把风险管理看成一门技术、一种方法或是一种管理过程，而没有将其看作一门新兴的管理科学。

威廉姆斯和汉斯的定义虽然被广泛接受，但在 20 世纪 70 年代以后仍有大量的学者从不同角度提出了补充或修正的观点。比如就风险管理的目标而言，1976 年，巴格利尼（Norman Baglini）在其著作《国际企业的风险管理》（*Risk Management in International Corporations*）中提出风险管理的主要目的是："在保持企业财务稳定性

---

① 威廉姆斯，汉斯. 风险管理与保险 ［M］. 陈伟，译. 北京：中国商业出版社，1990.

的同时，尽量减少因各种风险的损害所支出的总费用。"1978 年，格林（Mark Green）和塞宾（Oscar Serbein）在他们的著作《风险管理：教案与案例》（*Risk Management*：*Text and Cases*）中提出风险管理的主要目的是："为了在意外损失发生后恢复财务上的稳定性和营业上的活力，以及对所需资源的有效利用，即以固定的费用使长期风险的损失减少到最低程度。"英国学者对风险管理的定义，则把重点放在经济控制方面，班尼斯特（Bannister）和鲍卡特（Bawcutt）于 1981 年在《实用风险管理》（*Practical Risk Management*）中将风险管理定义为："应对威胁企业生产和收益的风险所进行的识别、测定和经济控制行为。"

传统风险管理对风险的研究主要集中在纯粹风险上，风险管理也主要是针对纯粹风险开展的。传统风险管理学派认为，通过保险转嫁风险是最主要的风险管理手段。从这个意义上说，传统风险管理的目标是尽可能降低企业纯粹风险的成本。

（二）理论与学派

传统的风险管理理论以客观实体派为主导，尤其是在 20 世纪 80 年代末主观建构派兴起之前。"客观"对实证论者而言，是指能符合社会科学信度与效度的要求。实证论者重归纳、分析、证明、预期与量化，认为风险是可以被计算和测量的。

客观实体派的风险管理理论主要集中于以下几个方面的探讨，并集中体现了风险管理的实证思维：

（1）提出并回答了风险管理应当或者会涉及的主要议题：一是有什么风险，风险特征与风险大小如何；二是如何去管理这些风险；三是人们会如何反映或反馈风险。其风险观强调损失，认为风险应该是损失的可能而不是产生收益；风险管理侧重于对危害性风险管理和财务性风险管理的研究，而对人文风险管理、环境风险管理等研究不够。

（2）在研究方法上，以量化分析和预测变量间的因果关系为主，强调和突出定量分析的作用。常见的分析方法有线性规划、成本效益分析、效用分析、决策树分析、模拟分析等。

（3）对人类选择行为和决策的分析，基于理性经济假设，追求价值的最大化，不太注重为达到目标而采取方法和技术上的协调与平衡。

（4）在风险管理的目标方面，目标要求明确，并突出成本最低、效益最大。在 1980 年以前，风险管理均以"赛跑"型风险管理思维为主，即事先设定好风险管理的目标，像室内调温装置，事先设定好温度，室内温度就会调节至事先设定的水准。由于社会资源有限，因此事先有效地分配规划是极其重要的。

（5）在风险管理的程序方面，风险管理理论的重要核心部分是提出阶段论，强调风险管理可以分成数个独立部分进行，即风险辨识、风险评估、选择风险工具与绩效评估四个阶段。在此观念下，风险管理通常不考虑或不强调阶段之间的互动、关系与情景。

（6）在实证思维下，风险管理的管理工具主要分为控制型和财务型两大类。

二、现代风险管理理论与学派

（一）现代风险管理定义

肯特·米勒（Kent D. Miller）是较早提出整合风险管理概念的学者。早在 1992 年，米勒就针对公司的国际业务领域提出了整合风险管理的思想。他认为整合风险管理是指从整体上考虑系统面临的各种风险，并建立全瞻性的优化组合机制的管理体系①。此外，弗农·莱斯利·格罗斯（Vernon Leslie Grose）博士在《日内瓦风险与保险论文集》（1992）中论述了风险管理在工程方面的发展，他提到了完全统一的风险划分系统、自上而下的风险管理方向、全组织范围内的风险管理过程、风险管理操作中的福利溢出等概念。

1998 年，美国教授小哈罗德·斯凯博（Harold D. Skipper, Jr.）在《国际风险与保险》一书中给出了一个简明又全面的风险管理定义：风险管理是指各个经济单位通过对风险的识别、估测、评价和处理，以最小的成本获得最大安全保障的一种管理活动。

2002 年，丽萨·缪柏洛克（Lisa Meulbroek）指出，公司整合性风险管理，就是对影响公司价值的众多因素进行辨别和评估，并在全公司范围内实行相应战略以管理和控制这些风险。整合性风险管理的目的就是将企业的各项风险管理活动纳入统一的系统，实现系统的整体优化，创造整体的管理效益，提升或创造企业更大的价值。

2004 年，COSO 发布了《企业风险管理——整体框架》，指出风险管理是由企业董事会、管理层和其他人员对企业风险共同施以影响的过程，这个过程从企业战略的制定开始一直贯穿于企业的各项活动中，用于识别那些可能影响企业正常营运的各种潜在事件并进行风险管理，使企业所承担的风险在自己的风险承受度内，从而合理确保企业既定目标的实现。

2017 年，COSO 发布了《企业风险管理——整合战略与绩效》，将风险管理定义为：组织在创造、保持和实现价值的过程中，结合战略制定和执行，赖以进行管理风险的文化、能力和实践。

综上，与传统风险管理相比，现代风险管理是全新思维、全员参与、全方位、全过程、综合性的风险管理。它更多地体现为风险管理理念与方法的创新，从以风险损失为分析基础转变为以企业价值为分析基础，化分离式的风险管理为整合式的风险管理，变单一的损失控制为综合性的价值创造。

（二）理论与学派

20 世纪 80 年代，主观建构派兴起，他们批判客观实证论者对人们的风险行为研究的前提假设是错误的，指出人们的行为是有限理性的。他们认为风险不能独立于社会、文化、历史等因素之外存在，只要有人类社会的存在就会有风险，而客观

---

① MILLER K D. A framework for integrated risk management in international business ［J］. Journal of International Business Studies, 1992（2）：311-331.

实证论完全忽视伦理、道德、文化等因素是错误的；并指出在风险评估时，无法完全避免价值观和个人偏好的影响，也无法从风险评估中消除环境和体制的影响，自然灾害与人为因素之间复杂的互动关系也会导致测算概率困难。主观建构派的风险管理观为后实证思维，主张风险管理的目的不是消除风险，而是与风险共存。

主观建构派提出的风险管理的主要议题有：第一，为什么某些威胁或危险被社会视为风险，而其他威胁或危险不是；第二，风险被视为反行为规范的一种符号或文化规范，它是如何运作的；第三，与"风险"相关的专业训练、规章制度与机构在建构主观与社会生活过程中是如何运作的；第四，风险与社会现代化过程有所关联，它们关联的方式是什么；第五，在不同的社会文化环境下，如何解读风险。

主观建构派的风险管理主要采取质性研究，反对将风险管理分阶段进行，主张以个案研究、观察、文献和对话分析等来考察风险。常用的风险管理分析方法与工具主要有对话分析、个案研究、实地研究、头脑风暴、德尔菲法、创意集思法等。建构学派下的风险管理后实证思维的实质理论强调反阶段论，也就是说风险管理不应当分成独立部分，互动、关联与情境问题是必须考虑的。该学派认为，通过反阶段论的风险管理达到风险管理的目标，不特别强调最小成本、最大效益，而是注重人文社会的协调与平衡；除了控制型与财务型的风险管理工具外，特别强调和使用沟通与平衡工具，以达到和谐；侧重于对环境风险管理、人文风险管理等的研究，而不将重点放在危害性风险管理上。

主观建构派提供了新的风险管理思维和研究视角。这给现代风险管理，特别是整体风险评价提供了新的思路。客观实体派与主观建构派对风险及风险管理的认知虽有不同，但在实践中它们的理论指导形成了互补而非替代的关系。

20世纪90年代以来，面对日新月异的风险，不少学者在客观实体派和主观建构派的理论基础上，以新的思维、新的理念、新的方法，从全面的、整体化的角度管理风险，我们称之为现代风险管理。正如1998年美国教授小哈罗德·斯凯博在《国际风险与保险》一书中写道："传统的风险管理主要涉及那些只有损失而没有获利可能的情况，而这一观点正在随着企业管理者和政府工作人员的意识转变而转变，即他们意识到零散的风险管理和对一个组织可能面临的所有风险连贯统一的管理相比缺乏效率和效能，这种整体性的方法，包括所有可能存在的结果，既有损失机会，又有获利可能。"现代风险管理观将收益的不确定性纳入风险范畴。风险范畴的扩大，对人们的风险认知和风险分析产生了重要的影响。人们对风险的关注从纯粹风险转向了投机风险，从静态风险扩大到了动态风险，从单一风险的割裂式管理转变为多元风险的整合式管理。新的风险管理观既把风险看作一种物质特性，也视其为一种社会建构。把风险看作物质特性，强调了风险的可计算性和可补偿性；强调风险的社会建构性则更深化了对风险的认识，注重对认知风险、行为风险和文化风险的管理，重视风险沟通和风险教育在风险管理中的重要作用。

现代风险管理具有五个显著特征：

第一，全新思维的风险管理：以新的管理方式为平台，以新的思维方式和文化方式为内核，将风险管理上升到文化理论和哲学理念的平台，使风险管理形成系统的管理方法和思想基础。

第二，全员性的风险管理：要求参加风险管理的人员是全面的，包括董事会成员、管理层、企业员工的全员参与；全员性、基层性是风险管理的客观要求，协调合作能最大限度地降低风险管理的成本。

第三，全方位的风险管理：不仅仅对传统风险管理理论范畴内的狭义风险进行管理，还需对现代风险管理理论范畴内的广义风险进行管理。

第四，全过程的风险管理：既强调优化高效的流程管理，同时更注重及时的风险反馈与顺畅的风险沟通。

第五，综合性的风险管理。其集中体现在三个方面：一是风险管理中的风险评估、风险管理方法的综合性；二是注重定性管理与定量管理的内在统一，强调数量分析与管理经验、主观判断相互补充，根据具体情况灵活运用；三是风险管理价值定位的综合性，即考虑所有利益相关者的利益。

第三节　风险管理基本流程

不管什么类型的风险，针对此风险进行管理的流程一般都包括以下几个步骤：确立风险管理目标、风险识别、风险评估、风险管理方法的选择、风险管理评估、进入新的周期。其中，风险识别是基础，风险评估是保证，风险管理方法的选择是关键，风险管理评估是终点亦是起点。

一、确立风险管理目标

风险管理目标的概念最早由风险管理专家克莱蒙（Clermont）提出，他指出风险管理的目标是保存组织生存的能力，并向客户提供产品和服务，以保护公司的人力与物力，保障企业的综合盈利能力。

传统风险管理目标可以分为总目标和具体目标两个层次。总目标一般是尽可能减少风险成本，以最小成本获得最大保障。营利性企业风险管理的具体目标包括损前目标和损后目标。

损前目标是通过风险管理降低和消除风险发生的可能性，为人们提供较安全的生产、生活环境。损前目标一般包括：①减少风险事故的发生机会；②以经济、合理的方法预防潜在损失的发生；③减轻企业、家庭和个人对风险及潜在损失的忧虑；④遵守和履行社会赋予家庭和企业的行为规范和社会责任。

损后目标是通过风险管理在损失出现后及时采取措施以使灾害产生的损失最小，使受损企业的生产得以迅速恢复，或使受损家园得以迅速重建。损后目标一般包括：①降低损失的危害程度；②及时提供经济补偿。

20世纪90年代进入了全面的、整合的风险管理时期，风险的内涵、外延以及风险管理的理念和目标都发生了较大变化。学界业界均认为风险管理目标应该是具体可行的，并融入企业的战略管理、运营管理中。其中，哈林顿（Scott E. Harrington）

等概括总结的风险管理目标最具代表性，他认为："风险管理的目标是通过风险成本最小化实现企业价值最大化。"

此外，个人、家庭、非营利性社会团体及政府公共部门的风险管理目标各不相同，这使得风险管理决策和风险管理方法存在着差异。

二、风险识别

风险识别是指对于各类潜在的和现实的风险因素进行全面、系统地搜集并认识风险的方法与过程。将风险进行归类和细分，对于把握风险的性质及其危害，具有重要的指导意义。在风险感知的基础上，进一步分析各类风险事故的致损原因，准确区分相关风险要素，如自然、社会、心理及行为等，对于风险损失的控制，风险事故发生后实施经济补偿是必不可少的环节。

风险问题的复杂性，要求风险识别是全面、系统、动态的调查过程，既需要对已认识的各类风险运用新的方法与技术进行准确识别，更要关注一些潜在的、新兴的、可能带来某些灾害性后果的新风险。

风险识别的方法有很多。随着人类认识风险能力的增强、科学技术的发展创新以及经验的不断积累，识别风险的方法将得到改进并趋于完善。在宏观领域，决策分析、投入产出分析、统计预测分析、幕景分析、神经网络模型分析等具有重要的风险识别作用；在微观领域，生产流程图法、损失清单分析法、保险调查法、财务分析法均是企业常用的风险分析方法。随着医疗技术的进步和各类医疗检测手段的综合运用，对各类疾病风险的识别和检测也达到相当完善的水平，如心理行为测评法、心理分析和心理疗法在识别人类自身的各种潜在行为风险时，也发挥着越来越重要的作用。

三、风险评估

风险评估和风险识别经常被统称为风险分析，风险评估包括风险衡量和风险评价。

风险衡量就是用概率论和数理统计方法对潜在损失发生的频率、损失的范围、损失幅度进行测定。损失频率是指一定时期内损失可能发生的次数；损失幅度是指每次损失可能发生的规模，即损失的金额。对于风险，我们通常以概率、期望、方差、相关系数等数学工具来度量，其理论依据是中心极限定理和大数法则。

风险衡量的内容主要包括三个方面：首先，风险衡量要估计在一定时间内风险事故的发生频率大小，估计不同概率水平下的损失后果；其次，风险衡量要估计不同经济组织面临的平均风险损失及损失金额；最后，风险衡量要估计每一次具体的风险损失偏离平均损失的程度，这对风险管理决策具有关键意义。

风险评价是在风险衡量的基础上，依据个人对待风险的态度和风险承受能力，或按照已有的标准、准则、安全指标规定，对风险的相对重要性和缓急程度进行分析，以确定风险是否需要处理以及处理的程度，通常以风险等级来描述。

四、风险管理方法的选择

在确立风险管理目标和系统分析风险的基础上，我们须根据风险管理基本原则，开发并选择适当的风险管理方法，为风险管理决策提供可比较的方案，这是风险管理流程的重要组成部分。风险管理方法大致可以分为控制型风险管理方法和融资型风险管理方法。

控制型风险管理方法是作用于原始风险状态的形成过程的风险管理技术。控制型风险管理技术属于"防患于未然"的方法，目的是避免和减少损失的发生，主要表现为：①在事故发生前，降低事故发生的频率；②在事故发生时，控制损失继续扩大，将损失降到最低限度。常用的方法有回避、预防、抑制、转移、分散。

财务型风险管理方法是作用于结果，通过事故发生前所做的财务安排，使得损失一旦发生能够获取资金以弥补损失，为恢复正常经济活动和经济发展提供财务基础。财务型风险管理方法的着眼点在于事后的补偿。一般将财务型风险管理方法分为三类：风险自担、风险汇集与分散、风险转移。

风险管理方法的选择实际就是一个决策过程。根据风险管理的目标和基本原则，在全面、系统的风险分析的基础上，我们要科学地选择风险管理方法及其组合，从而制订出风险管理总体方案和管理重点。这是风险管理流程中最重要的部分。风险管理的格言是：损失前的预防胜过损失后的补偿。

五、风险管理评估

风险是动态的、变化的，决策可能是错误的、有风险的。风险管理方案实施效果的监督与评估贯穿于风险管理的全过程，需要对风险管理决策的过程、风险管理方法的选择、风险管理实施程序等进行系统的评估，并不断调整风险管理方案及其实施程序。由于风险管理过程的复杂性，强化对风险管理各个阶段的监督与评估，不断运用反馈机制对风险管理方案进行调整，对于风险管理总体目标的实现有着重要意义。

■ **本章关键词**

传统的风险管理　现代风险管理　控制型风险管理　财务型风险管理

■ **复习思考题**

1. 分析总结风险管理与保险的关系。
2. 传统的风险管理与现代风险管理的比较。
3. 简述风险管理的基本程序。

第二篇　保险机制及其发展基础

第三章
保险概述

章首语：

　　对保险的论述形成了各种学说及各种观点。保险可从法律和经济角度定义。可保风险、大量同质风险的集合与分散、保险费率的制定、保险基金的建立和保险合同的订立等构成了保险的要素。保险具有基本职能和派生职能，既有积极作用，也有消极影响。保险与储蓄、赌博、救济等经济行为及制度既相似又不相同。按照不同的分类方式，保险可分为不同的类别。读者学习本章时应深入认识和把握保险是什么，可保风险具有哪些条件；理解和分析保险的职能、作用，保险的特性，以及保险不同的分类等。

第一节　保险的概念与要素

一、保险的概念

　　对于什么是保险？保险界有各种表述。例如，日本学者园·乾治将西方经济学家对保险的论述概括为损失说、二元说和非损失说①。其中，损失赔偿说、损失分担说和危险转嫁说等关于保险的学说，由于都强调了损失，都以损失概念作为保险性质，故被统称为损失说；园·乾治把否认人身保险说和择一说归为二元说；由于损失说和二元说都与损失概念相关，因此，一些几乎完全摆脱损失概念的学说就被称为非损失说，如技术说、欲望满足说、所得说和经济确保说等。

　　除各种保险学说以外，在西方经济理论中还有不少涉及保险的论述。例如，罗雪尔在《历史方法的国民经济学讲义大纲》一书中写道："保险是将各个人的巨大损失，分摊给多数人来负担的方法。它一方面有很大的刺激节约的作用，另一方面也打击那些属于过失的破坏或完全出于恶意的破坏。……保险措施在国民经济中的效用在于它极大地保证了信用。……为了使火灾保险的保险费做到合理，需要划分许多

---

　　① 园·乾治. 保险总论［M］. 李进之，译. 北京：中国金融出版社，1983：6-17.

等级。不仅要看建筑物的种类、环境和它的用途，而且要看它的空间大小以及该地区的文化发展状况。文化程度越高，危险的程度越小。"① 从罗雪尔的表述可见，保险是一种损失分摊的方法，有刺激节约、打击破坏及保证信用的效用；保险费应根据危险的程度划分为不同的等级。

又如在《国富论》中，亚当·斯密认为："……保险费必须足以补偿普通的损失，支付经营的费用，并提供资本要素用于一般经营所能取得的利润。"② 这一表述说明了保险费的构成或如何计算保险费率的问题。亚当·斯密还指出："保险业能予个人财产以很大的保障。一种损失本来会使个人趋于没落，但有了保险业，他这损失就可分配给许多人，全社会分担起来毫不费力。不过，保险业从业者要想予他人以保障，他自己就必须有很大的一宗资本。"③也就是说，亚当·斯密认为保险业能使损失在全社会分担而保障个人财产，经营保险业需要有充足的资本金。

由西方经济理论中有关保险的论述可知，保险是将多数人的损失在全社会进行分摊并将风险转嫁给保险人的一种方式；保险双方当事人通过订立保险合同建立起保险关系；保险包括财产保险和人身保险，在财产保险中，当发生保险合同约定的风险事故时，保险人对被保险人的财产所受损失进行赔偿；人身保险具有储蓄性、投资性，在人身保险中，保险人不是赔偿损失，而是给付保险金；投保人应缴纳保险费，保险费应足以补偿损失、支付经营费用并使保险人获得社会平均利润，保险人应根据风险状况收取不同的保险费；保险人要为社会提供保险保障，需要充足的资本金；保险经营以概率论为基础，技术性很强。

我国对什么是保险也有各种观点，其中，最权威的是《中华人民共和国保险法》④（以下简称《保险法》）对保险的界定。按照《保险法》第二条的规定，保险是指投保人根据合同约定，向保险人支付保险费，保险人对于合同约定的可能发生的事故因其发生所造成的财产损失承担赔偿保险金责任，或者当被保险人死亡、伤残、疾病或者达到合同约定的年龄、期限等条件时承担给付保险金责任的商业保险行为。

我们可以从法律和经济两个不同的角度理解保险：

从法律的意义上解释，保险是一种合同行为，体现的是一种民事法律关系。保险关系是通过保险双方当事人以签订保险合同的方式建立起来的一种民事法律关系。民事法律关系的内容体现为平等主体间的权利义务关系，而保险合同正是投保人与保险人约定保险权利义务关系的协议。根据保险合同的约定，投保人有缴纳保险费的义务，保险人有收取保险费的权利；被保险人有在合同约定事故发生时获得经济补偿或给付的权利，而保险人有提供合同约定的经济补偿或给付的义务。这种保险主体间的权利义务关系正是保险这种民事法律关系的体现。

---

① 威廉·罗雪尔. 历史方法的国民经济学讲义大纲 [M]. 朱绍文，译. 北京：商务印书馆，1981：72.
② 亚当·斯密. 国富论：上 [M]. 郭大力，王亚南，译. 北京：商务印书馆，1972：100.
③ 亚当·斯密. 国富论：下 [M]. 郭大力，王亚南，译. 北京：商务印书馆，1972：317-318.
④ 以下凡未特别指明之处，所言《保险法》均是指第十二届全国人民代表大会常务委员会第十四次会议于 2015 年 4 月 24 日修正通过并公布、施行的《中华人民共和国保险法》。

　　从经济学的角度来看，保险是一种经济关系，是一种分摊意外损失的融资方式。保险体现了保险双方当事人之间的一种经济关系。在保险关系中，投保人把损害风险以交付保险费的方式转移给保险人，由于保险人集中了大量同质的风险，因而能借助大数法则来预测损失发生的概率，并据此制定保险费率，通过向大量投保人收取的保险费形成的保险基金来补偿其中少数被保险人的意外损害。因此，保险既是一种经济关系，又是一种有效的融资方式，它使少数不幸的被保险人的损害，以保险人为中介，在全体被保险人（包括受损者）中得以分摊。

二、保险的要素

　　保险的要素是从事保险活动所应具备的必要的因素。构成保险要素的主要有可保风险、大量同质风险的集合与分散、保险费率的制定、保险基金的建立和保险合同的订立等。

　　（一）可保风险

　　风险的存在是保险业产生和发展的自然基础，没有风险就不可能有保险，但保险人并非承保一切风险，而是只对可保风险予以承保。因此，可保风险也就成为保险的第一要素。

　　可保风险，从广义上讲，是指可以利用风险管理技术来分散、减轻或转移的风险；从狭义上看，是指可以用保险方式来处理的风险。这种风险应该是不可抗力的风险，其所致的损害应该是实质损害。换言之，可保风险是保险人愿意并能够承保的风险，是符合保险人承保条件的特定的风险。一般所言的可保风险是指狭义的可保风险。

　　可保风险一般具有五个条件：

　　（1）非投机性

　　保险人所承保的风险，应该是只有损失机会而无获利可能的纯粹风险。可保风险不具有投机性，保险人通常不能承保投机风险，因为，保险人如果承保投机风险，既难以确定承保条件，又与保险的经济补偿的职能相违背。

　　（2）偶然性

　　保险人所承保的风险，应该是偶然的。可保风险应该是既有发生的可能，又是不可预知的。因为如果风险不可能发生，就无保险的必要；同时，某种风险的发生情况不具有必然性。

　　（3）意外性

　　保险人所承保的风险，应该是意外发生的。风险的发生既不是因为被保险人及其关系人的故意行为，也不是被保险人及其关系人不采取合理的防范措施所引起的。

　　（4）普遍性

　　保险人所承保的风险，应该是大量标的均有遭受损害的可能性。保险是以大数法则作为保险人建立稳固的保险基金的数理基础，因此，可保风险必须是普遍存在的风险，即大量标的都有可能遭受损害。如果风险只是相对于一个标的或几个标的而言，那么保险人承保这一风险等于是下赌注、进行投机。只有一个标的或少量标

29

的所潜在的或面临的风险，是不具备大数法则这一数理基础的。只有对大量标的遭受损害的可能性进行统计和观察，保险人才能比较精确地测算出损失及伤害的概率，并以此作为制定保险费率的依据。

（5）严重性

保险人所承保的风险，应该是有较为严重的，甚至有发生重大损害的可能性。风险的发生有导致重大或比较重大的损害的可能性，才会产生保险需求。保险供给也才可能因此产生。

（二）大量同质风险的集合与分散

保险人分散风险、分摊损害的功能是通过大量的具有相同性质风险的经济单位的集合与分散来实现的。大量的投保人将潜在的或面临的风险以参加保险的方式转嫁给保险人；保险人则通过承保形式，将同种性质的分散性风险集合起来，当发生保险合同约定的事故时，又将少数人遭遇的风险损失及伤害分摊给全体投保人。因此，保险的经济补偿和给付过程，既是风险的集合过程，又是风险的分散过程。

（三）保险费率的制定

保险关系体现了一种交换关系，投保人以交纳保险费为条件，换取保险人在保险事故发生时对被保险人的保险保障。而保险交易行为本身要求合理地制定保险商品的价格——保险费率。因此，保险费率的制定就成为保险的一个基本要素。保险的费率直接影响到保险的供求状况，保险人应该根据大数法则和概率论，合理地制定保险费率，以在保证保险人经营稳定性的同时，保障被保险人的合法权益。

（四）保险基金的建立

保险对风险的分摊及对损害的补偿，是在保险人将投保人交纳的保险费集中起来形成保险基金的前提下进行的。保险基金主要是由按照各类风险出险的概率和损害程度确定的保险费率所收取的保险费建立起来的货币基金。保险实际上是将在一定时期内可能发生的自然灾害和意外事故所导致的经济损害的总额，在有共同风险的投保人之间平均化了，使少数人的经济损害由所有投保人平均分摊，从而使单个人难以承受的损失变成多数人可以承担的损害，这实际上是将损害均摊给了有相同风险的投保人。这种均摊损害的方法只是将损害平均化，但并没有减少损害。从全社会的角度来考察，"平均化的损害仍然是损害"。所以，保险对损害的分摊，必须通过保险基金的建立实现。显然，如果没有建立起保险基金，当保险事故发生时，保险人的赔付责任就无法履行。保险基金的存在形式是各种准备金，如未到期责任准备金等。当保险基金处于暂时闲置状态时，保险人可以将保险基金重新投入社会再生产过程加以运用。可见，保险基金既是保险人赔付保险金的基础，又是保险人从事资金运用活动的基础。保险基金的规模制约着保险企业的业务发展规模。

（五）保险合同的订立

保险关系是通过保险双方当事人以签订保险合同的方式建立起来的。如果没有保险合同的订立，就没有保险关系的建立，就不可能明确约定保险双方当事人、关系人各自的权利和义务。因而，保险合同是保险双方各自享有权利和履行义务的法律依据，保险合同的订立是保险的一个基本要素。

第二节 保险的职能与作用

一、保险的职能

保险的职能是由保险的本质和内容决定的，它是指保险的内在的固有的功能。保险的职能包括基本职能和派生职能。保险的基本职能是保险的原始职能，是保险固有的职能，并且不会随着时间和外部环境的改变而改变。保险的派生职能是随着保险业的发展和客观环境的变化，在基本职能的基础上派生出来的职能。一般认为，保险的基本职能是经济补偿和经济给付，保险的派生职能是融通资金和防灾防损。

（一）保险的基本职能

1. 经济补偿职能

保险从产生时起，就对保险标的发生保险事故后的经济损失进行补偿，因而，经济补偿是保险的基本职能。保险发展到现在，这一职能仍然没有改变。在保险活动中，投保人根据保险合同的约定，向保险人支付保险费，保险人对于保险合同约定的可能发生的事故因其发生所造成的财产及其相关利益的损失承担赔偿保险金的责任。显然，经济补偿的职能主要适用于广义的财产保险，即适用于财产损失保险、责任保险和信用保证保险等。

2. 经济给付职能

对于人身保险而言，保险的基本职能不是经济补偿，而是经济给付。在人身保险中，由于人的价值无法用货币来衡量，人所遭受的伤害也难以通过货币形式进行补偿，因此，人身保险的保险金额是由保险双方当事人在订立保险合同时通过协商确定的。根据保险合同的约定，人身保险的投保人应向保险人支付保险费，当被保险人死亡、伤残、患病或者达到合同约定的年龄、期限时，保险人应承担给付保险金的责任。

保险人通过保险的经济补偿和经济给付的职能，为被保险人及其关系人提供经济保障。

（二）保险的派生职能

融资职能是指保险人将保险资金中的暂时闲置部分，以有偿返还的方式重新投入社会再生产过程，以扩大社会再生产规模的职能。融资职能就是保险业进行资金融通的职能。

保险公司从收取保险费到赔付保险金之间存在着时间差和规模差，这使得保险资金中始终有一部分资金处于暂时闲置状态，从而为保险公司融通资金提供了可能性。

融资职能是在保险业实现基本职能的基础上顺应一定的社会经济条件而派生出来的特殊职能。它最初产生于市场经济较为发达的西方国家。在市场经济社会里，资金的闲置被认为是一种不容宽恕的浪费，为防止浪费，就需要将处于暂时闲置状态的保险资金加以运用，参与社会资金周转，通过保险资金的运用产生收益，在扩大社会再生产规模的同时，增大保险资金总量，降低保险经营成本，稳定保险公司的经营。

经济补偿和经济给付的职能活动是保险人的负债业务，而利用包括负债业务形成的保险基金在内的保险资金进行的融资职能活动则是保险人的资产业务。保险资金的融通是保险公司收益的重要来源。

除以上职能外，还有不少关于保险职能及功能的提法，例如，保险的防灾防损职能；再如，保险的社会管理功能①等。

二、保险的作用

保险的作用是保险职能作用发挥的结果，是指保险在履行职能时所产生的客观效应。保险的作用既有积极作用，又有消极作用。其积极作用又分别体现于对微观经济的作用和对宏观经济的作用。

（一）保险在微观经济中的作用

1. 有助于受灾企业及时恢复生产或经营

风险是客观存在的。自然灾害、意外事故的发生，尤其是重大灾害事故的出现，会破坏企业的资金循环，缩小企业的生产经营规模，甚至中断企业的生产经营过程，导致企业的经济损失。但是，如果企业参加了保险，在遭受了保险责任范围内的损失时，就能够按照保险合同的约定，从保险公司及时获得保险赔款，尽快地恢复生产或经营活动。

2. 有助于企业加强经济核算

财务型风险管理方式之一是通过保险方式转移风险。如果企业参加了保险，就能够将企业面临的不确定的大额的损失，变为确定的小额的保险费支出，并摊入企业的生产成本或流通费用，使企业以交纳保险费为代价，将风险损失转嫁给保险公司，既符合企业经营核算制度，又保证了企业财务成果的稳定。

3. 有助于促进企业加强风险管理

保险本身就是风险管理方式之一，而保险防灾防损职能的作用的发挥，更促进了企业加强风险管理。保险公司常年与各种灾害事故打交道，积累了较为丰富的风险管理经验，可以帮助投保企业尽可能地消除风险的潜在因素，达到防灾防损的目的。保险公司还可以通过保险费率这一价格杠杆调动企业防灾防损的积极性，共同搞好风险管理工作。尽管保险方式能对自然灾害、意外事故造成的损失进行经济补偿，但是，风险一旦发生，就可能造成社会财富的损失，被保险企业也不可能从风险损失中获得额外的利益。因此，加强风险管理符合企业和保险公司的共同利益。

---

① 2003 年 9 月 28 日，中国保险监督管理委员会（简称"中国保监会"）原主席吴定富在出席北京大学"中国保险与社会保障研究中心成立大会暨经济学院风险管理与保险学系十周年庆典"时首次提出了"现代保险功能理论"，认为保险具有三项功能：经济补偿功能、资金融通功能及社会管理功能。在 2003 年 12 月 13 日"第一届中国保险业发展改革论坛暨现代保险功能研讨会"上，吴定富进一步指出，保险的社会管理功能包括社会保障管理、社会风险管理、社会关系管理及社会信用管理四个方面的功能。由此引发了保险界对保险功能与职能的讨论，有的学者因此提出保险的职能应该包括社会管理职能。

4. 有助于安定人民生活

灾害事故的发生对于个人及家庭而言同样是不可避免的。参加保险不仅是企业风险管理的有效手段，也是个人及家庭风险管理的有效手段。家庭财产保险可以使受灾的家庭恢复原有的物质生活条件；人身保险可以转嫁被保险人的生、老、病、死、残等风险，对家庭的正常生活起保障作用。也就是说，保险这种方式，可以通过保险人赔偿或给付保险金，帮助被保险人及其关系人重建家园，使获得保险保障的个人及家庭的生活，能够保持一种安定的状态。

5. 有助于保证民事赔偿责任的履行，保障受害的第三者的利益

在日常生活及社会活动中，难免发生致害人等的过错或无过错导致的受害的第三者的财产损失或人身伤亡引起的民事损害赔偿责任。致害人等可以作为被保险人，将这种责任风险通过责任保险转嫁给保险人。这样，既可以分散被保险人的意外的责任风险，又能切实保障受害的第三者的经济利益。

（二）保险在宏观经济中的作用

1. 有助于保障社会再生产的顺畅运行

社会再生产过程包括生产、分配、交换和消费四个环节，这四个环节互相联系、互为依存，在时间上继起，在空间上并存。但是，社会再生产过程会因遭遇各种自然灾害和意外事故而被迫中断和失衡。其中任何一个环节的中断和失衡，都将影响整个社会再生产过程的均衡发展。保险对经济损失的补偿，能及时和迅速地对这种中断和失衡发挥修补作用，从而保障社会再生产的延续及顺畅运行。

2. 有助于推动科学技术转化为现实生产力

现代社会的商品竞争越来越趋向于高新技术的竞争。在商品价值方面，技术附加值的比重越来越大，但是，对于熟悉原有技术工艺的经济活动主体来说，新技术的采用，既可能提高劳动生产率，又意味着新的风险。而保险的作用正是在于通过对采用新技术提供保障，为企业开发新技术、新产品以及使用专利撑腰，以促进科学技术向现实生产力转化。

3. 有助于促进对外经济贸易的发展和国际收支的平衡

在对外贸易及国际经济交往中，保险是不可缺少的重要环节。保险业务的发展，如出口信用保险、投资保险、海洋货物运输保险、远洋船舶保险等险种的发展，既可以促进对外经济贸易，保障国际经济交往，又能带来无形的贸易收入，平衡国际收支。因此，外汇保费收入作为一项重要的非贸易收入，已成为许多国家积累外汇资金的重要来源。

4. 有助于促进社会稳定

社会是由千千万万的家庭和企业构成的，家庭和企业是社会的组成细胞，家庭的安定和企业的稳定都是社会稳定的因素，保险通过对保险责任范围内的损失和伤害的补偿和给付，分散了被保险人的风险，使被保险人能够及时地恢复正常的生产和生活，从而为社会的稳定提供切实有效的保障。

（三）保险的消极作用

保险既有积极作用，又有消极作用，这些消极作用可以说是在保险产生以后，

社会不得不付出的代价。

1. 产生道德风险，出现保险欺诈

保险产生后，道德风险也随之产生，出现了形形色色的保险欺诈现象。例如，为了获得巨额保险金而杀害被保险人的事件在国外屡有发生。

2. 增大费用支出

一方面，伴随着保险的产生，开设机构、开办业务、雇佣工作人员等，使社会支出中新增了一笔保险公司的业务费用支出；另一方面，其他职业的工作者借保险之机漫天要价，例如，有的原告律师在重大责任事故的案件中，索价高昂，大大超过原告的经济损失，以在原告多得赔款的同时自己多得诉讼费用。此外，保险欺诈带来的查勘定损乃至侦破费用，事实上也使保险经营成本增大，费用开支增加。

可见，保险给社会带来很大效益，也使社会付出较大代价。但其社会效益大于其所付出的代价，此代价是社会为获得保险效益而必须做出的一种牺牲。所谓有利必有弊，有得必有失，不能因噎废食，而应尽可能充分发挥其积极作用，尽可能避免或减少消极作用。

第三节 保险与其他类似制度的比较

一、保险与储蓄

保险与储蓄都是客户以现有的剩余资金用作将来需要的准备，都是处理经济不稳定的措施。由于人身保险具有储蓄性，因此，人们往往习惯于将这两者进行比较。实际上，保险与储蓄存在着较大的区别，主要体现在：

（一）目的不同

对投保人而言，参加保险的目的是以小额的保费支出将不确定的风险转嫁给保险人，使被保险人获得生产、生活安定的保障；而对储户而言，参加储蓄的目的则是多种多样的，主要用于预计的费用支出。

（二）性质不同

大量同质风险的集合与分散，是保险的要素之一，保险人将大量的投保人交纳的保险费集中起来，对其中少数遭遇保险事故的被保险人进行补偿或给付，从而实现了被保险人之间的互相帮助，因此，保险具有互助性质；储蓄则是单独地、个别地进行的行为，各储户之间没有什么关系，因而储蓄属于自助行为。

（三）权益不同

保险一般是以自愿为原则，投保人投保自愿、退保自由，但投保人退保后所领取的退保金一般小于其所交纳的保险费；然而，如果投保人没有退保，一旦发生了保险事故，被保险人获得的保险金又可能大大超过投保人所交纳的保险费；而在储蓄中，储户存款自愿、取款自由，对自己的存款有完全的随时主张权，所领取的是本金和利息之和，既不会小于本金，也不会大大超过本金。

二、保险与赌博

由于保险与赌博都取决于偶然事件的发生，都有可能获得大大超过支出的收入，因此，有人将二者混为一谈。实际上，保险与赌博有着显著的区别：

（一）目的不同

如前所述，投保人参加保险是为了转嫁风险、获得保险保障；而赌博的目的则不同，赌博的参加者一般是希望以小额的赌注博得大额的钱财，或者说，赌博的目的通常是图谋暴利。

（二）结果不同

保险的结果是分散风险，利己利人；而赌博的结果往往是制造风险、损人利己，甚至损己损人、扰乱社会秩序。

（三）法律地位不同

保险行为以法律为依据，有法律作保障；而赌博一般属于非法行为，得不到法律的保障。

三、保险与救济

保险与救济都是对风险损失的补偿方式，但两者也存在着区别：

（一）权利与义务不同

保险双方当事人按照保险合同的约定，都享有相应的权利、承担相应的义务。从总体上讲，保险双方的权利和义务是对等的，双方都要受保险合同约束；而救济是一种任意的单方面的施舍行为，其出发点是基于人道主义精神，救济者提供的是无偿援助，救济双方没有对等的权利和义务可言。

（二）性质不同

保险是一种互助行为；而救济是依赖外来的援助，既不是自助、更不是互助，而只是一种他助行为。

（三）主体不同

在保险事故发生后，保险人一般是将保险金支付给保险合同约定的被保险人或者受益人；而在救济中，救济者和被救济者往往事先都无法确定，救济者可以是国家、社团组织或个人，被救济者则可能是各种灾害事故的受灾者。

第四节　保险的分类

随着社会的进步和保险业的迅速发展，保险领域不断扩大，新的险种层出不穷。为了更好地对保险理论和实务进行研究和分析，按照一定的标准对保险业务进行分类十分必要。根据不同的要求，从不同的角度，对保险有不同的分类。这里介绍几种较常见的分类方法。

35

一、按保险的性质分类

按保险的性质分类，保险一般分为社会保险和商业保险，与此相关的还有政策性保险。

（一）社会保险

社会保险是指以法律为保证的一种基本社会权利，其职能是以劳动为生的人在暂时或永久丧失劳动能力或劳动机会时，能利用这种权利来维持劳动者及其家属的生活①。换言之，社会保险是国家或政府通过立法形式，采取强制手段对劳动者因遭遇年老、疾病、生育、伤残、失业和死亡等社会特定风险而暂时或永久失去劳动能力、失去生活来源或中断劳动收入时的基本生活需要提供经济保障的一种制度。其主要项目包括养老保险、医疗保险、失业保险和工伤保险等。在现实生活中，有许多风险是商业保险不能解决的，如大规模的失业等问题。这些风险如果得不到保障，就会造成社会动荡，直接影响经济发展，所以只能依靠社会保险的办法来解决。社会保险一般是强制保险。

（二）商业保险

商业保险是指投保人根据合同约定，向保险人支付保险费，保险人对于合同约定的风险所致被保险人的财产损失承担赔偿责任，或当被保险人死亡、伤残、患病，或者达到合同约定的年龄、期限时承担给付保险金责任的一种制度。商业保险一般是自愿保险。

社会保险与商业保险的区别表现在：

1. 实施方式

社会保险一般是以法律或行政法规规定，采取强制方式实施；商业保险的实施主要采取自愿方式。

2. 管理方式

社会保险是维持国民基本生活需要的制度，一般是由政府直接管理或政府的权威职能部门统一管理；商业保险则是保险公司根据投保方的需要和缴费能力所提供的保险，采用商业化管理方式，经营主体只要符合《保险法》要求的条件并得到国务院保险监督管理机构及部门的批准，就可以经营商业保险业务。

3. 经营目的

国家举办社会保险是以社会安定为宗旨，社会保险不以营利为经营目的；而商业保险的经营主体在为社会提供丰富保险产品的同时，以营利作为经营的目的。

4. 保障程度

社会保险是政府为解决有关社会问题而对国民实行的一种基本经济保障，具有保障国民最基本生活的特点，保障程度较低；商业保险采取市场经营原则，实行多投多保、少投少保的保险原则，可以提供充分的保障。

---

① 此定义是本书作者根据 1953 年在维也纳召开的国际社会保险会议对社会保险的定义修改得出的。

5. 保险费负担

社会保险的保险费一般是由国家、单位和个人三方共同负担；商业保险的保险费则是由投保方自己负担。

6. 保障对象

社会保险主要以劳动者为保障对象；商业保险的保障对象既可以是财产及其有关利益，也可以是人的寿命和身体。

（三）政策性保险

政策性保险是政府为了达到某种政策目的，委托商业保险公司或成立专门的政策性保险经营机构，运用商业保险的技术来开办的一种保险。如目前我国的出口信用保险就是由专门的出口信用保险公司来经营的。很多国家的农业保险也属于政策性保险业务。政策性保险往往表现出国家对某些产业的扶持态度。政策性保险是国家为实现某种政策目的而举办的，体现了公共利益性和公共政策性，决定了政策性保险在经营目标上与一般的商业保险不同，即不以营利为目标。实际上，很多国家的政府都对政策性保险业务采取补贴等方式予以扶持。

二、按保险的实施方式分类

按保险的实施方式分类，保险可以分为自愿保险和强制保险。

（一）自愿保险

自愿保险也称任意保险，是指由单位和个人自由决定是否参加保险，保险双方当事人采取自愿方式签订保险合同的保险。自愿保险的保险关系，是当事人之间自由决定、彼此合意后所成立的合同关系。保险人可以根据情况决定是否承保，以什么条件承保。投保人可以自行决定是否投保、向谁投保，也可以自由选择保障范围、保障程度和保险期限等。

（二）强制保险

强制保险一般是法定保险，其保险关系是保险人与投保人以法律、法规等为依据而建立起来的。如为了保障交通事故受害者的利益，很多国家把汽车第三者责任保险规定为强制保险。强制保险具有全面性和统一性的特点，表现在：凡是在法律法规等规定范围内的保险对象，不论是法人或自然人，不管是否愿意，都必须参加保险。实施强制保险通常是为了满足政府某些社会政策、经济政策和公共安全等方面的需要。

三、按保险标的分类

按保险标的分类，保险一般分为财产保险和人身保险。

（一）财产保险

财产保险是指以财产及其有关利益为保险标的的保险。按照保险保障范围的不同，财产保险业务可以进一步划分为财产损失保险、责任保险和信用保证保险等。

1. 财产损失保险

财产损失保险是狭义的财产保险，一般是以物质财产为保险标的的保险业务。

其种类很多，主要包括火灾保险、货物运输保险、运输工具保险、工程保险等。

2. 责任保险

责任保险是以被保险人依法应负的民事损害赔偿责任或经过特别约定的合同责任为保险标的的保险业务。其一般分为公众责任保险、产品责任保险、职业责任保险、雇主责任保险等。

3. 信用保证保险

信用保证保险是以担保为实质、承保信用风险的保险。它是由保险人作为保证人为被保证人向权利人提供担保的一类保险业务。当被保证人的作为或不作为致使权利人遭受经济损失时，保险人承担经济赔偿责任。

（二）人身保险

人身保险是指以人的寿命和身体为保险标的的保险。根据保障的范围不同，人身保险分为人寿保险、意外伤害保险和健康保险。

1. 人寿保险

人寿保险是以被保险人的寿命为保险标的，以生存和死亡为给付保险金条件的人身保险。人寿保险是人身保险的主要组成部分，被保险人在保险期内死亡或期满生存，都可作为保险事故，即当被保险人在保险期内死亡或达到保险合同约定的年龄、期限时，保险人按照合同约定给付死亡保险金或期满生存保险金。

2. 意外伤害保险

意外伤害保险是指当被保险人因遭受意外伤害而残疾或死亡时，保险人依照合同规定给付保险金的人身保险业务。在意外伤害保险中，保险人承保的风险是意外伤害风险，保险人承担赔付责任的条件是意外事故导致的被保险人残疾或死亡。

3. 健康保险

健康保险是以人的身体作为保险标的，在被保险人因疾病或意外事故产生医疗费用支出或收入损失时，保险人承担赔付责任的一种人身保险业务。

国际上对保险业务有不同的划分方法，多数国家按照精算标准和财务处理原则分为寿险与非寿险。《保险法》第九十五条将保险公司的业务范围分为人身保险业务、财产保险业务和国务院保险监督管理机构批准的与保险有关的其他业务。保险人不得兼营人身保险业务和财产保险业务。但是，经营财产保险业务的保险公司经国务院保险监督管理机构批准，可以经营短期健康保险业务和意外伤害保险业务。因此，法律上已开始允许财产保险公司经营"第三领域"（健康保险和意外伤害保险）的业务。

四、按承保方式分类

按承保方式分类，保险可以分为原保险、再保险、共同保险和重复保险。

（一）原保险

原保险是指投保人与保险人之间直接签订合同所确立的保险关系。在保险期内保险事故对被保险人造成损害时，保险人对被保险人承担赔偿或给付保险金的责任。

（二）再保险

再保险也称分保，是指保险人将其承担的保险业务部分转移给其他保险人承担的保险关系。《保险法》第二十八条第一款规定："保险人将其承担的保险业务，以分保形式部分转移给其他保险人的，为再保险。"分出业务的一方是原保险人，接受业务的一方是再保险人。原保险人转让部分保险业务的动机是避免过度承担风险责任，目的是稳定经营。再保险是保险人之间的一种业务活动，投保人与再保险人之间没有直接的业务关系。因此，《保险法》第二十九条规定："再保险接受人不得向原保险的投保人要求支付保险费。原保险的被保险人或者受益人不得向再保险接受人提出赔偿或者给付保险金的请求。再保险分出人不得以再保险接受人未履行再保险责任为由，拒绝履行或者迟延履行其原保险责任。"

原保险与再保险的区别：一是合同主体不同。原保险合同主体一方是保险人，另一方是投保人与被保险人；再保险合同主体的双方均为保险人。二是保险标的不同。原保险合同中的保险标的既可以是财产及其利益、责任和信用，也可以是人的寿命与身体；再保险合同中的保险标的只能是原保险人承保被保险人的保险合同的责任的一部分。三是合同性质不同。原保险合同中的财产保险合同属于补偿性质，人寿保险合同属于给付性质；再保险合同具有补偿性质，再保险人按合同规定对原保险人所支付的赔款或保险金进行分摊。

（三）共同保险

共同保险又称联合共保，简称"共保"，是由两个或两个以上的保险人联合直接对同一保险标的、同一保险利益、同一保险事故提供保险保障的方式。共同保险的保险金额总和小于或等于保险标的的价值，发生保险损失时按照保险人各自的承保比例来进行赔款的支付。

共同保险与再保险的区别：在共同保险中，每一个保险人直接面对投保人，风险在各保险人之间被横向分散；在再保险中，投保人直接面对的是原保险人，原保险人又与再保险人发生业务关系，投保人与再保险人之间没有直接的联系，二者通过原保险人发生间接关系，风险在各保险人之间被纵向分散。

（四）重复保险

重复保险是指投保人对同一保险标的、同一保险利益、同一保险事故分别与两个以上保险人订立保险合同，且保险金额总和超过保险价值的保险（《保险法》第五十六条第四款）。由于重复保险可能诱发道德风险，各国一般通过法律形式对重复保险予以限制，在发生保险事故造成保险标的的损失时，通常要求按一定方式在保险人之间进行赔款的分摊计算。重复保险一般仅限于财产保险。

共同保险与重复保险的区别：在共同保险中，若干保险人事先达成协议，联合起来共同承保，投保人与各保险人之间只有一个保险合同；在重复保险中，投保人与各保险人分别签订保险合同，因而存在多个保险合同；等等。

■ 本章关键词

保险　财产保险　人身保险　强制保险　再保险　共同保险　重复保险

■ 复习思考题

1. 什么是保险?
2. 保险的要素有哪些?
3. 什么是可保风险? 可保风险需要具备哪些条件?
4. 保险具有哪些职能? 你对这些职能如何看待?
5. 你怎样认识保险的积极作用及代价?
6. 概念比较：保险与储蓄、保险与赌博、保险与救济。
7. 概念比较:
(1) 社会保险与商业保险;
(2) 财产保险与人身保险;
(3) 原保险与再保险;
(4) 再保险与共同保险;
(5) 共同保险与重复保险。

第四章
保险的产生与发展

- -

章首语：

  本章在分析中外古代保险思想和原始形态保险的基础上，介绍了世界保险的起源与发展过程，分析了世界保险业发展的现状和趋势；对中国保险业的发展过程，特别是国内保险业务恢复以来保险业的发展做了较为详细的介绍。

第一节　古代保险思想和原始形态的保险

  从上古社会开始，人类就在探索如何弥补自然灾害和意外事故所造成的各种经济损失，使生产能够持续进行，生活有所保障。在数千年前，世界上就出现了后备与互助的古代保险思想和各种原始形态的保险。

一、国外古代保险思想和原始形态的保险

  国外最早出现保险思想的并不是现代保险业发达的资本主义大国，而是处在东西方贸易要道上的文明古国，如古代的巴比伦、埃及、希腊和罗马。据英国学者托兰纳利论证：保险思想起源于巴比伦，传至腓尼基（今黎巴嫩境内），再传入希腊。对于国外古代的保险思想和原始形态的保险，可从下列史实中窥见：

  公元前 2690 年左右，古埃及的一项文件中记载：当时石匠中盛行一种互助基金组织，通过收缴会费来支付会员死亡后的丧葬费用。

  在古希腊，一些政治哲学或宗教组织通过会员摊提形成一笔公共基金，专门用于意外情况下的救济补偿。

  在古罗马历史上曾出现丧葬互助会，还出现过一种缴付会费的士兵团体，在士兵调职或退役时发给旅费，在士兵死亡时发给其继承人抚恤金。

  在公元前 2500 年的巴比伦，国王曾命令僧侣、法官和市长等，对其辖境内居民征收赋金，建立后备基金，以备火灾及其他天灾损失之用。

  在公元前 2250 年，古巴比伦王汉默拉比曾在法典中规定，商队中如有人的马匹货物等中途被劫或发生其他损失，经宣誓并无纵容或过失等，可免除其个人之债务，

而由全队商人补偿。此种办法后传至腓尼基，并被应用于船舶载运货物。

在公元前 1000 年，以色列王所罗门对其国民从事海外贸易者课征税金，作为补偿遭遇海难者所受损失之用。

其他原始形态的保险还有：古代巴勒斯坦人饲养骡马者，如其骡马被盗或被野兽捕噬时，其他饲养骡马者须共同负担其损失；印度古代法典禁止高利贷，但对于须穿越海上、森林等进行贸易的商旅，则不予禁止，且对从事海上贸易者，在遇有不可抗力损失时，免除其偿还的义务。

到了中世纪，欧洲各国城市中陆续出现各种行会组织或基尔特制度，其行为具有互助性质，其共同出资救济的互助范围包括死亡、痼疾、伤残、年老、火灾、盗窃、沉船、监禁、诉讼等不幸的人身和财产损失事故，但互助救济活动只是行会众多活动中的一种。这种行会或基尔特制度在 13 至 16 世纪特别盛行，后来在此基础上产生了相互合作的保险组织。

欧洲中世纪，许多高级教会人士反对保险制度。在他们看来，任何天灾都是天罚，减轻灾难和不幸是违反上帝的意志。

二、我国古代保险思想和原始形态的保险

我国古代也有后备与互助的保险思想和原始形态的保险。

(一) 我国古代保险思想

我国古代保险思想主要体现在下列著述中：

公元前 2500 年，《礼记·礼运》有云："大道之行也，天下为公。选贤与能，讲信修睦。故人不独亲其亲，不独子其子，使老有所终，壮有所用，幼有所长，鳏、寡、孤、独、废疾者皆有所养。"这可证明我国古代早有共同谋求经济生活安定的崇高政治思想，这也可以说是世界最古老的保险（社会保险）思想。

《吕氏春秋·恃君览》中有："凡人之性，爪牙不足以自守卫，肌肉不足以捍寒暑，筋骨不足以从利辟害，勇敢不足以却猛禁悍。"这说明我国古代很早就注意到单凭个人的力量不足以自卫和谋生，必须联合互助才能抵御自然灾害和外来侵袭。

孟子也主张："出入相友，守望相互，疾病相扶持……"这反映了我国古代儒家的社会互助保险的思想。

在春秋战国时，其他的社会思想家也提出过类似的主张，如墨子就曾提出"有力者疾以助人"（见《墨子·鲁问》），要求有余力的人扶助贫困的人，这也是墨子当时提出的政治纲领之一。

《周书·文传》引《夏箴》说："小人无兼年之食，遇天饥，妻子非其有也。大夫无兼年之食，遇天饥，臣妾舆马非其有也。戒之哉！弗思弗行，至无日矣。"同篇又引《开望》说："……二祸之来，不称之灾。天有四殃，水、旱、饥、荒。其至无时，非务积聚，何以备之？"从这些记载来看，早在夏朝我国就重视粮食的积蓄，以防水旱之灾，这就是一种防患于未然的社会福利思想。

(二) 我国原始形态的保险

在实践中，我国历代有着储粮备荒，以赈济灾民的传统制度。较为典型的有：

1. "委积"制度

"委积"制度出现在春秋战国时期，据《周礼》载："乡里之委积，以恤民之艰厄……县都之委积，以待凶荒。"《周书》载："国无三年之食者，国非其国也；家无三年之食者，子非其子也。"这证明当时就存在着备患之法。

2. "常平仓"制度

"常平仓"制度属官办的仓储后备制度，它始于战国李悝的"平籴"法和西汉桑弘羊的"平准"法。历代统治者都有类似设置。它的名称则是由汉宣帝时的耿寿昌所定。"常平仓"盛行于北宋。其作用是调节灾害带来的风险，保障社会安定。

3. "义仓"制度

"义仓"制度属于官督民办的仓储后备制度。它始于北齐，盛行于隋朝。但其发展健全、长期有成效的时期当推唐代。唐贞观年间，水旱灾害频繁，各地义仓的粮食储备，对凶荒年岁的救灾起了很大的作用。虽然义仓由官督民办，但历代封建财政对义仓的控制从没放松。

上述这些都是实物形式的救济后备制度，由政府统筹，带有强制性质。此外，宋朝和明朝还出现了民间的"社仓"制度，它属于相互保险形式；在宋朝还有专门赡养老幼贫病的"广惠仓"，这可以说是原始形态的人身救济后备制度。

尽管我国保险思想和救济后备制度产生很早，但因中央集权的封建制度和重农抑商的传统观念的制约，商品经济发展缓慢，缺乏经常性的海上贸易，因此我国古代原始形态保险始终未能演变为商业性的保险。然而我国早期的保险思想和实践，却在世界人类文明史上占有很重要的地位，对我们研究早期保险的形成和发展，有着十分重要的意义。

第二节　世界保险的起源与发展

一、海上保险的起源与发展

海上保险是一种最古老的保险，近代保险也是从海上保险发展而来的。

（一）海上保险的萌芽——共同海损

共同海损，是指在海上凡为共同利益而遭受的损失，应由得益方共同分摊。共同海损既是指为应对航海遇难所采取的一种救难措施，也是指海上常见的一种损失事故。共同海损大约产生于公元前 2000 年，那时地中海一带出现了广泛的海上贸易活动。当时，由于船舶构造非常简单，航海是一种风险很大的活动。要使船舶在海上遭风浪时不致沉没，一种最有效的抢救办法是抛弃部分货物，以减轻载重量。为了使被抛弃的货物能从其他受益方获得补偿，当时的航海商提出了一条共同遵循的原则："一人为众，众为一人。"这个原则后来为公元前 916 年的《罗地安海商法》所采用，并正式规定为："凡因减轻船只载重投弃入海的货物，如为全体利润而损失的，须由全体分摊归还。"这就是著名的"共同海损"基本原则。它可以说是海上保险的萌芽，但共同海损是船主与货主分担损失的方法而不是保险补偿，因此它是否属于海上保险的起源尚有争议。

（二）海上保险的雏形——船舶和货物抵押借款

随着海上贸易的发展，船舶抵押借款和货物抵押借款制度逐步形成。这种借款方式从希腊、罗马传到意大利，在中世纪盛行一时。船舶抵押借款契约（bottomry bond）又称冒险借贷，它是指船主以船舶作为抵押品向放款人抵押以取得航海资金的借款。如果船舶安全完成航行，船主归还贷款，并支付较高的利息。如果船舶中途沉没，债权即告结束，船主不必偿还本金和利息。船货抵押借款契约（respondentia bond）是向货主放款的类似安排，不同之处是把货物作为抵押品。这种方式的借款实际上是最早的海上保险形式。放款人相当于保险人，借款人相当于被保险人，船舶或货物是保险对象，高出普通利息的差额（溢价）相当于保险费。533 年，罗马皇帝查士丁尼在法典中把这种利息率限制在 12%，而当时普通放款利率一般为 6%。如果船舶沉没，借款就等于预付的赔款。由此可见，船舶和货物抵押借款具有保险的一些基本特征，其作为海上保险的起源已成为定论。这两种借款至今仍存在，但与古代的做法不同，它们是船长在发生紧急情况时筹措资金的最后手段。有趣的是，今天的放款人可以通过购买保险来保护自己的利益。

船舶和货物抵押借款后因利息过高被罗马教皇格雷戈里九世禁止，当时利息高达本金的 1/4 或 1/3。由于航海需要保险做支柱，后来出现了"无偿借贷"制度。在航海之前，资本所有人以借款人的地位向贸易商借得一笔款项，如果船舶和货物安全抵达目的港，资本所有人不再偿还借款（相当于收取保险费）；反之，如果船舶和货物中途沉没和损毁，资本所有人有偿债责任（相当于赔款）。这与上述船舶抵押借款的顺序正好相反，与现代海上保险更为接近。

（三）近代海上保险的发源地——意大利

11 世纪后期，十字军东侵以后，意大利商人曾控制了东西方的中介贸易，并在他们所到之处推行海上保险。14 世纪中期，经济繁荣的意大利北部出现了类似现代形式的海上保险。起初，海上保险是口头缔约，后来出现了书面合同。目前发现的世界上最古老的保险单是一个名叫乔治·勒克维伦的热那亚商人在 1347 年 10 月 23 日开出的一张承保从热那亚到马乔卡的船舶保险单，这张保险单现在仍保存在热那亚国立博物馆。保单的措辞类似虚设的借款，即上面提及的"无偿借贷"规定，船舶安全到达目的地后契约无效，如中途发生损失，合同成立，由资本所有人（保险人）支付一定金额，保险费是在契约订立时以定金名义缴付给资本所有人的。保单还规定，船舶变更航道则契约无效。但保单没有列明保险人所承保的风险，它还不具有现代保险单的基本形式。至于最早的纯粹保险单是一组保险人在 1384 年 3 月 24 日为四大包纺织品开出的从意大利城市比萨运送到沙弗纳的保险单。1393 年，在佛罗伦萨出立的保险单已有承保"海上灾害、天灾、火灾、抛弃、王子的禁止、捕捉"等字样，开始具有现代保险形式。

当时的保险单同其他商业契约一样，是由专业的撰状人草拟。13 世纪中期在热那亚一地就约 200 名这样的撰状人。据一位意大利律师调查，1393 年仅热那亚的一位撰状人就草拟了 80 份保险单，可见当时意大利的海上保险已相当发达。莎士比亚在《威尼斯商人》中就曾写到海上保险及其种类。第一家海上保险公司于1424年在热那亚出现。

随着海上保险的发展，保险纠纷相应增多，这要求国家制定法令加以管理。1468年，威尼斯制定了关于法院如何保证保险单实施及防止欺诈的法令。1523年，佛罗伦萨制定了一部比较完整的条例，并规定了标准保险单的格式。

一些善于经商的伦巴第人后来移居到英国，继续从事海上贸易，并操纵了伦敦的金融市场，而且把海上保险也带进英国。今日伦敦的保险中心伦巴第街就是因当时意大利伦巴第商人聚居该处而得名。

（四）英国海上保险的发展

在美洲新大陆被发现之后，英国的对外贸易迅速发展，世界保险中心逐渐转移到英国。1568年12月22日，经伦敦市市长批准，在伦敦开设了第一家皇家交易所，为海上保险提供了交易场所，废除了从伦巴第商人那里沿袭下来的一日两次在露天广场交易的方式。1575年，由英国女王特许在伦敦皇家交易所内设立保险商会，办理保险单登记和制定标准保单与条款。当时在伦敦签发的所有保险单必须在一个名叫坎德勒的人那里登记，并缴付手续费。1601年，英国女王伊丽莎白一世颁布了第一部有关海上保险的法律，规定在保险商会内设立仲裁法庭，以解决日益增多的海上保险纠纷案件。但该法庭的裁决有可能被大法官法庭的诉讼推翻，因此取得最终裁决可能要等待很长时间。

17世纪的英国资产阶级革命为英国资本主义发展扫清了道路，大规模的殖民掠夺使英国逐渐成为世界贸易、航海和保险中心。1720年成立的伦敦保险公司和皇家交易保险公司因各向英国政府捐款30万英镑而取得了专营海上保险的特权，这为英国开展世界性的海上保险提供了有利条件。1756年到1778年，英国首席法官曼斯菲尔德收集了大量海上保险案例，编制了一部海上保险法案。

说到英国的海上保险不能不对当今世界上最大的保险垄断组织——伦敦劳合社进行简要介绍。劳合社从一个咖啡馆演变成当今世界上最大的保险垄断组织的历史，其实就是英国海上保险发展的一个缩影。1683年，一个名叫爱德华·劳埃德的人在伦敦泰晤士河畔开设了一家咖啡馆。这里逐渐成为经营远洋航海的船东、船长、商人、经纪人和银行高利贷者聚会的场所。1691年，劳埃德咖啡馆从伦敦塔街迁至伦巴第街，不久就成为船舶、货物和海上保险交易的中心。当时的海上保险交易保单只是在一张纸上写明保险的船舶和货物以及保险金额，由咖啡馆内的承保人接受保险的份额，并在保单上署名。劳埃德咖啡馆从1696年开始每周发行三次《劳埃德新闻》，着重报道海事航运消息，并登载在咖啡馆内进行拍卖船舶的广告。1713年，劳埃德去世，咖啡馆由他的女婿接管并在1734年发行了《劳合社动态》。据说，除了官方的《伦敦公报》外，《劳合社动态》是英国现存历史最悠久的报纸。

随着海上保险业务的发展，在咖啡馆内进行保险交易已变得不方便。1771年，由79个劳埃德咖啡馆的顾客每人出资100英镑另觅新址专门经营海上保险。1774年，劳合社迁至皇家交易所，但仍然沿用劳合社的名称，专门经营海上保险，至此，劳合社成为英国海上保险交易的中心。19世纪初，劳合社海上承保额已占伦敦海上保险市场的90%，在以后的时间里，劳合社以其卓著的成就促使英国国会在1871年批准了"劳埃德法案"，至此，劳合社成为一个正式的社会团体。1906年，英国国会通过的《海上保险法》规定了标准的保单格式和条款，这一标准保单又被称作"劳合社船舶与货物标准保单"，被世界上许多国家公认和沿用。1911年的一项法令取消了劳合社成员只能经营海上保险的限制，允许其成员经营一切保险业务。

劳合社不是一个保险公司，而是一个社团，更确切地说，是一个保险市场。它与纽约证券交易所相似，只是向其成员提供交易场所和有关服务，本身并不承保业务。1986年，劳合社迁至新的大楼。如今，劳合社有数百个承保各类风险的组合，每个组合又由许多会员组成，并有各自的承保人。以前，会员对所在组合承保的业务承担无限责任。劳合社会员最多的时候有3.3万人，来自世界50多个国家和地区。20世纪80年代后期，劳合社发生了严重亏损。20世纪90年代起，劳合社开始实施重建计划，会员不再承担无限责任。

在长期的业务经营过程中，劳合社在全球保险界赢得了崇高声誉。劳合社曾创造过许多个第一。劳合社设计了第一份盗窃保险单、第一份汽车保险单和第一份收音机保险单，近年又是石油能源保险和卫星保险方面的先驱。劳合社承保的业务十分广泛，包括钢琴家的手指、芭蕾舞演员的双脚、赛马优胜者的腿等，不过其最重要的业务还是在海上保险和再保险。

劳合社由其成员选举产生的一个理事会来管理，下设理赔、出版、签单、会计、法律等部门，并在100多个国家和地区设有办事处。2000年11月，劳合社正式在我国北京设立办事处。

（五）其他国家海上保险的发展

在14世纪中期，海上保险已是海运国家的一个商业特征。在美洲新大陆被发现之后，西班牙、法国的对外贸易也进入迅速发展阶段。早在1435年，西班牙就公布了有关海上保险的承保规则及损失赔偿手续的法令。1563年，西班牙国王菲力浦二世制定了安特卫普法典。该法典分为两部分：第一部分是航海法令，第二部分是海上保险及保险单格式法令。该法典后为欧洲各国所采用。1681年，法国国王路易十四颁布的海上条例中也有关于海上保险的规定。此外，荷兰、德国也颁布了海损及保险条例。海上保险法规的出现标志着这些国家的海上保险有了进一步发展。

美国的海上保险发展较迟。1721年5月25日，美国出现了第一家海上保险组织，由约翰·科普森在费城市场街自己的寓所里开设了一个承保船舶和货物的保险所。1792年12月15日，美国第一家股份保险公司——北美保险公司成立，该公司出售6万股份，每股10美元，虽计划承保人寿、火灾和海上保险等业务，但最初只办理海上保险业务。1798年，纽约保险公司成立了。到1845年，美国约有75家经营海上保险的公司。1845—1860年，美国海上保险业务发展迅速，这一时期美国的船舶总吨位增加了三倍。为了扩大纽约的海上保险市场，1882年纽约建立了类似劳合社的组织——由100多个成员组成纽约海上保险承保人组织。

二、火灾保险的产生和发展

15世纪，德国的一些城市出现了专门承保火灾损失的相互保险组织（火灾基尔特）。到了 1676 年，46 个相互保险组织合并成立了汉堡火灾保险社。

1666 年 9 月 2 日伦敦发生的一场大火是火灾保险产生和发展起来的直接诱因。这场火灾的起因是皇家面包店的烘炉过热，火灾持续了 5 天，几乎烧毁了半个城市，有 13 000 多幢房屋和 90 多座教堂被烧毁，20 余万人无家可归，造成了不可估量的财产损失。这场特大火灾促使人们重视火灾保险。次年，一个名叫尼古拉斯·巴蓬的牙科医生独资开办了一家专门承保火险的营业所。由于业务发展，他于 1680 年邀请三人，集资 40 000 英镑，设立了一个火灾保险合伙组织。其保险费是根据房屋的租金和结构计算的，砖石建筑的费率为年房租的 2.5%，木屋的费率为年房租的 5%。因为使用了差别费率，巴蓬被称为"现代保险之父"。

18 世纪末到 19 世纪中期，英国、法国、德国、美国等国相继完成了工业革命，机器生产代替了原先的手工操作，物质财富大量集中，对火灾保险的需求也变得更为迫切。这个时期的火灾保险发展异常迅速，而且火灾保险组织以股份公司形式为主。最早的股份公司形式的保险组织是 1710 年由英国查尔斯·波文创办的"太阳保险公司"，它不仅承保不动产保险，而且把承保业务扩大到动产保险，营业范围遍及全国，它是英国迄今仍存在的最古老保险公司之一。1714 年，英国又出现了联合火灾保险公司，它是一个相互保险组织，费率计算除了考虑建筑物结构外，还考虑建筑物的场所、用途和财产种类，即采用分类法计算费率，这是火灾保险的一大进步。

在美国，本杰明·富兰克林于 1752 年在费城创办了第一家火灾保险社。这位多才多艺的发明家、科学家和政治活动家还在 1736 年建立了美国第一家消防组织。1792 年建立的北美保险公司在两年后开始承办火险业务，在该公司的博物馆里陈列了当时的消防设备和展现驾着马车去救火场面的油画。

到了 19 世纪，欧美的火灾保险公司如雨后春笋般涌现，承保能力大为提高。1871 年芝加哥一场大火造成 1.5 亿美元损失，其中 1 亿美元损失是保了险的。而火灾保险从过去只保建筑物损失扩大到其他财产，承保的责任也从单一的火灾扩展到风暴、地震等。为了控制同业间的竞争，保险同业公会相继成立，以共同制定火灾保险统一费率。

在美国，火灾保险出现之初，保险人各自设计自己使用的保单，合同冗长且缺乏统一性。1873 年，马萨诸塞州成为美国第一个以法律规定必须使用标准火险单的州，纽约在 1886 年也通过了类似的法律。标准火险单的使用减少了损失理算的麻烦和法院解释的困难，也是火灾保险的一大进步。

三、其他财产保险业务的发展

海上保险与火灾保险是两个传统的财产保险业务，在它们的发展过程中，其承保的标的和风险范围不断得到扩展，逐步成为两个综合性的财产保险险种。在此基础上，19 世纪后期以后，除海上保险和火灾保险外，各种财产保险新险种陆续出现，如汽车保险、航空保险、机械保险、工程保险、责任保险、盗窃保险、信用保证保险等。

与财产保险业务的迅速发展相适应，19世纪中期以后，再保险业务迅速发展起来。最早独立经营再保险业务的再保险公司，是1846年在德国设立的科仑再保险公司。到1926年，各国共建立了156家再保险公司，其中德国的再保险公司数目最多。对于财产保险业务而言，由于其风险的特殊性，再保险已成为其业务经营中不可缺少的手段。再保险使财产保险的风险得以分散，特别是财产保险业务在国际上各个保险公司之间的分保，使风险在全球范围内分散。再保险的发展，又促进了财产保险业务的发展。今天，英国、美国、德国、瑞士等国的再保险业务在国际上占有重要的地位。

四、人身保险的产生和发展

从原始的萌芽形态到具有现代意义的人身保险，人身保险经历了漫长的探索和演变过程。在其发展过程中，对人身保险的形成和发展影响重大的事件和人物主要有：

（一）"蒙丹期"公债储金办法

这个办法产生于12世纪威尼斯共和国。当时为了应对战时财政困难，政府发行了强制认购的公债。其具体内容为：政府每年给予认购者一定的酬金直到该认购者死亡，本金一律不退还。这种给付形式接近于同期的终身年金保险。它对后来年金保险的产生有很大的影响。

（二）"冬蒂"方案

这是1656年意大利银行家洛伦佐·冬蒂所设计的一套联合养老保险方案，于1689年由法国国王路易十四颁布实施。该方案规定：发行总数为140万的国债，每人可认购300法郎，每年由国库付10%的利息，本金不退还。支付利息的办法是：把所有认购者按年龄分为14个集体，利息只付给集体的生存者，生存者可随集体死亡人数的增加而领取逐年增加的利息，集体成员全部死亡，就停止发放利息。这个办法相当于现在的联合生存者终身年金。

上述办法，都是欧洲各国政府带着财政目的强制推行的，以聚财为目的，必然引起人们的不满和反对，难以长久存在。同时，这些方案的费用负担都没有经过科学精确的计算，因而难以做到公平、合理。随着商品经济的发展，人们越来越要求按照等价交换的原则，根据享有的权利负担费用，这就促进许多学者对人身保险计算问题进行研究。

（三）死亡表的研究和编制

为使人身保险符合"公平、合理"的原则，不少学者开始了对人口问题的研究，并编制死亡表。较有影响的死亡表有：

①1662年英国的格朗脱编制的以100个同时出生的人为基数的世界上第一张死亡表。此表过于简单且不够精确，但给后来的研究以很大的启发。

②1671年荷兰数学家威特编制的死亡表。

③1693年英国天文学家哈雷编制的第一张最完全的死亡表。此表计算出了各年龄的死亡率和生存率。

④1783 年诺爽姆登的死亡表以及 1815 年弥尔斯的死亡表。

这些死亡表的编制为人身保险的科学计算奠定了基础。

（四）自然保费和均衡保费

1756 年，詹姆斯·道德逊根据哈雷死亡表计算出了各年龄的人投保死亡保险应缴的保费。这种保费被称为"自然保费"。由于自然保费难以解决老年人投保时费用负担的问题，詹姆斯·道德逊又提出了"均衡保险费"的理论。

在人身保险计算理论研究发展的同时，人身保险业务也有了很大发展。1705 年，英国友谊保险会社获得皇家特许，经营寿险业务。到 1720 年，英国已有 20 家人寿保险公司。1762 年，公平人寿保险公司在英国建立，这是世界上第一家科学的人寿保险公司。该公司第一次采用均衡保费的理论计算保险费，规定每次缴费的宽限期及保单失效后申请复效的手续，对不符合标准条件的保户另行加费，使人身保险的经营管理日趋完善。该公司的创立标志着近代人身保险制度的形成。

工业革命刺激了对人身保险的需求，使得人身保险在世界范围内迅速发展。在英国，1854 年出现了民营简易寿险，1864 年又出现了国营邮政简易寿险，接着团体保险也有了很大发展。19 世纪末，英国的寿险业务一直居世界领先地位，20 世纪以后，便先后被美国、加拿大、日本等国超过。

美国的人身保险业务发展速度很快，1950 年经营人身保险的公司有 469 家，1985 年增加到 2 261 家。日本是第二次世界大战结束后人身保险业务发展速度最快的国家，目前已成为世界上人身保险业务发达国家之一，其有效保额居世界首位。1999 年，日本的人身保险业务占保险业务总量的 79.4%，这一年全球保费收入总额中，人身保险保费收入所占比重为 60.8%。

五、世界保险业发展的现状和趋势

（一）世界保险业的现状

1. 保费收入现状

第二次世界大战结束后，世界保险业取得了巨大发展，社会对保险的依赖程度越来越高。总体而言，经济越发达的国家，保险业也越发达，进入 21 世纪，新兴市场的保险业也取得强劲发展。全世界的保费收入 1950 年为 207 亿美元，2010 年为 43 390 亿美元，在 60 年里平均每年增长 10% 左右。2017 年全球保费收入 48 920 亿美元，较上年增长 1.5%。其中，寿险保费收入 26 570 亿美元，较上年增长 0.5%；非寿险保费收入为 22 340 亿美元，较上年增长 2.8%。发达市场以 78.1% 的寿险份额和非寿险份额继续保持其在全球保险业中的统治地位，但以中国为首的亚洲新兴市场已成为全球保险市场的最大增长来源。美国、中国、日本、英国、法国是全球保险业保费收入的前 5 名，其保费总收入在全球保费收入中的占比高达 58.58%。

从保险密度和保险深度的角度考察，保费收入的差异实际上体现出发达国家与发展中国家的保险发展水平的不平衡。2021 年，美国、中国、日本、英国、法国是全球保险业保费收入的前 5 名。总体上看，2021 年全球总保费达到 68 605.98 亿美元，相比 2020 年增长约 9%。以总保费收入衡量，保费收入排名前 20 的国家或地区，在 2021 年和 2020 年，分别占据了全球保险市场 90%和 90.4%的份额。从保险密度和深度的角度看，2010 年至 2021 年，全球平均保险密度从人均 604 美元上升到 661 美元；但全球平均保险深度呈现小幅下降的趋势，2010 年全球平均保险深度为 6.52%，2021 年降至 5.96%。

2. 险种现状

保险业务范围的拓展是以经济的发展水平以及被保险人规避风险的需要为基础的，新技术的发展推动了新工艺、新工业的产生，同时也带来了新的风险。例如，电气革命促进了电器设备的广泛运用也带来了机器损坏的风险，计算机网络的普及带来了计算机犯罪的风险等。此外，技术的进步又使过去被认为不可保的风险成为可保风险，这为新险种的产生提供了契机。

进入 20 世纪 90 年代，世界保险市场竞争日趋激烈。在技术日新月异和自然灾害频繁发生的背景下，新的保险需求不断产生。在需求的带动下，新险种大量出现，并且发展很快。例如，在寿险领域，日本推出了严重慢性疾病保险，美国推出了"变额保险"，英国甚至推出了"疯牛病保险"，并获成功。在财产保险领域，自然灾害的发生和意外事故的增加使险种创新的势头更为强劲。甚至针对全球变暖的情况，许多保险机构也推出了有关险种。近几年来，恐怖活动频繁，治安问题严重，还催生了勒索绑架保险。总之，一旦产生保险需求，险种创新就会发生，需求是诱发新险种出现的决定性因素。

3. 巨灾风险增加，"巨灾证券化"形成

随着投保财产价值的增大，保险金额也越来越高。各种意外事故频发，索赔案件经常发生并且某些案件索赔数额巨大。20 世纪 90 年代以来，发生了 16 起损失超过 32 亿美元的巨大灾害，而 20 世纪 80 年代很少发生损失超过 10 亿美元的灾害。1992 年，全世界的保险损失达到了一个空前的高峰。这一年，共损失了 271 亿美元，这些损失主要是由自然灾害和人为事故造成的。如美国发生的安德鲁飓风造成了 155 亿美元的损失，发生在洛杉矶的暴乱造成了 7.75 亿美元的损失，发生在伦敦的炸弹爆炸事件造成了 12.2 亿美元的损失。1999 年保险业又遭遇了有史以来第二大赔偿高峰。2001 年 9 月 11 日的美国恐怖袭击事件使全球保险业经受了有史以来最严峻的考验。

面对日益频繁的巨灾风险，发达国家的保险业除继续采用补足资本金、提足准备金和扩大再保险等传统的分散风险损失的手段外，开始采用金融工程技术，通过开发动态风险管理产品来转移巨灾风险。其主要方法有：

第一，"风险金融""巨灾证券化"。这是指针对某一特定险种，保险人通过发行保险证券，从资本市场上筹集准备金，将巨灾风险直接转移到资本市场，采取的形式是发行"巨灾债券""巨灾期货""巨灾期权"。

第二，"灾害期货"。这是一种新的风险管理方法，这种方法使保险人得以将经营风险转移给投机者。

4. 从业人员的专业化程度高、知识面广

保险业具有很强的专业性和技术性，从险种开发到承保、理赔、防灾防损无不需要专业化人才。因此，保险机构十分重视人才的引进，并把专业化人才看作事关自身竞争力的一个重要因素。对于内部员工，保险人经常对其进行各种专业培训，这种培训尤以承保、理赔和财务人员为重点。对于高级管理人员，保险机构有更严格的要求，要求其必须具有相应的学历和资历。在保险营销过程中，专业化的程度也越来越高。保险代理人和保险经纪人须经过专业考试并取得执业证书后方可开展业务。保险从业人员的专业化，提高了保险机构的经营水平，有利于整个保险业的健康发展。

（二）世界保险业的发展趋势

1. 世界保险全球化和金融服务一体化的趋势

当今世界，经济的发展，尤其是国际贸易与国际资本市场的发展决定了市场开放的必要性，而通信、信息等高新技术的发展又为实现全球经济一体化创造了技术条件。以计算机网络技术和生物工程技术为代表的高新技术深刻地影响着经济政治生活以及人们的生存方式。在高新技术的推动下，全球经济一体化的趋势越来越明显，作为世界经济重要组成部分的保险业也呈现出国际化的趋势。保险全球化是指保险业务的国际化和保险机构的国际化。随着世界经济全球化的进一步发展，保险业国际化的趋势将不断加强。

为了适应世界保险业发展的需要，国际保险的监管趋势发生变化，主要表现在以下几个方面：

第一，偿付能力监管成为重点。随着国际保险业的发展，对保险公司偿付能力的监管方式得到国际社会的广泛认可。例如，欧盟从"偿付能力 I"到"偿付能力 II"的监管体系，美国的风险资本（RBC）监管模式等。亚洲比较发达的保险市场，如新加坡等也对保险公司偿付能力提出明确监管要求。

第二，"三支柱"监管框架成为共识。国际保险监督者协会（IAIS）以 1997 年发表的《保险监管核心原则》为依据，首次提出以市场行为、公司治理结构、偿付能力为核心的"三支柱"保险监管新框架。《保险监管核心原则》先后于 2000 年、2003 年和 2011 年进行全面修订。2011 年以后，国际保险监督者协会根据国际监管形式的变化，不断完善《保险监管核心原则》。此外，随着"三支柱"监管框架逐渐被国际社会接受，许多国家和地区不仅关注市场行为和偿付能力监管，还关注对保险公司治理的监管。

第三，分业监管转向综合监管。20 世纪 90 年代以后，全球金融业综合经营的趋势不断发展，银行业、保险业和证券业的关联性逐渐加强。为了适应金融业综合经营的变化趋势，解决金融业风险传染等问题，诸多国家纷纷进行金融监管体制的改革，由分业监管转向综合监管，以保证金融市场的平稳运行。2018 年，中国银行保险监督管理委员会（简称"中国银保监会"）成立，对银行业和保险业进行监管。2023 年 5 月，国家金融监督管理总局正式揭牌，统一负责除证券业之外的金融业监管。这也意味着中国银保监会正式告别历史舞台。

为了适应经济全球化的潮流，发展中国家也在做出自己的努力。如中国、印度、东盟国家，以及智利、阿根廷、委内瑞拉等国都不同程度地开放了本国保险市场，以吸引外国投资者。1995 年，全球多边金融服务协议达成，这意味着全球保险市场的 90% 都将开放。

世界经济金融的自由化带来了金融保险服务的一体化。1999 年 11 月 12 日，当时的美国总统克林顿签署了《金融服务现代化法案》(*Financial Service Act of* 1999，又称 Gramm-Leach-Biley)，该法案的颁布意味着国际金融体系发展过程中又一次划时代的变革，它将带来金融机构业务的历史性变革。在金融服务全球化和一体化的浪潮中，银行保险的联盟、保险与证券的联盟方兴未艾，并将更加成熟。

2. 保险规模大型化和保险机构的联合与兼并趋势

过去 30 余年里，保险业出现过两次并购活动高峰期：第一次是在 20 世纪 90 年代后期，第二次是在 2000 年以后到 2008 年金融危机爆发之前。保险规模的扩大一方面体现在保险标的的价值越来越大，巨额保险增多；另一方面则体现在从事保险的机构越来越多。保险标的价值的增大与经济的发展是分不开的。新技术的运用使各种机器设备越来越复杂、精细，价值也越来越高，同时由于经济主体之间关系的日益紧密，风险的影响也越来越大，因此，巨额保险的数量不断增加。

与此同时，保险机构的规模日趋庞大。竞争白热化的结果必然是优胜劣汰，从而加速了保险机构之间的联合与兼并。19 世纪初，全世界只有 30 多家保险公司。到了 20 世纪 90 年代初，全世界保险公司的数量增加到上万家。而在面临全球化竞争的情况下，许多公司又开始进行广泛的合作。竞争与合作呈现出一种相互推动的态势。近年来，合作进一步演化成保险人之间的并购，保险市场的并购案件显著增多，保险机构呈现大型化的趋势。1996 年 7 月，英国的太阳联合保险与皇家保险宣布合并，成立皇家太阳联合保险公司，一举成为英国第一大综合性保险公司。1996 年 4 月，法国巴黎联合保险集团与安盛保险公司合并。在再保险领域，并购之风也愈演愈烈，仅在 1996 年上半年，并购大案就接二连三发生，如美国通用再保险收购了德国科隆再保险，慕尼黑再保险收购了美国再保险。另外，在保险中介市场上，并购活动也呈增加趋势。

2000 年中后期的并购潮与强劲的经济增长和股市上涨期相重合。早期的监管放松和结构性创新也发挥了作用。特别是新型风险管理技术和产品的应用吸引了另类资本进入保险市场。这使得市场竞争压力加剧，促使一些寻求规模扩张和国际多元化发展的保险公司之间实现整合。

3. 保险经营转向以非价格竞争为主，并且更加注重事先的预防

市场竞争的白热化使保险业面临的价格压力越来越大，长期的亏损使许多公司破产倒闭，严重地影响了保险人与被保险人双方的利益。因此，保险人越来越注重非价格的竞争，努力在保险经营上积极创新，力求在保险技术和保险服务上吸引顾客。与此同时，保险人越来越不甘于被动地提供事后的补偿，而是积极地参与事前和事中的防灾防损，在成本收益分析的基础上联合各类技术专家从事风险的识别、测定与预防工作，为被保险人提供各种相关的防灾防损服务。这既有利于保险人提高自己的服务水平与竞争力，又减少了被保险人的损失可能和保险人赔付的可能，同时也减少了损失发生后可能的外部影响，有利于社会经济的稳定运行。

4. 保险业的风险控制和资金管理尤为重要

保险公司将使用新的方法来控制风险和管理资金。对保险公司来说，资金的有效管理从未显得如此重要。巨灾的频繁发生、恐怖袭击以及全球性市场低迷和银行低息政策的影响，给保险公司的资本金造成了巨大压力，保险公司的财力被日益削弱，偿付能力不断下降。保险公司正在尝试使用各种新方法来分析风险，从而决定资金流向。

5. 养老保险将成为保险业发展的亮点

目前，很多国家正在进行退休及养老制度改革，这类保险的需求正日益增大。未来保险公司的成败在很大程度上将取决于在该领域的表现的优劣。现有的保险公司将向客户提供更多的资产管理和金融服务，并逐步向金融服务公司转型。

6. 互联网+模式、数字化分销提升业务量

保险市场中，消费者通过互联网选择和购买保险的线上直销正在快速增长。就险种而言，标准化产品（如车险和家庭保险）正日益转向在线销售。例如，2013 年至 2015 年，中国的在线车险购买量增加逾两倍，目前占国内市场 10% 以上的份额。在美国，以互联网或电话方式为主直接向消费者销售的车险公司所占市场份额逐渐增加。定期寿险等传统寿险产品也日益转向在线销售。

第三节　中国保险业的产生与发展

一、中国近代保险业

（一）外商保险公司垄断时期

我国古代保险的雏形或萌芽并没有演变成现代商业保险，近代中国保险业是随着帝国主义势力的入侵而出现的。

19 世纪初，当中国仍处于闭关自守状态时，已完成工业革命的英国率先用枪炮强行打开了我国大门，其保险商也开始跟随他们的战舰抢占中国市场，近代保险制度也随之传入中国。1805 年，英国保险商向亚洲扩张，在广州开设了第一家保险机构，称为"谏当保安行"或"广州保险会社"。经过两次鸦片战争，以英国保险商为首的一些帝国主义国家的保险商，凭借一系列强加于我国的不平等条款及其在华特权，进一步在中国增设保险机构。1845 年，英商在上海这个"冒险家乐园"开设了"永福""大东方"两家人寿保险公司，19 世纪 70 年代又在上海开办了"太阳""巴勒"等保险公司。

外商保险公司在中国的出现是帝国主义经济侵略的产物，这些保险公司凭借不平等条款及其在华特权，挟其保险经营的技术和雄厚资金，利用买办在中国为所欲为地扩张业务领域，并用各种手段实行垄断经营，长期霸占中国保险市场，攫取了大量的高额利润。19 世纪末，已形成了以上海为中心，以英商为主的外商保险公司垄断中国保险市场的局面。

（二）民族保险业的诞生和兴起

鸦片战争后，外商保险公司对中国保险市场的掠夺，激起了中国人民振兴图强、维护民族权利、自办保险的民族意识。一些有识之士，民族资产阶级思想的传播者，如魏源、洪仁轩、郑观应、王韬、陈炽等人，开始把西方的保险知识介绍到国内，并主张创办自己的保险事业，为创建我国的保险业做了舆论准备。19 世纪中叶，外国保险公司在华势力急剧扩张的同时，民族保险业也脱颖而出。

1865 年 5 月 25 日，中国人自己创办的第一家保险公司"义和公司保险行"在上海诞生，它打破了外商保险公司独占我国保险市场的局面，为以后民族保险业的兴起开辟了道路。此后，相继出现的民族保险公司有：保险招商局、仁和水险公司与济和水火险公司（后二者合并为仁济和水火险公司）、安泰保险公司、常安保险公司、万安保险公司等。其中，仁济和保险公司是我国第一家规模较大的船舶运输保险公司；香港华商、上海华安人寿保险公司和延年寿保险公司等是最早由华商经营的人寿保险公司。从 1865 年到中华民国成立之前，华商保险公司已有 45 家，设在上海的有 37 家，设在其他城市的有 8 家。1907 年，上海的 9 家华商保险公司组成历史上第一家中国人自己的保险同业公会组织——"华商火险公会"，用以抗衡洋商的"上海火险公会"，这反映出民族保险业开始迈出联合团结的第一步。同时，清政府也注意到了保险这一事业，并草拟了《保险业章程草案》《海船法草案》和《商律草案》，这些保险法规虽未正式颁布实施，但对民族保险业的兴起、发展起了一定的促进作用。这些法规的拟定也使保险业的法律制度逐步走向系统化和完备化。

上述情况表明我国民族保险业在辛亥革命前已兴起和形成。但这一时期的民族保险业的资本和规模都不大，相对于外商保险公司仍处于弱势地位。

（三）20 世纪初期的中国保险业

1. 民族保险事业的发展

第一次世界大战期间，由于欧美帝国主义国家忙于战争，我国民族资本有了发展的机遇，许多民族资本的火灾保险公司和人寿保险公司在上海、广州、香港等地相继成立。尽管第一次世界大战结束后民族保险业因外国势力而陷入萧条，但在五四运动、五卅运动以后，中国民族银行业的发展及对民族保险业的投入，又使保险业有了迅速发展，并且保险业务迅速由上海等地延伸到其他口岸和商埠。据《1937年中国保险年鉴》统计，全国有保险公司 40 家，分支机构 126 家，这些分支机构遍布全国各地。

在民族保险业的发展和中外保险公司激烈竞争的形势下，一些规模较大的民族保险公司将保险业务由国内扩展到国外，开拓保险市场，扩展国外保险业务。1937年前后，华商保险公司陆续在胡志明、雅加达、新加坡、马尼拉等地设立分支公司。中国保险公司还在大阪、伦敦、纽约等地设立代理处，由所在地的中国银行代理保险业务。

2. 外商保险公司进一步垄断中国保险市场

第一次世界大战结束后，美、日保险在华势力迅速扩大，形成了以英、美、日为主的多国势力控制中国保险市场的局面。在当时，全中国 100 多家保险公司和保险机构中，华资保险公司仅有 24 家。这些外商保险公司垄断并控制了我国的保险市场，攫取大量的超额利润。据 1937 年的资料，中国每年流出的保费外汇达 235 万英镑，占全国总保险费收入的 75%。

九一八事变后，日本帝国主义对东北沦陷区实行经济上的全面控制，对日本以外的保险公司进行重新登记，采取逐步驱逐政策，独占保险市场。

3. 官僚资本保险机构对中国保险市场的控制

1937 年七七事变后，国民党政府被迫迁都重庆，经济中心逐渐西移，许多中国保险公司也随之西移重庆。至 1945 年 8 月，川、云、贵、陕、甘 5 省共有保险总分机构 134 处。然而，当时大后方的保险市场却是由国民党官僚资本和政府有关部门兴办的官办保险公司操纵和控制，它们凭借雄厚的资金和政治后台，几乎包揽了当时大部分保险业务。在重庆，"四大家族"的官僚资本控制了约占全国 90% 的保险业务，形成官僚资本在保险业的霸权地位。

第二次世界大战结束后，中国的保险中心又东移上海。在抗日战争胜利气氛的鼓动下，百业渴望振兴，保险业也力求励精图治，曾一度呈现出表面繁荣景象。但这一时期的情况是官僚资本保险机构与卷土重来的外商保险公司相互利用，控制保险市场。外商公司控制官僚资本公司，而民族资本保险公司则受外商和官僚资本保险公司的双重控制。由于国民党政府的腐败统治，投机活动盛行，物价飞涨，民不聊生，国民经济陷于崩溃状态，到 1949 年，华商保险公司已处于奄奄一息的境地。

近代商业保险制度在我国虽然已有一百多年的历史，但却始终未能获得较大发展，其主要原因在于：

第一，近代商业保险是帝国主义列强强制输入中国的，帝国主义的保险公司长期垄断我国保险市场。他们经营保险的目的在于谋求最大利润、掠夺中国财富，他们在中国实行的是掠夺性的保险政策，其业务范围局限于当时经济较发达的通商口岸，保险对象绝大部分是工商业者，没有也不可能面向广大群众。中国的民族保险业虽曾有过发展，但由于其自身的软弱性和局限性，始终步履维艰、发展缓慢，在保险市场上受制于人，处于从属地位。当时的中国政府虽也曾对保险有所认识，制定了一些法律法规，以监督、管理保险市场，然而旧中国的半殖民地性质决定了政府作为的限制——约束不了外商保险机构，难以规范保险市场。因此，无论是民族保险，还是旧中国政府都难以担当起培育、建设中国保险市场的重任。

第二，近代中国长期处于半封建、半殖民地状态，实行的是闭关自守、抑制商品经济发展的政策。在这种经济环境下，社会经济非常落后，人民生活极端贫困，难以形成对保险的有效需求。同时在自给自足的小农经济条件下，人们以家庭为经济单位，以土地为生，土地的不可移动性束缚了人们之间的相互交往，滋生的是封闭式保守思想意识，对于各种风险事故引起的经济困难，习惯于依靠血缘亲属关系来解决，没有保险的习惯。

第三，近代中国长期战乱，特别是抗日战争发生后，国统区货币贬值，物价飞涨，通货膨胀严重，国民党政府的腐败使国民经济陷于崩溃，致使原本落后的保险市场难以维持，至解放前夕，整个保险事业几乎陷于崩溃。

二、中国现代保险业的发展

1949 年 10 月，中华人民共和国成立，新中国保险事业从此也翻开了新的篇章。70 余年来，中国保险事业几经波折，如今已逐步走向成熟和完善。

（一）新中国保险事业的形成和发展（1949—1957 年）

1. 人民保险事业的创立和发展

1949 年，随着解放战争在全国范围内取得决定性胜利，建立统一的国家保险公司被提上了议事日程。1949 年 9 月 25 日至 10 月 6 日，经过紧张的筹备，第一次全国保险工作会议在北京西交民巷举行，会议讨论了一系列人民保险事业发展的方针政策问题，为新中国保险事业的发展指明了方向。1949 年 10 月 20 日，中国人民保险公司在北京成立，宣告了新中国统一的国家保险机构的诞生，从此揭开了中国保险事业崭新的一页。

中国人民保险公司在成立后，本着"保护国家财产，保障生产安全，促进物资交流，增进人民福利"的基本方针，配合国家经济建设，先后开办了各种保险业务。国民经济恢复时期，中国人民保险公司为配合国民经济恢复这一中心工作，开办的国内业务主要是对国营企业、县以上供销合作社、国家机关财产以及铁路、轮船、飞机的旅客实行强制保险。此外还在农村开展自愿性质的牲畜保险，并在城市中开展各种自愿性质的财产保险和人身保险。这对当时我国国民经济的恢复和发展起到了积极的作用。但是由于认识上的偏差以及缺乏经验，保险公司在业务经营过程中犯了盲目冒进、强迫命令的错误，一度在群众中引起了反感。因此，在"一五"期间，国家确立了"整顿城市业务，停办农村业务，整顿机构，在巩固基础上稳步前进"的方针，对保险市场进行了整顿：逐步收缩停办农村业务，集中力量发展城市中的强制保险、运输保险和火险三项业务。后来为了充实国家财政和社会后备力量，我国又重点发展农村保险，停办部分国营企业强制保险，稳步扩大城市保险业务，有计划地办理适应群众需要的个人财产和人身保险。人民保险事业在整顿中稳步发展。

2. 对旧中国保险市场的整顿和改造

在创建和发展人民保险事业的同时，人民政府对旧中国的保险市场进行了整顿和改造。

首先，接管官僚资本的保险公司。由于官僚保险机构大多集中在上海，所以接管工作以上海为重点。1949 年 5 月 27 日上海解放。5 月 30 日，上海军事管制委员会（简称"军管会"）金融处立即发布《保字第一号训令》，接管官僚资本保险机构。其他解放了的城市的官僚资本保险机构也相继由当地军管会接管。

其次，对民族资本的保险公司进行整顿和改造。对于民族资本的保险公司，人民政府进行重新登记，并允许其进行社会主义改造。几经合并，最终于 1956 年成立了公私合营的专营海外保险业务的太平保险公司。

最后，对外商保险公司实行限制政策。新中国成立后，为彻底改变帝国主义垄断中国保险市场的局面，维护民族独立，人民政府废除了外商保险公司一切在华特权，对其业务经营严格管理，限制其业务经营范围，切断业务来源，对违反中国法令和不服从管理的外商保险公司进行严肃查处。到 1952 年年底，外商保险公司由于在我国保险市场上的业务量逐年下降而陆续申请停业，最终全部自动撤离中国保险市场。

（二）中国保险事业的停顿（1958—1978 年）

1958 年 10 月在西安召开的全国财贸工作会议提出了立即停办国内保险业务，同年 12 月在武汉召开的全国财政会议决定"立即停办国内保险业务"。至此，除上海等个别城市还保留少量的国内业务外，全国其余各地均停办了国内保险业务。中国人民保险公司专营国外业务，改由中国人民银行总行国外局领导。1958 年年底到次年，数万名保险干部转业，几千个机构被撤销。

1964 年，中国人民银行向国务院财贸办公室请示建议恢复保险公司建制获准。保险建制改为局级，对外行文用中国人民保险公司的名义。1965—1966 年，随着全国农业生产的发展，国内一些大城市的国内保险业务陆续恢复。"文化大革命"时期，我国保险业的发展陷入低潮。

（三）中国保险事业的恢复（1979—1985 年）

1978 年年底，党的十一届三中全会做出把党和国家工作的重点转移到社会主义现代化建设上来的战略决策。我国保险市场以此为契机逐渐恢复。

1979 年 4 月，国务院批准并转发了中国人民银行全国分行行长会议纪要，做出了逐步恢复国内保险业务的重大决策。同年 11 月，中国人民银行在北京召开了全国保险工作会议，停办 20 多年的国内保险业务开始复业。截至 1980 年年底，全国 28 个省、自治区、直辖市都已恢复了保险公司的分支机构，各级机构总数达 311 个，专职保险干部 3 423 人，全年共收保费 2.9 亿多元。

在恢复各类财产保险业务的基础上，1982 年，中国人民保险公司又开始恢复办理人身保险业务和农村保险业务。几年时间，国内各项业务飞速增长（见表 4-1）。与此同时，涉外保险业务也快速发展，1983 年，中国人民保险公司已与 120 多个国家和地区 1 000 多家保险公司建立了国际业务关系，全年保险费收入 1.5 亿多美元，并承保了对外贸易的 70% 以上的业务。

表 4-1　1980—1985 年全国国内业务保费收入情况

年份	保费收入/亿元	比上年增长/%
1980	2.96	
1981	5.32	80
1982	7.48	40
1983	10.15	36
1984	15.06	48
1985	25.70	71

资料来源：笔者根据《中国保险史》（于 1998 年由中国金融出版社出版）整理。

恢复初期，中国人民保险公司为中国人民银行的一个局级专业公司，管理体制沿袭 20 世纪 50 年代的总、分、支公司垂直领导形式。为了适应保险市场发展的需要，1982 年经国务院批准同意，设立了中国人民保险公司董事会、监事会。其主要任务是：贯彻执行国家保险事业的方针政策，领导和监督保险公司的经营和管理工作。1983 年 9 月，经国务院批准中国人民保险公司从中国人民银行中分离出来，升格为国务院直属局级经济实体，按照国家的法律行政法规的规定，独立行使职权和进行业务活动。从 1984 年 1 月起，中国人民保险公司的分支机构改由其总公司领导。1985 年 2 月，中国人民保险公司各省、自治区、直辖市分公司经当地党政部门批准，全部升格为厅局级机构，实行总公司与当地人民政府双重领导。至此，我国保险事业已基本恢复。

从新中国保险事业的建立到 20 世纪 80 年代我国保险业基本恢复这段时期，人民保险事业取得了长足的发展。

（四）中国保险业的逐步完善（1986 年至今）

我国保险业从 1986 年起进入全面发展时期，并逐步走向成熟和完善。

1. 保险机构不断增加，逐步形成多元化竞争格局

1985 年 3 月 3 日，国务院颁布了《保险企业管理暂行条例》，为我国保险市场的发展提供了法律保障。1986 年，中国人民银行首先批准设立了新疆生产建设兵团农垦保险公司，专门经营新疆生产建设兵团内部的以种植和牧养业为主的保险业务，这预示着中国人民保险公司独家经营的局面从此在我国保险市场上消失。1987 年，中国交通银行及其分支机构开始设立保险部，经营保险业务，1991 年又在此基础上组建了中国太平洋保险公司，这是第二家全国性的综合保险分公司。平安保险公司于 1986 年在深圳成立，并于 1992 年更名为中国平安保险公司，成为第三家全国性的综合保险公司。20 世纪 90 年代以后，保险市场供给主体发展迅速，大众、华安、新华、泰康、华泰等 10 多家全国性或区域性的专业保险公司进入保险市场。

2001 年中国加入世界贸易组织（WTO）。按照保险业对外开放的进程表，3 年过渡期内保险业务范围和区域逐步开放，2004 年 12 月 11 日，中国保监会发布公告：根据中国加入 WTO 时的承诺，自即日起，允许外资寿险公司提供健康险、团体险和养老金/年金险业务，取消对设立外资保险机构的地域限制，设立合资保险经纪公司的外资股可至 51%。自此，我国保险业进入全面开放时期。中国加入 WTO 及保险市场的逐步开放，为保险业发展带来了前所未有的发展机遇，也拉动了保险消费。在此阶段，市场主体快速增加且出现多元化经营主体，市场结构得到改善。

在国有保险机构改革和民族保险公司不断发展的同时，外资保险机构也逐渐进入中国保险市场。从 1992 年美国友邦保险公司在上海设立分公司以来，已有多家外资保险公司获准在我国营业或筹建营业性机构。截至 2021 年年底，全国保险法人机构共 235 家。其中，保险集团和控股公司 13 家，财产险公司 88 家，人身险公司 91 家，保险资产管理公司 33 家，再保险公司 7 家，农村保险互助社 3 家。以保险公司保费收入为衡量指标，我国保险企业保费收入排名基本稳定。中国人寿、平安人寿及太保寿险长期稳居人身保险总收入前三。2021 年，三家人身险公司保费收入分别

为 6 197.96 亿元、4 570.35 亿元和 2 096.10 亿元。财产险公司保费收入排名较人身险公司更为稳定。总体来看，人保财险，平安财险和太保财险长期居于主导地位。2021 年此三家财产险公司保费收入分别为 4 495.33 亿元、2 701.13 亿元和 1 526.43 亿元。

从保险公司资本国别属性看，中资保险公司与外资保险公司分别有 173 家和 62 家。从保险费收入分布情况进行分析，2021 年，保险业原保费收入为 44 900 亿元，同比增长 4.05%。其中，财险公司原保费收入总计 11 671 亿元；寿险公司原保费收入总计 23 572 亿元；健康险业务原保费收入 8 447 亿元；意外险业务原保费收入 1 210 亿元。从赔付和保险金额看，2021 年保险业赔款和给付支出 15 609 亿元，同比增长 14.12%。我国保险市场供给主体的增加、供给主体的多元化，以及各供给主体在保险市场上所占份额的情况，表明我国保险市场多元化格局已经形成。

2. 保险中介人制度逐步建立和完善

随着中国保险市场趋于成熟，保险中介人制度也逐步建立和完善。保险代理人、保险经纪人以及保险公估人共同组成了保险中介体系。从 1986 年以后，中国保险市场上陆续出现了各种保险中介人。保险代理人是我国保险市场出现最早也是发展最快的一种中介人，特别是 1992 年美国友邦寿险营销机制的引入，使我国寿险市场上的营销员制（寿险个人代理制）得以迅速发展。1996 年 12 月中旬，为提高代理人素质，规范代理人行为，保险监督机关在国内各城市首次组织了 "全国保险代理人资格考试"。首次保险经纪人资格考试于 1999 年 5 月举行。第一次保险公估人资格考试于 2000 年 12 月 23 日举行。与此同时，保险中介市场的相关管理制度也在不断的建立和完善，1997 年中国人民银行颁布了《保险代理人管理规定（试行）》。《保险经纪人管理规定（实行）》建立了一套包括专业代理人、兼业代理人和个人代理人的保险代理人管理制度和保险经纪人管理制度。中国保监会成立后，对保险中介实行分类监管，先后颁布了《保险兼业代理管理暂行办法》《保险经纪机构管理规定》《保险代理机构管理规定》《保险公估机构管理规定》。这些考试制度和管理制度的建立和不断完善规范了保险中介市场，提高了保险中介从业人员的整体素质和服务水平，促进了我国保险中介市场的健康规范发展。2015 年 4 月，全国人民代表大会常务委员会第十四次会议对《中华人民共和国保险法》部分条款做出修改，取消了保险销售（含保险代理）、保险经纪从业人员资格核准审批事项。

3. 保险业务持续发展，市场规模迅速扩大

随着国民经济的发展，保险市场主体的增加，我国保险业务持续发展。就经营的险种而言，已从恢复国内业务初期的几十个传统险种发展成今天的包括信用保证保险、责任保险在内的近千个险种。1997 年保费总收入达 1 080 亿元，同比增长 9%，其中寿险保费第一次超过了产险收入，达 600 亿元，约占总保费收入的 55.6%。到 1999 年，保费总收入已增至 1 393.2 亿元，同比增长 10.2%，其中，财产保险保费收入 521.1 亿元，约占总保费收入的 37.4%，寿险保费收入 872.1 亿元，约占总保费收入的 62.6%。由表 4-2 可知，2006—2021 年，我国保费收入从 5 641 亿元上升到 44 900 亿元，并一直保持了较快的增长速度。保险资产规模在 2021 年

达到 24.89 万亿元，同比增长 6.82%。同时，保险资金运用结构逐渐优化，具体表现为债券投资占比从 2016 年开始稳步上升；股权投资比例总体呈上升趋势，但在 2021 年略有下降；银行存款在整个投资组合中占比逐渐减少，在 2021 年下降至近年来最低值。截至 2021 年年底，全国共有保险专业中介机构 2 610 家，保险从业人员数量达到 590.7 万人。2021 年，全国保险公司通过保险中介渠道实现保费收入 5 930 亿元，同比增长 4.96%，约占全国总保费收入的 13.2%。可以预见，随着我国经济体制改革的深化、国民收入水平的提高，中国保险市场的潜力十分巨大，保险市场规模仍将继续扩大。

表 4-2　2006—2021 年国内保险费收入及其增长情况

年份	保险费收入/亿元	同比增长/%	人身保险占比/%	财产保险占比/%
2006	5 641	14.5	73.2	26.8
2007	7 036	24.7	71.6	28.4
2008	9 784	39.1	76.1	23.9
2009	11 137	13.8	74.1	25.9
2010	14 528	30.4	73.2	26.8
2011	14 339	−1.3	67.8	32.2
2012	15 488	8.0	64.3	35.7
2013	17 222	11.2	63.9	36.1
2014	20 235	17.5	65.6	35.4
2015	24 283	20.0	67.1	32.9
2016	30 959	27.5	71.8	28.2
2017	36 581	18.2	73.1	26.9
2018	38 017	3.9	71.7	28.3
2019	42 645	12.2	72.7	27.3
2020	45 257	6.1	73.6	26.4
2021	44 900	−0.8	74.0	26.0

数据来源：历年中国保险年鉴。

4. 保险市场监管逐步走向规范化

随着中国保险市场体系的建立、保险业务的发展，一个以政府监管为主，行业自律为辅的保险市场监管体系也在逐步建立和完善。1985 年 3 月 3 日颁布的《保险企业管理暂行条例》（简称《管理条例》）是中华人民共和国成立以来第一部保险业的法规。《管理条例》指定中国人民银行为保险行业的管理机关，规定了保险企业的设立、中国人民保险公司的地位、偿付能力和保险准备金、再保险等方面的内容。1989 年 2 月 16 日，针对当时保险市场的形势和存在的问题，国务院办公厅发出《关于加强保险事业管理的通知》，提出了整顿保险秩序的措施和办法。1992 年，美国友邦公司在上海设立分公司后不久，中国人民银行颁布了《上海外资保险机构暂行管理办法》，指导引进外资保险公司的试点工作。1995 年 6 月 30 日《中华人民共和国保险法》（简称《保险法》）正式颁布，并于同年 10 月 1 日起正式实施。《保险法》是新中国成立以来的第一部保险大法，它对保险公司、保险合同、保险经营规则、保险业的监管和代理人、经纪人等做了比较详细的规定。《保险法》的颁布，标志着新中国保险市场监管的法规建设进入一个崭新的发展阶段。2002 年 10 月，根据我国加入 WTO 承诺对保险业的要求，九届全国人大常委会第三十次会议对《保险法》进行了第一次修正，修正后的《保险法》自 2003 年 1 月 1 日起正式实施。2009 年 2 月 28 日，十一届全国人大常委会第七次会议表决通过了新修订的《保险法》。2014 年 8 月 31 日，十二届全国人大常委会第十次会议通过《关于修改〈中华人民共和国保险法〉等五部法律的决定》，对《保险法》做出第二次修正。2015 年 4 月 24 日，十二届全国人大常委会第十四次会议《关于修改〈中华人民共和国计量法〉等五部法律的决定》，对《保险法》做出第三次修正。对《保险法》的修订和修正不仅是我国保险法治建设的重大事件，也是完善社会主义市场经济法律体系的重要举措，对全面提升保险业法治水平、促进保险业持续平稳健康发展必将产生积极而深远的影响。

在我国保险法规逐步完善的同时，保险市场监管机构和行业自律组织也逐步建立。

1995 年 7 月，中国人民银行设立了专门行使保险监管职能的保险司。1998 年 11 月 18 日，经国务院批准，中国保险监督管理委员会正式在北京成立。根据国务院规定，中国保监会是国务院直属事业单位，是中国商业保险的主管部门，根据国务院授权履行行政管理职能，依照法律法规集中统一监管保险市场。中国保监会的成立，为保险市场监管的成熟化、专业化提供了组织保证。

1994 年，上海市保险同业公会成立以来，全国各地的保险同业公会或保险行业协会相继成立。1997 年 9 月，13 家中资保险公司共同签署了我国第一个《全国保险行业公约》，这是我国保险市场行业自律机制建设的重要举措，也是迈向规范和有序竞争的开端。

三、中国保险业的发展趋势

（一）保险市场进一步开放

中国保险业恢复发展几十年来，发展成就巨大。2021 年，中国保险业保费收入达到 6 961.28 亿美元，同比增长 6.10%，为世界第二大保险市场，约占全球市场份额的 10.1%（见表 4-3）。但从保险深度和保险密度角度看，中国保险深度和密度均低于全球平均水平。其中，2021 年，中国保险深度为 4.15%，全球平均保险深度为 5.96%；中国保险密度为 520 美元/人，低于全球平均保险密度 661 美元/人。

表 4-3　2021 年全球保费收入排名

排名	国家	2021年总保费收入/亿美元	2020年总保费收入/亿美元	比上年增长/%	全球市场份额/%	
					2021年	2020年
1	美国	27 186.99	25 153.58	8.1	39.6	40.0
2	中国	6 961.28	6 558.65	6.1	10.1	10.4
3	日本	4 035.92	4 144.75	-2.6	5.9	6.6
4	英国	3 991.42	3 419.50	16.7	5.8	5.4
5	法国	2 963.80	2 389.98	24.0	4.3	3.8
6	德国	2 757.79	2 603.22	5.9	4.0	4.1
7	韩国	1 930.08	1 900.85	1.5	2.8	3.0
8	意大利	1 924.81	1 727.04	11.5	2.8	2.7
9	加拿大	1 612.89	1 392.43	15.8	2.4	2.2
10	印度	1 269.74	1 119.11	13.5	1.9	1.8
总计		54 634.72	62 918.34		79.6	80.0

数据来源：瑞士再保险 sigma 报告。

"十三五"时期，是国内保险业发展与矛盾凸显并存的阶段。在此期间，从国际环境看，经济全球化深入发展，科技创新孕育新突破，国际金融危机影响深远，世界经济增长速度减缓，国际货币体系和金融监管面临改革与重构，国际金融监管合作持续加强。从国内环境看，我国仍处于可以大有作为的重要战略机遇期。随着工业化、信息化、城镇化、市场化、国际化深入发展，我国经济发展活力不断增强，社会财富和居民财富不断积累，将为保险业发展提供坚实的基础。随着社会主义市场经济体制的不断完善，保险作为市场经济条件下风险管理的基本手段，在创新社会风险管理、基本公共服务体系建设和人民群众养老、医疗等方面能够发挥更大作用。同时，我们应当清醒看到，由于我国保险业起步晚、基础差，保险业还存在着一些亟待解决的矛盾和问题。其主要包括：覆盖面不宽，功能作用发挥不充分；粗放经营状况尚未根本改变；市场秩序不规范、销售误导和理赔难等问题依然突出；自主创新能力不强，高素质专业人才匮乏等。保险业的进一步发展需要解决发展中的这些突出矛盾和问题，推进保险业加快发展方式转变，实现全面转型升级、科学发展。

（二）中国保险业未来的发展

2015 年 8 月 13 日，国务院印发《关于加快发展现代保险服务业的若干意见》，标志着政府把发展现代保险服务业放在经济社会工作整体布局中统筹考虑，为保险业在更广领域和更深层面服务经济社会全局提供了战略机遇，翻开了加快发展现代保险服务业的新篇章。

2022 年，中国银保监会发布《中国保险业标准化"十四五"规划》（以下简称《规划》）。《规划》提出，"探索绿色保险统计、保险资金绿色运用、绿色保险业务评价等标准建设""制定养老保险产品和服务标准""制定巨灾分类和巨灾保险产品规范，推进共保体、政保合作、巨灾债券等巨灾保险机制标准建设"。2021年，保险业服务"双碳"战略初见成效，新能源车险保费较2020年显著增加，科技赋能有效提升了保险业的服务质量和效率。"环境、社会和公司治理"（ESG）理念逐渐进入大众视野，截至2021年年底全国有13家保险公司设置ESG常设工作机构。此外，《规划》明确，"到2025年，保险标准化工作机制进一步完善，保险标准化组织的多样性和专业性显著提升，保险标准体系结构优化健全。保险标准质量水平明显提高，标准化普及推广效果良好，标准实施成效显著。保险从业人员标准化意识和素养显著提升。保险领域参与国际标准化活动能力增强，支撑保险业发展的标准化基础更加坚实"。

"十四五"时期是我国开启全面建设社会主义现代化国家新征程、向第二个百年奋斗目标进军的第一个五年。

《规划》明确了发展目标：到2025年，保险标准化工作机制进一步完善，保险标准化组织的多样性和专业性显著提升，保险标准体系结构优化健全。保险标准质量水平明显提高，标准化普及推广效果良好，标准实施成效显著。保险从业人员标准化意识和素养显著提升。保险领域参与国际标准化活动能力增强，支撑保险业发展的标准化基础更加坚实。具体目标包括：

（1）保险标准体系更加优化健全。建立结构清晰、覆盖全面、效用突出的保险标准体系，形成保险标准体系动态优化的工作模式。保险标准化机制进一步完善。政府和市场并重的保险标准供给体系完全建立，形成覆盖保险各领域的标准化专业工作组和专家队伍，实现标准需求和供给的良性互动。

（2）保险标准供给进一步加大。在保险业核心业务、重要服务和关键技术领域加大标准制定力度，保险标准的科学性、先进性、实用性显著提升，强化保险标准对法律法规的衔接支持。

（3）保险标准的应用成效更加显著。推动建设保险业标准化示范机构，积极培育保险业企业标准"领跑者"，一批标准实施的典型经验得到总结和推广。

（4）保险业标准化意识显著增强。加强保险标准宣传推广，建立保险标准培训机制，培养一批保险标准化专家，保险业从业人员学标准、用标准、做标准的意识显著增强。

（5）保险标准化国际交流与合作深入推进。保险标准化国际交流渠道进一步拓展，国内保险标准与国际规则和国际标准衔接更加紧密。

（三）以改革创新推进中国保险业的发展

1. 推进市场体系的改革创新

推进市场体系的改革创新，发挥市场在资源配置中的决定性作用。改革重点是深化费率形成机制改革，推进资金运用体制改革，推进市场准入退出机制改革。

第一，深化费率形成机制改革。寿险领域，重点是在总结前一阶段放开预定利率成效和经验的基础上，扩大费率市场化的范围，防范改革可能引起的风险。启动分红险、万能险费率形成机制改革，实现人身险费率形成机制的全面市场化。启动与费率形成机制相适应的精算制度改革，完善准备金评估规则和分红账户管理与分红特储制度，在放开前端的同时从后端管住风险。产险领域，重点是深化商业车险条款费率管理制度改革，完善市场化的商业车险条款费率形成机制。条件成熟的地区先行先试，在试点的基础上推开。

第二，继续推进资金运用体制改革。进一步放开投资领域和范围，把更多的选择权交给市场主体。保险监管按照"抓大放小"的思路，推进资金运用比例监管改革。推动建立资管产品集中登记交易系统，增强资管产品的流动性，发挥市场的定价功能。成立中国保险资产管理业协会，推动行业自我管理、自我提升。加快转变监管方式，把监管重点由放开渠道转变为风险监管，在有效防范风险的前提下推动资金运用市场化改革顺利进行。

第三，继续推进市场准入与退出机制改革。坚持市场化、区域化的准入导向，突出专业化特色，统筹规划市场准入和市场体系培育，完善市场退出和风险处置的制度机制，切实为发挥市场配置资源的决定性作用创造条件。优化准入标准和审核流程，深化高管任职资格核准改革，建立准入预披露制度。鼓励中资保险公司"走出去"，稳步拓展国际保险市场。规范并购重组行为，加快推动有关立法工作。健全保险保障基金的救助和融资机制，明确风险处置的触发条件，丰富风险处置工具箱，确保市场平稳运行。

2. 推进保险服务体系的改革创新

站在服务国家治理体系和治理能力现代化的高度，推进保险业服务体系改革创新，建设一个在现代金融体系、社会保障体系、农业保障体系、灾害救助体系和社会管理体系中发挥重要作用的现代保险服务业。重点是在巨灾保险、农业保险、商业养老和健康保险、责任保险等领域取得新进展。

第一，探索发展巨灾保险。以制度建设为基础，以商业保险为平台，以多层级分级分担风险为保障，发挥政府和市场的作用，在总结试点经验的基础上逐步推广，建立符合我国国情的巨灾保险制度。云南、深圳等地在开展地震和综合巨灾保险试点的基础上，争取国家对巨灾保险政策支持，推动立法进程。

第二，规范发展农业保险。2017年在规范发展农业保险方面，财政部发布《中央财政农业保险保险费补贴管理办法》。一是明确补贴政策。按照事权与支出责任相适应的要求，明确中央财政提供保险费补贴的农业保险标的为关系国计民生和粮食、生态安全的主要大宗农产品。同时，鼓励各地结合本地实际和财力状况，对特色险种给予一定的保险费补贴支持。二是重视保险方案。在已出台监管政策基础上，对补贴险种保险条款与费率、保险责任、保险金额等内容做了进一步明确和完善。要求经办机构在充分听取有关政府部门和农民意见的基础上拟订条款和费率，不得设置绝对免赔，科学合理设置相对免赔。同时，经办机构连续三年获得超额利润的，原则上应当适当降低保险费率等。三是严格保障措施。为切实保障国家的惠农政策落到实处，要求各地和经办机构应当结合实际，研究制定查勘定损工作规范，做到同一地区统一程序、统一标准，并增加了鼓励各地对经办机构展业给予支持的内容。实际工作中，地方财政可按规定通过预算安排资金，支持农业保险工作开展。

第三，大力发展商业养老和健康保险。重点是夯实基础，加强协调，通过试点带动扩面。养老保险方面，继续推进个人税收递延型养老保险试点工作。鼓励保险公司参与养老服务业建设。开展老年人住房反向抵押养老保险试点。以企业年金税收优惠政策为契机，大力拓展企业年金业务。健康保险方面，研究健全完善健康保险相关税收政策，推进保险机构在更大范围和更高统筹层次上经办新农合等各类医保服务。进一步完善大病保险统计制度，夯实大病保险定价基础。加强与相关部委协调，健全大病保险制度，扩大大病保险试点范围。

第四，深入发展责任保险。以《中华人民共和国食品安全法》的修改为契机，积极协调配合有关部门，推动食品安全责任强制保险立法，做好相关配套机制建设。健全医疗责任保险各项制度，推动保险业参与医疗纠纷调解机制建设，提升保险服务能力。深入总结环境污染责任保险试点经验，逐步拓展试点范围和领域，加强风险评估等基础制度建设。强化承运人责任保险业务管理，加强监督检查，促进其规范健康发展。

3. 推进保险监管体系的改革创新

保险业的发展，要处理好监管和市场的关系，既要发挥市场的资源配置作用，也要通过推进保险监管体系的改革创新，有效发挥政府的监管职能，促进市场的长期健康发展。

第一，建立健全监管制度。制度是管长远、管根本的。加快建立健全市场准入退出、治理理赔难和销售误导、网络保险、资金运用等关键监管环节的规章制定工作。推进"偿二代"建设，加快建成一套既与国际接轨、又与我国保险业发展阶段相适应的监管体系，完成全部技术标准的制定工作，组织行业对各种风险汇总后的整体测试。

第二，完善监管方式。2018年3月13日，国务院关于提请第十三届全国人民代表大会第一次会议审议国务院机构改革的议案表示，中国将组建中国银行保险监督管理委员会，将中国银行业监督管理委员会（简称"中国银监会"）和中国保险监督管理委员会的职责整合，组建中国银行保险监督管理委员会，将银监会和保监会拟定银行业、保险业重要性法律法规草案和审慎监管基本制度的职责，均划入中国人民银行，确保发展与监管职能的切实分离。同时，秉承放开前端、管住后端的改革方向，进一步改进监管方式，提高监管的针对性和有效性。一是强化过程监管。把握关键环节，科学实施事前、事中、事后监管。抓好分类监管、资产负债匹配监管和非现场监管，强化公司治理和内控的约束力，把偿付能力监管作为刚性要求，贯穿监管的全过程。二是强化信息披露监管。发布实施保险经营和服务两个评价体系，加强对保险公司的市场评价和社会监督。由行业协会向社会公开评价结果和排名，促进保险公司提升经营和服务水平。督促各保险机构严格执行保险公司信息披露监管规定。

2023年3月，中共中央、国务院印发了《党和国家机构改革方案》。其中提出，"组建中央金融委员会。加强党中央对金融工作的集中统一领导，负责金融稳定和发展的顶层设计、统筹协调、整体推进、督促落实，研究审议金融领域重大政策、重大问题等，作为党中央决策议事协调机构"；"组建国家金融监督管理总局。统一负责除证券业之外的金融业监管，强化机构监管、行为监管、功能监管、穿透式监管、持续监管，统筹负责金融消费者权益保护，加强风险管理和防范处置，依法查处违法违规行为，作为国务院直属机构。国家金融监督管理总局在中国银行保险监督管理委员会基础上组建，将中国人民银行对金融控股公司等金融集团的日常监管职责、有关金融消费者保护职责，中国证券监督管理委员会的投资者保护职责划入国家金融监督管理总局。不再保留中国银行保险监督管理委员会"。从 2018 年银监会和保监会职责整合，组建成立银保监会，我国金融监管向综合金融监管体系演化。2023 年 5 月，国家金融监督管理总局正式揭牌。至此，我国金融监管体系从"一行两会"迈入"一行一局一会"的新格局。

■ **本章关键词**

海上保险　火灾保险　人身保险　劳合社　保险深度　保险密度

■ **复习思考题**

1. 为什么船舶和货物抵押借款是海上保险的雏形？
2. 英国劳合社是一个什么样的保险组织？
3. 对人身保险的形成和发展影响重大的事件和人物主要有哪些？
4. 分析世界保险业现状与发展趋势。
5. 我国近代保险业的发展经历了哪几个阶段？分析其发展缓慢的原因。
6. 试述我国保险业的现状与发展趋势。

第五章
保险市场与保险监管

章首语：

保险市场是保险产品交换关系的总和。保险市场既遵循市场供求的一般规律，又具有特殊性。保险市场存在的不对称信息会带来逆向选择和道德风险，它们对保险市场的效率和均衡的性质有着重要影响。不同的保险市场结构具有不同的市场性质。保险产品、保险经营以及保险市场的特性，要求政府对保险市场进行适度干预，纠正保险市场的失灵。基于此，保险监管机构代表政府对保险市场进行监督管理，以保障保险消费者的合法权益，促进保险业持续健康协调发展。

67

第一节 保险市场概述

一、保险市场的概念及构成要素

保险市场是指保险产品供给方与需求方建立保险交换关系的总和。保险市场可以指固定的保险交易场，也可以是非固定场所。保险市场的交易对象是保险人为消费者所面临的风险提供的各种保险保障及其他保险服务，即各类保险产品。

保险市场概念包括外延和内涵两方面。保险市场的外延是指它的交易范围，包括产品范围、地域范围等。保险市场的内涵是指与保险交易过程有关的全部条件和交易的结果，包括保险产品的设计、销售、核保、保费缴纳、保险索赔和理赔、保险中介撮合、风险管理服务与保险监管等。

保险市场的构成要素包括交易主体、交易客体和交易价格。

（一）保险市场的交易主体

保险市场的交易主体是指保险市场交易活动的参与者，包括保险产品的供求双方和保险中介。

1. 保险产品的供给者

保险产品的供给者是指提供保险产品的各类保险人。保险人向投保人收取保费，同时承担了在保险事故发生时对被保险人进行赔付的义务。根据保险人所有制形式的不同，可将其分为保险股份有限公司、相互保险与合作保险组织、个人保险组织和政府保险组织等形式。

2. 保险产品的需求者

保险产品的需求者是指保险市场上所有现实的和潜在的保险购买者，即各类投保人。保险产品的需求者通过缴纳保费，获得保险人提供的保险保障服务。

3. 保险中介

保险中介又称保险辅助人，是指介于保险人和投保人之间，提供中介服务、促成双方达成交易，并收取佣金或手续费的单位或个人。保险中介主要包括保险代理人、保险经纪人和保险公估人。

（二）保险市场的交易客体

保险市场的交易客体是指保险市场上供求双方具体交易的对象，这个交易对象就是保险产品。保险产品是一种无形的、与未来事件的特定状态有关的产品。只有在某种状态下（如保险风险发生），保险人才会对被保险人进行赔付，因此保险又被称为状态依存商品（state-contingent goods）。保险是满足人们较高层次的、对安全的需要。如果没有充分认知，消费者一般不会主动购买。

（三）保险市场的交易价格

保险市场的交易价格就是保险费率。给定某一保险产品，人们常常把依据保险费率计算的保险费称为该保险产品的价格。保费包括纯保费和附加保费。纯保费是保险人用于支付预期赔付的部分，其总额等于预期赔付保险金的现值。附加保费用于补偿保险公司各类费用、佣金、员工工资、折旧，以及形成保险公司的利润和风险保费等。

保险市场上保险费率的形成，一方面主要取决于风险发生的频率和损害程度，另一方面取决于保险产品的供求情况。保险市场的保险费率不是完全由市场的供求情况决定，相反，要由专门的精算技术予以确立，并受到严格的监管。

二、保险市场的分类

保险市场的分类如下：

（1）按保险人承保方式的不同或保险业务发生的先后顺序，保险市场可以分为原保险市场和再保险市场。

（2）按保险保障的对象或保险标的的不同，保险市场可以分为寿险市场和非寿险市场。

（3）按投保方式的不同，保险市场可以分为团体保险市场和个人保险市场。

（4）按照保险经营的目的不同，保险市场可以分为政策性保险市场和非政策性保险市场。政府利用前者以达到某种政策性目标，如扶持和保护农业发展的农业保险市场，以刺激和推动出口为目标的出口信用保险市场，以稳定金融业为目标的存款保险市场等。

传统的保险交易一般发生在某一固定的保险交易场所内或在某一地域范围内展开，或者围绕一个或若干个核心点形成保险集中交易的场所。随着科技的发展和经济全球化进程的推进，现代意义上的保险市场突破了有形市场的束缚，囊括了所有有形和无形的保险产品交易关系，既包括保险人、再保险人等保险产品的供给者，政府、企业、家庭和个人等保险产品的需求者，也包括保险经纪人、公估人、代理人、保险电子商务网站等保险中介，还包括仲裁机构、保险监管机构等。

第二节　保险市场的需求和供给

保险供给与保险需求之间是一种相互依存、相互作用的关系。一方面，保险供给因保险需求的变化而变化，不断满足保险需求的需要、提高保险供给水平。另一方面，保险供给又拉动着保险需求的产生，不断促进保险需求的实现、推动保险需求的发展。保险需求的存在是保险供给得以实现的前提，潜在的保险需求决定着有效保险供给的发展规模。反过来，保险供给是保险需求的实现条件，保险供给能力影响着保险需求的实现程度。

一、保险市场的需求

（一）保险需求的含义

保险需求是指在一定时期内，社会组织和个人对保险经济保障的需求量。这种需求是以支付能力和购买意愿为前提的。

投保人通过向保险人转移损失风险，增强经济保障，并从中得到满足。对于被保险人来说，保险具有以下功能：第一，以缴纳保险费为条件，投保人可以向保险人转移其所面临的全部或部分风险。第二，未知的风险成本（如可能遭受的经济损失，以及由于风险的存在而带来的福利损失）被已知费用（缴纳的保费）代替。

保险一方面能提供有形的经济保障，如人们在遭受意外事故和自然灾害时，可以从保险得到经济补偿和给付。同时，保险也能提供无形的精神保障，如购买保险后获得的心理上的安全感。

（二）保险需求的经济分析

在期望效用理论框架下，理性的投保人对保险的需求，是在既定的约束条件下实现期望效用的最大化。假设张三作为潜在的保险需求者，具有冯·诺依曼-摩根斯坦效用函数 $U(W)$，其中 W 为以货币表示的财富水平，满足 $U'(W) > 0$，$U''(W) < 0$，即张三的总效用随财富增加而增加，但边际效用递减。假设张三的初始财富水平为 W_0，面临一个发生概率为 p、发生后的损失金额为 L 的风险，则张三的期望效用为

$$EU(\cdot) = pu(W_0 - L) + (1 - p)u(W_0)$$

假设张三购买一份保险合同 (Π, C)，其中 Π 是缴纳的保费，C 是事故发生后保险公司的赔付金额 $(0 \leq C \leq L)$，则其期望效用为

$$EU(\cdot) = pu(W_0 - \Pi - L + C) + (1 - p)u(W_0 - \Pi)$$

如果 $\Pi = pC$，称保费为公平的或精算公平的。如果 $\Pi = (p + \lambda)C$，其中 $\lambda > 0$，则保费为不公平的，称 λ 为附加因子、λC 为附加保费。

如果张三购买了完全保险，即赔付额等于损失（$C = L$），那么不管损失是否发生，他的财富水平都等于（$W_0 - \Pi$），是一个确定的值，因此他完全规避了风险。假设保险为公平完全的，即赔付等于损失且保费等于赔付期望值，即 $\Pi = pC$，那么张三购买公平完全保险后的期望效用为

$$EU_I(\cdot) = u(W_0 - pL)$$

因为 $p(W_0 - L) + (1 - p)W_0 = W_0 - pL$，即没投保前财富的期望值等于投保后财富的确定值。同时，效用函数是严格凹的，由詹森不等式，可得

$$EU(\cdot) = pu(W_0 - L) + (1 - p)u(W_0) < EU_I(\cdot) = u(W_0 - pL)$$

因此，如果保险是公平完全的，作为风险厌恶的张三购买保险比不购买保险好。

进一步可以证明，只要保费是公平的，风险厌恶的投保人购买一部分保险（$0 < C < L$）比不购买保险（$C = 0$）好。当然最优的选择还是购买完全保险（$C = L$），即把风险全部转移给风险中性的保险公司。

投保人对保险的需求受到保险价格的影响：费率越高，投保人愿意购买的保险越少；保险价格越低，其保险需求越强。一般而言，总费率不能低于期望的赔付率（附加保费不能为负），否则保险公司就会亏损，除非公司能从其他渠道得到补贴，如农业保险。但如果费率过高，投保人可能不愿意购买保险。

[例 5.1] 李四有财产 120 元，面临遭受火灾的风险。如果发生火灾，财产的价值将减少 100 元，同时火灾发生的概率为 25%。假设李四具有冯·诺依曼-摩根斯坦效用函数 $U(W) = \sqrt{W}$。计算：

（1）如果李四购买完全保险（风险发生后的赔付额等于损失），问精算公平的保费是多少？如果保费为公平保费，李四是否愿意购买保险？

（2）假设保险公司对每份保单收取 10 元的附加保费，此时李四是否应该购买保险？

（3）李四所能承受的最大附加保费是多少？

解答：

（1）完全保险的精算公平保费 = 25% × 100 = 25（元）

如果不购买保险，李四的期望效用为

$$EU_{NI}(\cdot) = 0.25 \times \sqrt{120 - 100} + 0.75 \times \sqrt{120} \approx 9.334$$

如果购买保险，李四的期望效用为

$$EU_I(\cdot) = 0.25 \times \sqrt{120 - 25 - 100 + 100} + 0.75 \times \sqrt{120 - 25} = \sqrt{95} \approx 9.747$$

购买保险时的期望效用大于不购买时的期望效用，因此李四选择购买保险。

（2）附加保费为 10 元时的总保费 = 10 + 25 = 35（元）。李四购买保险后的期望效用为

$$EU_I(\cdot) = 0.25 \times \sqrt{120 - 35 - 100 + 100} + 0.75 \times \sqrt{120 - 35} = \sqrt{85} \approx 9.220$$

该值小于不购买保险时的期望效用，故李四选择不购买保险。也就是说，如果

保费太高、保险太贵，李四更愿意自己承担风险而不是购买保险。

（3）假设李四所能承受的最大附加保费是 k 元，则他在购买保险和不购买保险之间是无差异的。购买保险后的期望效用为

$$0.25 \times \sqrt{120 - 25 - k - 100 + 100} + 0.75 \times \sqrt{120 - 25 - k} = \sqrt{95 - k}$$

该值等于不购买保险时的期望效用 $EU_{NI}(\cdot) = 9.334$，即

$$\sqrt{95 - k} = 9.334$$

$$k \approx 7.88$$

因此，如果附加保费大于 7.88 元（或总保费大于 32.88 元），李四认为保险太贵而不会购买保险；反之，购买保险比不购买保险好。

（三）个人和家庭保险需求的影响因素

1. 风险态度和风险因素

个人和家庭的风险态度不同，其保险需求也会不同。对于风险爱好者和风险中性者，因不会支付多于纯保费的保费额度，即愿意支付的附加保费不能大于零；而现实中保险产品的附加保费一般都大于零，所以其保险需求为零。对于风险厌恶者，基于不同的风险厌恶程度，愿意支付额度不等的附加保费。只要附加保费不是太高，都愿意购买一定数量的保险。一般而言，风险厌恶程度越高的投保人，给定一定费率水平下的保险需求也越大。

保险承保的是风险，风险的存在是保险需求的前提，即所谓"没有风险就没有保险"。一般来说，保险需求总量与风险大小呈正相关：风险越大（简单地说，风险发生造成的损失越大，或者损失发生的概率越高），保险需求量就越大；反之，保险需求量就越小。

2. 保险价格

保险费率，即保险价格，影响着保险需求：保险费率越高，购买同样多的保险投保人需要支付的保费就越多，保险需求会减少；反之，保险需求增加。一般来说，保险需求量与保险价格成反比，这种关系可以用价格需求弹性来度量。但是，在一定条件下，保险可能成为吉芬商品，保险需求与保险价格呈同方向变化。

3. 文化和社会关系因素

文化背景对个人和家庭的保险需求有着重要的影响。非洲人和亚洲人的风俗习惯是避讳谈到死亡，所以人们对单纯的死亡险的需求就比较少。一些宗教认为，灾难的发生是神的旨意，对死亡投机是对神的亵渎，保险是与上帝打赌，寿险把人的生命变成商品，是篡夺上帝对人的保护权。还有一些宗教认为，保险有高利贷和赌博的性质，是与神对抗的。这样的宗教信仰就会抑制保险的需求。

社会关系是人们在日常的社会活动中与他人产生的相互关系的总称，中国是一个典型的人情关系型社会。一方面，社会关系是信息分享和资源配置的重要方式，个人和家庭可以通过社会互动、共享信息、提高对保险的信任等增加对商业保险的需求。另一方面，社会关系作为一种非正式的制度安排，可以通过借贷、转移支付等互助行为实现风险分担，发挥非正式保险的作用，从而减少对保险的需求。现有实证研究表明，我国社会关系能提高人们对保险的需求。

有西方的社会学家把人群按社会关系划分为个人主义者、社会弱势群体、等级主义者和平等主义者四类。有学者认为四类群体处理风险的方式明显不同。社会弱势群体处理风险的方式是消极被动的，自留和避免风险是首选的风险管理手段；等级主义者处理风险时服从高层意见；而个人主义者处理风险时会充分利用市场分散和转移风险，保险是管理风险的主要方式；平等主义者认为人类应该从改善自然和社会环境的层面避免风险，处理风险时应积极主动，预防和抑制风险是首选的风险管理手段。因此，处于不同社会关系中的群体，其保险需求有很大不同。

4. 经济因素

（1）消费者的收入和财富水平

一方面，个人和家庭的收入与财富水平越高，购买能力越强；财富越多，面临的风险也越多。在其他条件不变的情况下，保险需求随收入和财富水平提升而增加。另一方面，收入和财富水平越高，个人和家庭自己承担风险的能力越强，可能减少对保险的需求。收入变化和保险需求变化之间的关系，可用收入弹性来度量。当替代效应大于收入效应时，收入弹性可能为负。

（2）市场利率

大多数寿险产品带有储蓄和投资性质，市场利率会影响这些产品的机会成本，从而影响对这些保险产品的需求。

（3）社会经济制度因素

现代保险是市场经济不断发展的产物，市场经济是现代保险需求产生的最重要因素，而计划经济则与保险制度相互排斥。保险经济发展的历史表明，市场经济越发展，保险需求量越大。保险需求量与市场经济发展程度成正比。

5. 人口因素

家庭的人口学特征，如性别、年龄、婚姻状况、教育水平、工作性质、家庭规模和人口结构（抚养比）等，都会影响到家庭对保险的需求。

性别对保险需求的影响比较复杂，相关研究结论差异很大。一般认为，已婚相对未婚，会增加保险需求。教育水平越高，保险需求越高。如果工作单位稳定，待遇和福利好，可能会减少对商业保险的需求。

家庭规模扩大和抚养比提高，家庭所面临的风险会增长，进而会提高对商业保险的需求；同时，家庭的经济负担增加，用于购买保险的可支配收入减少，可能减少对保险的需求。

在人生的不同阶段，人们的保险需求侧重各有不同。比如，婴儿和儿童阶段，健康保险十分重要；少年和青少年阶段，教育保险则是最主要的需求；人到中年，各种人身和财产保险都不可缺少，而到中年后期和老年初期，养老和健康险也成为保险需求的主体；而对于意外伤害保险，在人生的各个阶段，各个家庭似乎都不可或缺。

6. 其他因素

（1）保险互补品和替代品

保险互补品会增加对保险的需求，替代品会减少对保险的需求。如家用汽车的普及，会增加对机动车辆保险的需求。其他风险管理措施，如风险自留、风险预防、风险控制、储蓄和资金借贷等，都是保险的替代品。这些风险管理技术水平的进步、收益提高或成本降低，都会替代保险的风险保障作用，从而减少对保险的需求；反之，则会增加保险需求。例如，提高银行储蓄存款的利率会减少对寿险产品的需求。技术的进步和市场价格的变动使风险预防和风险控制的成本降低，或者可借贷资金的成本降低或条件更为宽松等，都可能减少对保险的需求。

（2）强制保险因素

强制保险是国家和政府以法律或行政的手段强制实施的保险保障方式。凡在规定范围内，不论被保险人是否愿意，必须参加的保险属于强制保险。强制保险的实施，人为地扩大了保险需求。如机动车交通事故责任强制保险（简称"交强险"），增加了车主对责任险的需求；但同时可能减少对商业三责险的需求。

（3）科技因素

科技进步可能增加或降低保险需求。比如，基因工程对潜在的疾病的确诊或预测可能会在一段时间内增加保险需求。从长远来看，人类控制疾病能力的提高可能减少对健康保险的需求。

此外，保险需求是一个综合的经济现象，其他众多的经济、社会因素都会对它产生影响。比如，经验研究发现，保险需求和通货紧缩或通货膨胀乃至社会经济的稳定程度有紧密的联系，和社会保障水平和范围有负向相关关系，和保险业的声誉有正向相关关系，等等。

（四）公司的保险需求

在经济分析中，公司常常被界定为风险中性者。其理论基础是公司的股东可以通过资本市场分散非系统风险，而不需要购买保险。无法通过资本市场分散的系统风险才是公司股东希望转嫁的风险，但系统风险不是保险公司的承保对象，风险转嫁的供求关系不存在，所以公司面对保险市场会表现出风险中性的特征。

保险需求理论表明，风险中性者仅愿意以公平费率支付保费，而不愿意支付附加保费，所以风险中性者和保险公司很难达成保险交易。但现实的情况是，大量的公司购买了各种各样的保险产品，这说明风险态度已经不能解释公司为什么会购买保险。

对于风险中性的公司为何仍然以高于精算公平保费的价格购买保险，主要有以下几种解释：

1. 所有权集中度与公司通过保险市场分散风险的动机呈正相关

如果公司的股权并非高度分散化，而是集中在少数大股东手中，大股东将难以在资本市场上有效地分散非系统风险，要求公司购买保险来转嫁风险就可能成为大股东的理性选择。公司的风险态度可能不再是风险中性，而是体现出大股东个人的风险特征。迈耶斯和史密斯于1990年所做研究的结果显示，所有权集中的公司对保险产品的需求高于所有权分散的公司。

所有权集中度越高，股东通过资本市场分散风险的能力越受到限制，公司的风险偏好越接近大股东个人的风险偏好，公司就越有可能通过购买保险来转嫁风险。

2. 公司其他利益各方的风险态度影响到公司的保险选择

除大股东外，公司的管理层、高级技术人员和基层员工的意见都可能影响到公司的保险需求。比如，高科技公司的技术人员一般具有很大的风险管理决策权，因此会影响到保险产品的购买。再比如，公司的高级管理人员可能已经在该公司投入了大量的人力资本，一旦公司倒闭或发生大的财务风险，这些付出可能无法得到补偿，购买保险就成为合理的选择。有研究发现，公司的主要管理者投入公司的个人的物质和人力资本越多，他们会越加强公司的风险管理措施，包括购买更全面的保险保障。

3. 购买保险可以部分矫正企业与市场的信息不对称问题

购买保险标志着公司对其他权力持有人的承诺。当公司要发放债券却无法取信于债券购买人时，公司购买保险的行为本身就可以向债券购买人传递一种信息：公司的偿债承诺是可靠的。

同样，在公司为获得贷款而取信于银行、同其他单位和个人发生交易行为、招募新员工等情况下，全面的保险计划也显示出公司良好的经营状况和稳定的经营前景。

4. 公司购买保险可以降低公司财务陷入困境时的成本

当公司陷入财务困境时，为保证正常经营活动所发生的直接财务成本，以及借款利率上升、人力物质资源流失和破产造成的间接损失都是相当巨大的。因此，只要保险成本低于财务困境所导致的预期成本，即使按照大于精算公平保费投保，对公司来说也可能是合算的。

5. 购买保险可以获得保险公司提供的专业风险管理服务

保险公司有着专业的风险管理技术、人才和比较全面的风险及损失数据。公司购买保险后，可以免费享受到保险公司提供的防灾、防损和法律咨询服务，而这些服务本身也有着较高价值。为获得这些服务，公司可能会考虑购买一些必要的保险保障。

6. 购买保险可以合理避税

一些险种的保险费可以计入成本，还有一些险种的保险收入可以推迟纳税期；购买保险可以平滑各年利润水平从而减少纳税额。这些也是影响公司购买保险的重要因素。

7. 受管制的行业有更高的保险需求

在受管制行业中，监管者往往规定出公司对顾客的收费标准。在制定收费标准时，受管制的公司要提交其预期成本估计，包括对损失成本的估计。由于保险公司精于测算损失分布，许多受管制的公司都认为，直接投保比自己估算成本更省事，更何况监管人员有时还会对他们提交的损失估计结果持怀疑态度。另外，任何保费加成都将被摊进所收费用，而这些成本将合法地直接转嫁给消费者。

8. 法定保险推动了公司的保险需求

与个人、家庭的保险需求一样，法定的强制性保险也会增加公司的保险需求，如交强险、环境责任强制保险等。

二、保险市场的供给

(一) 保险供给的含义

保险供给是指在一定社会经济条件下，国家和从事保险经营的企业所能提供、并已实现的保险种类和保险总量。

与保险需求一样，保险供给形式也体现为两种：①有形的经济保障，体现在物质方面，即保险人对遭受损失或损害的投保人，按保险合同的规定给予一定数量的经济补偿和给付；②无形的经济保障，即对投保人提供心理上的安全保障。对投保人来说，保险可以减轻其心理上的压力，从而提高生活质量和福利水平。这种心理上的安全感是通过保险组织提供保险供给实现的。

保险供给的内容包括质和量两个方面：质是指保险供给者提供的各种不同的保险险种；量是指全社会所提供的保险供给总量，即全社会所有保险人对社会经济所担负的危险责任的总量。

(二) 保险供给的影响因素

1. 保险供给主体因素

一般而言，社会上的保险资本量越大、保险供给者的数量越多，保险供给量就越大。而一个国家和地区保险资本总量的多少取决于当地保险的经营利润率的高低。如果保险企业的经营利润率较高，会吸引更多资本进入保险业，从而扩大保险供给。

保险经营利润率取决于保险业经营的收益和成本，收益取决于保险公司的经营管理水平。保险企业的经营管理需要相当的专业和技术水平，集中体现在危险管理、险种设计、业务选择、再保险分出分入、准备金提存、费率计算等方面。同样，保险供给受到保险公司成本的制约，保险公司的成本是保险公司实际支付的保险金和经营管理费用的总和。保险成本越高，在同等收入条件下，所获利润越少，会减少其扩大保险供给量。一般来说，保险成本提高，保险供给减少；反之，保险供给增加。

同时，保险人才的数量和质量、保险人的经营技术和管理水平等，与保险供给呈正相关关系。

2. 市场环境因素

市场环境因素很多，包括：①整体国际国内经济环境因素；②国家的税收优惠、社会保障制度等政策环境因素；③保险市场声誉等社会环境因素；④立法、司法和执法等法律环境因素；⑤保险市场本身是否存在垄断机构和垄断行为，以及保险公估人、代理人和经纪人等中介机构的发展状况等竞争环境因素；⑥市场上保险产品互补品与替代品的数量，保险供给与互补品呈正相关、与替代品呈负相关；等等。

3. 保险监管因素

保险监管在很大程度上决定了一个国家保险业的现状和未来，决定着保险经营企业的性质和保险市场竞争的性质，也决定着保险业的声誉和保险功能的发挥。如我国互联网保险相比很多其他市场上的互联网保险发展更快的原因之一，就与我国的监管政策有关。

第三节　保险市场的逆向选择和道德风险

供求规律是市场经济的一般规律。当市场不能出清时，市场价格就会发生变化。价格的变化又会影响产品的供求数量，直到供给和需求相等，市场达到均衡。

保险市场上保险费率的形成，一方面取决于同类标的同质风险发生的概率和损失程度，另一方面取决于保险产品的供求情况。与一般商品不同，保险产品的保险费率不完全由市场的供求情况决定，而是由专门的精算技术予以确立，并受到严格监管。同时，保险市场又有着与一般市场不同的特殊规律。由于投保人和保险人之间存在着信息不对称，逆向选择和道德风险会对保险市场产生不利的影响，供求规律在保险市场有其特殊的表现形式。

一、保险市场上的信息不对称问题

保险需求方（投保人、被保险人和受益人一方，本章以下统称投保人）与保险供给方（保险人）之间存在着信息不对称，将给保险市场带来不利的影响。保险市场上的信息不对称，按不对称信息的内容划分，分为隐藏类型和隐藏行为；按不对称信息发生在签约的前后或保险事故发生的前后划分，分为事前不对称信息和事后不对称信息。

（一）有关类型的信息不对称

这里的类型主要是与投保风险水平相关的信息，以及与保险人的经营状况、声誉等违约风险相关的信息。这些有关类型（风险水平）的信息不对称，可能会给保险市场带来逆向选择的不利影响。

1. 签订合同前后

（1）在保险需求方和保险供给方之间签订合同前有关类型的信息不对称，主要是指投保风险水平或类型相关信息的不对称。投保人在保险合同签订之前根据自己的风险状况选择保险产品和保险人，保险人也同样要根据投保人的风险状况选择投保人。如果在签订合同前，投保人了解自己的风险水平，而保险人不了解每个投保风险的具体水平，就可能出现投保人的逆向选择问题。具体分析参见本章后面相应部分。

根据最大诚信原则要求，对投保人告知和保证的规定、政府对保险机构的监管等，都能减少"事前风险类型信息不对称"带来的不利影响。

（2）签订合同后有关类型的信息不对称，主要包括投保风险水平的增加（如场所、用途的改变）、保险人经营状况的恶化等。这些变化不受投保人或保险人行为的影响，如果这些改变是相关主体的行为所致，一般将其归类为"隐藏行动"。根据最大诚信原则对合同双方义务的规定、保险监管的有关政策等，都能在一定程度上减少这类不对称信息带来的不利影响。

有关类型的信息不对称给保险市场带来的不利影响，一般可归类为"逆向选择"。但是由于投保人疏忽大意不履行如实告知义务、故意传递虚假信息骗保，或者保险人违反监管政策的相关规定没有如实把有关信息告知投保人（或监管机构），则属于隐藏行动，一般归类为"道德风险"。

2. 事故发生前后

（1）事故发生前，主要是指保险合同签订后、保险事故发生前的信息不对称，如投保风险水平的增加、保险人经营状况的恶化等。

（2）事故发生后，主要是指保险事故发生后损失的原因、损失大小等方面的信息不对称。

（二）有关行动的信息不对称

1. 签订合同前后

（1）在经济学理论研究中，假设签约前行动的影响已经反映到风险水平中了，因此一般不考虑合同签订前有关行动的信息不对称。但是在保险市场上，如故意隐瞒、欺诈等签订合同前的行动，会给保险市场带来严重的不利影响，因此需要单独拿出来研究。同样，保险人也可能会存在签订合同前的隐藏行动，如保险产品的虚假宣传、夸大保障范围、有意回避责任免除事项等。

（2）投保人购买保险以后，如果发生保险事故，损失的全部或部分由保险公司负责赔偿，这样投保人的行为就可能因此发生改变。如购买健康保险后饮食结构和锻炼行为的改变，购买车险后不再把车停在停车场和改变驾驶行为等。这些行为都会影响投保风险的水平，如果保险人不能观测到相关信息，投保人可能选择对保险人不利的行为。

2. 事故发生前后

（1）保险合同一般会对投保人的行为做出要求或限制，如防灾、防损方面的规定等。如果保险人不能观测到这些行为，投保人就可能减少防灾防损方面的投入和努力，疏于对保险标的的管理，从而增加投保风险发生的概率。严重的甚至可能有投保人故意破坏保险标的以骗取保险赔款等。

（2）保险事故发生后，投保人没有尽到施救的义务、夸大损失金额、隐藏事故发生原因等，都是投保人的道德风险行为，可能损害保险人的利益。同样，保险人可能利用其专业的技能和知识，在发生保险事故后故意少赔或不赔等。

保险市场信息不对称分类见表5-1。

表5-1　保险市场信息不对称分类

发生时间		信息不对称内容	逆向选择/道德风险	举例	解决措施
合同签订	前	隐藏类型	逆向选择	漏报、误报、隐瞒、欺诈	告知、保证、核保
	后	隐藏行动	道德风险	疏忽、放任、骗赔	保证、检查
事故发生	前	隐藏类型/行动	道德风险	疏于防灾防损	检查
	后	隐藏类型/行动	道德风险	疏于施救、保险欺诈	查勘、定损

二、保险市场上的逆向选择

（一）逆向选择的基本概念

保险人是承保风险的人。保险人根据同类标的同质风险，设计不同保险产品销售。每一保险产品条款都有保险风险的范围，对保险标的的范围和条件有严格要求。保险人通过核保对投保标的及其风险状况进行评估，以决定是否承保以及以什么条件承保。由于信息的不对称，保险人对风险评估的依据是投保人的告知，通过告知收集保险人需要的信息，矫正信息的不对称。

保险承保过程就是保险人对投保人的标的及风险进行评估和选择的过程。逆向选择是指投保人所做的不利于保险人的选择。

以健康保险为例，保险公司说服一个身强力壮的年轻人购买健康保险是一件不容易的事情；相反，倒是体弱多病的人更愿意购买健康保险。投保人和保险人的愿望在交易达成过程中是不一致的，保险公司希望承保标准风险的健康体，但低风险者是投保意愿最低的人群。由于保险市场上的信息不对称，保险人在难以区分保险标的的风险水平的基础上实行差别费率。若按照市场平均风险水平收取相同的费率，对低风险的人而言是不公平的，低风险的人可能会退出保险市场，留下的是高风险的投保人。这就造成逆向选择的发生。

在保险市场上，投保人和保险人所拥有的信息是不对称的，投保人对保险标的的风险状况有更多的了解，因此投保人往往试图利用自己所拥有的信息优势，以低于精算公平保费的价格获得保险。比如在健康保险中，投保人更确切地知道被保险人当前的身体状况、不良病史、家族病史和未来的健康风险状况等，而这些信息并不能完全被保险公司了解。在选择保险的过程中，与健康风险低的人相比，在相同的价格条件和保障水平下，健康风险高的人更倾向于购买保险，而保险人却力图鉴别并阻止高风险的投保人加入保险。

如果保险人不能够准确地得知投保人具体的风险信息，也就无法甄别出高风险的个体，保险人只能按照平均风险水平向每个投保人收取相同的保险费，这样会导致高于平均风险的投保人参加到保险中来，而低于平均风险的投保人退出保险。接下来，保险公司按照剩下的高风险投保人的平均风险水平确定保险费率，这样把风险水平相对低的投保人排挤出去，保险人向剩下的投保人收取更高的保险费。如此循环下去，将危及保险的经营稳定。

（二）逆向选择分析

假设市场上有高风险和低风险两类投保人，发生事故的概率分别为 $\bar{p}$ 和 $\underline{p}$，满足 $0 < \underline{p} < \bar{p} < 1$，市场上高风险和低风险投保人占比分别为 λ 和 $1-\lambda$。假设保险公司不知道每个投保人的风险水平，但通过统计分析知道市场上不同风险水平投保人的比例；而投保人知道自己的风险水平。保险公司根据平均的风险水平制定保费费率 $p = \lambda \bar{p} + (1-\lambda)\underline{p}$，则 $\underline{p} < p < \bar{p}$。因此，平均的费率水平比低风险者的实际风险水平高，比高风险者的实际风险水平低，从而高风险者愿意购买该保险，而低风险者不愿意买，这会导致保险公司实际承保的风险水平高于预期的水平（$p < \bar{p}$），

产生亏损。保险公司会提高保费，直到 $p = \bar{p}$，此时只有高风险投保人会购买保险。

市场上关于风险水平的信息不对称（投保人知道而保险人不知道），导致优质风险（低风险）的投保人退出保险市场、市场上只剩下低质风险（高风险）的投保人。这就是保险市场上的逆向选择。

[**例 5.2**] 假设张三和李四分别拥有财产 625 万元，他们的效用函数都是财富的平方根。两人都面临遭受火灾的风险，火灾发生后给他们带来的损失金额都为 600 万元。但是两人遭受损失的概率不同，张三的财产遭受火灾损失的概率是 5%，李四的财产遭受火灾损失的概率是 15%。回答以下问题：

（1）假设保险公司知道张三和李四的风险水平，提供完全保险并按各自的公平费率收取保费。他们不购买和购买保险时的期望效用分别是多少？二人是否愿意购买保险？

（2）假设保险市场存在着信息不对称，保险公司不清楚张三和李四各自的风险水平，只知道市场的平均风险水平，并按照平均风险水平收取保费。请问张三和李四是否愿意购买保险？这会对保险公司产生什么影响？

（3）如何解决逆向选择问题可能带来的不利影响？

解答：

（1）购买公平完全保险，张三应缴的保费等于 $600 \times 5\% = 30$（万元），李四应缴的保费等于 $600 \times 15\% = 90$（万元）。

张三不购买保险的期望效用为

$$EU_1^{NI} = 0.05 \times \sqrt{250\,000} + 0.95 \times \sqrt{6\,250\,000} = 2\,400$$

张三购买保险的期望效用为

$$EU_1^{I} = 0.05 \times \sqrt{6\,250\,000 - 300\,000 - 6\,000\,000 + 6\,000\,000} +$$
$$0.95 \times \sqrt{6\,250\,000 - 300\,000}$$
$$\approx 2\,439.26$$

因为 $EU_1^{I} > EU_1^{NI}$，所以张三愿意购买保险。

李四不购买保险的期望效用为

$$EU_2^{NI} = 0.15 \times \sqrt{250\,000} + 0.85 \times \sqrt{6\,250\,000} = 2\,200$$

李四购买保险的期望效用为：

$$EU_2^{I} = 0.15 \times \sqrt{6\,250\,000 - 900\,000 - 6\,000\,000 + 6\,000\,000} +$$
$$0.95 \times \sqrt{6\,250\,000 - 900\,000}$$
$$\approx 2\,313.01$$

因为 $EU_2^{I} > EU_2^{NI}$，所以李四愿意购买保险。

由于张三和李四都是风险厌恶者，如果保险公司按照精算公平费率收取保费，二人都会投保。

（2）如果保险公司按照平均的风险水平收取保费，则保费 $P = (0.05 + 0.15)/2 \times 600 = 60$（万元）。

张三和李四投保后的期望效用相等，即

$$EU_1^{I} = EU_2^{I} = \sqrt{6\,250\,000 - 600\,000} \approx 2\,376.97$$

因为 $EU_1^{NI} > EU_1^I$，$EU_2^{NI} < EU_2^I$，所以张三不愿意投保，而李四愿意投保。

保险人按照市场平均的风险水平收取保费，低风险投保人张三缴纳的保费高于其风险水平。因此低风险的张三退出保险市场，只剩下高风险的李四向保险公司购买保险。保险公司从这份保单所获得的期望利润等于 600 × (10% − 15%) = − 30（万元），即会遭受亏损。这就是逆向选择带给保险公司的不利影响。

假设市场上存在很多个不同风险水平的投保人，投保人清楚自己的风险水平而保险人不清楚，保险人通过统计方法计算出市场的平均风险水平并据此制定费率，则低风险投保人会退出保险市场从而导致保险人亏损；理性的保险人随之提高费率，这样会使得更多的低风险投保人退出市场。最终的结果是市场上只剩下高风险投保人，降低了保险市场在风险交换方面的效率，严重的甚至可能导致保险市场消失。这就是逆向选择对保险市场的不利影响。

（3）为了减少和避免逆向选择带来的不利影响，监管机构和保险公司采取了多种政策和措施，如保险法和最大诚信原则的有关规定。在理论上研究较多的是信号传递模型、信号甄别模型和统计性歧视。信号传递模型是指低风险的投保人把有关自己风险水平的信息想办法传递给保险公司，从而获得比高风险投保人更低的保费。信号传递模型主要用在劳动力市场，在保险市场应用较少。统计性歧视见下文的介绍。

信号甄别模型是指保险公司通过制定不同"保费-保额"组合的合同菜单，即二级价格歧视，让投保人选择最适合他自己的保险合同，在满足一定条件下，就可能使不同风险水平的投保人选择不同的合同，从而把他们的风险水平甄别出来。如高风险投保人选择高保障但高保费的合同，低风险投保人选择低保障但低保费的合同。

例如，在 [例 5.2] 中保险公司提供两个"价格-数量"合同组合：C_L = (1 000 000, 50 000) 和 C_H = (6 000 000, 900 000)，括号里第一项是保额、第二项是保费。通过计算，张三会选择低保障合同 C_L、李四会选择高保障合同 C_H，从而把高、低风险的投保人甄别出来，如表 5-2 所示。

表 5-2　信号甄别模型举例

保险合同类型	张三的期望效用	李四的期望效用
不购买保险	2 400	2 200
购买低保障合同 C_L	2 420	2 281
购买高保障合同 C_H	2 313	2 313

由表 5-2 可知，张三购买低保障低保费合同得到的期望效用大于购买高保障高保费合同和不购买保险的期望效用，因此他会自愿选择购买低保障合同。同理，购买高保障合同是李四的最优选择。

（三）保险统计性歧视

一般而言，保险公司在设计保单的过程中都不是针对某一特定的投保人，而是针对一个具有同质风险的投保人和被保险人群体，即保险公司所涉及的该保单的目标客户群。因此，在投保人和保险人传递信号与甄别信息的整个过程中，保险人先要设定一定的标准，利用这样的标准将目标客户和其他客户区别开来，然后才能把某一具体的客户划入其中。而标准的设定需要统计数据和相应的分析。比如统计数据显示，38~55岁的女性比同龄层的男性发生严重疾病的概率要高许多，保险公司据此设计了以投保人性别为划分标准的两种健康保险单，对女性投保人（被保险人）收取更高的保险费。这样依据统计数据做出的保险市场歧视措施即称为保险统计性歧视。当保险人利用投保人的风险特征，如性别、年龄、健康、工作类型等作为投保人所属风险群体的甄别指标时，统计歧视就会发生。例如，在汽车保险市场，保险公司会根据投保车辆的用途、使用年限、行驶区域、行驶里程、过去几年内的出险次数，以及投保人的性别、年龄、驾龄等收取不同的保费。

如表5-3所示，与女性投保人相比，某保险公司对相同驾龄和年龄的男性投保人收取更高的费率；对于相同性别和年龄的投保人，驾龄越长，风险越低，费率越低；对于相同性别和驾龄的投保人，25岁以下和50岁及以上的投保人风险最高。

表5-3　某保险公司家庭自用汽车费率（部分）

性别	驾龄/年	年龄/岁				
		年龄<25	25≤年龄<30	30≤年龄<40	40≤年龄<50	年龄≥50
男	驾龄≤1	0.99	0.97	0.95	0.95	0.99
	1<驾龄≤5	0.97	0.95	0.93	0.93	0.97
	驾龄>5	0.95	0.93	0.91	0.91	0.95
女	驾龄≤1	0.98	0.96	0.94	0.94	0.98
	1<驾龄≤5	0.96	0.94	0.92	0.92	0.96
	驾龄>5	0.94	0.92	0.90	0.90	0.94

另外，无赔款折扣（no claim discount，NCD），又称为奖惩制度（bonus-manus system，BMS），是车险市场上另一种重要的制度安排，也是一种统计性歧视。根据这一制度，保险公司依据投保车辆过去几年内的出险情况收取不同的费率。包括精算领域和经济学领域在内的很多学者对此进行了深入细致的研究，本章不做展开介绍。表5-4是某保险公司无赔款折扣举例。

表5-4　某保险公司无赔款折扣举例

类别	折扣/%
上年出险三次以上	110
上年出险二或三次	100
上年出险一次	90
上年未出险	80
过去三年内两年未出险	75
连续三年及三年以上未出险	70

按风险水平的不同收取差别费率本来是符合保险人和投保人利益对等原则的，具有不可争辩的经济合理性，但在现实生活中，保险公司对不同性别、婚姻状况或者年龄的投保人收取差别保费，是一个敏感的话题，牵涉到复杂的社会关系。

三、保险市场的道德风险

（一）道德风险的基本概念

道德风险因素是指与人的道德、品质有关的原因和条件，这些原因和条件的存在可能增加事故的风险水平，如导致事故发生的概率提高和事故发生后损失金额增加。现代经济学从理性的经济人假设出发，认为投保人购买保险以后，风险事故发生带来的损失由保险人负责赔偿，投保人进行防灾防损的成本由其自己承担；如果保险人不能观测和监督投保人的行为，投保人就可能因此减少风险管理方面的投入和努力，甚至人为制造保险事故，从而增加事故的风险水平。这就是人们常说的投保人的"道德风险"。道德风险行为产生的根源，在于签约后投保人约束条件发生了改变。因此，为了减少和避免道德风险的不利影响，就不能仅仅希望提高人们的道德水平，重要的是对道德风险的生成机理进行分析，从而改进激励约束条件、完善监督检查制度等，最后达到改变投保人行为、减少和避免道德风险的目的。

道德风险的理解有狭义和广义之分。

道德风险，是指因投保人、被保人或受益人为骗取保险金，而故意造成保险事故或加重损失程度的风险[①]。此解释为狭义的道德风险。广义的道德风险包含了心理风险。

心理风险是指投保人因疏忽大意或玩忽职守，而不是主观意愿上故意和蓄谋造成保险事故和加大损失程度的风险[②]。本节以下的分析用广义的道德风险，包括故意行为、疏忽过失行为，涵盖签约前后和事故前后。

对保险市场上的道德风险进行分类的方法有很多，比如：以签订保险合同或保险事故发生时间为界，可分为事前道德风险和事后道德风险；按风险的来源划分，可分为投保人的道德风险、保险人的道德风险、代理人的道德风险和保险经纪人的道德风险等。以下从投保人方面进行分析。

（二）投保方的道德风险

投保方的道德风险，是指投保人或被保险人故意隐藏重要信息签订合同，或签约后通过投保方的行为（疏忽或故意）影响保险事故发生的概率和损失程度，从而获取保险赔付的行为。

1. 签订保险合同前后

根据保险合同签订的时间划分投保方事前和事后的道德风险时，事前的道德风险是指投保人在签订保险合同之前隐藏信息，如不如实告知、欺骗保险人以获得保险，或者试图以较低的保险费得到保险；事后的道德风险是指投保人或被保险人在

---

① 全国保险业标准化技术委员会. 保险术语［M］. 北京：中国财政经济出版社，2009：56.
② 全国保险业标准化技术委员会. 保险术语［M］. 北京：中国财政经济出版社，2009：57.

保险合同签订后，疏于对保险标的进行风险管理，使保险标的处于更大的危险之中，甚至故意制造保险事故，骗取保险赔付。

2. 发生保险事故前后

根据保险事故发生的时间划分投保方事前和事后的道德风险时，事前道德风险是指投保后对投保方的防灾防损动机产生的负面影响。比如，投保人在投保汽车保险后可能比未投保时更容易开快车，因为他们知道车祸引起的损失，可以从保险人那里获得赔偿；有员工赔偿保险的员工可能比没有员工赔偿保险的员工更粗心一些。投保方故意造成保险事故的发生也属于事前道德风险。事后的道德风险是指保险对投保方在发生保险事故之后减损动机产生的负面影响，或者夸大损失金额、隐瞒损失原因以获得更多保险赔付等。比如，在一场火灾中，没有保险的人可能比有保险的人对受损财产采取更有效的施救措施；购买医疗健康保险的被保险人可能倾向于消费更贵的进口药或使用更昂贵的医疗设备进行检查治疗等。

[例5.3] 假设张三拥有 1 200 000 元的现金和价值 400 000 元的汽车。一次事故会导致汽车发生全损，而事故发生的概率受到张三驾驶行为的影响。当张三开车很快，即不小心驾驶时，事故发生的概率为 20%；当张三开车很慢，即小心驾驶时，事故发生的概率为 5%。假设张三因小心开车而延长路途时间的成本为 20 000 元，张三的效用函数为个人财富的平方根。通过计算个人的期望效用水平，张三会选择自己的驾驶态度。回答以下问题：

（1）如果张三没有购买保险，他是选择小心驾驶还是不小心驾驶？

（2）假设保险公司不能观察到张三的驾驶行为，并根据他小心驾驶时的风险水平向其提供公平完全保险。那么在购买公平完全保险后，张三是选择小心驾驶还是不小心驾驶？这会给保险公司带来什么影响？

（3）假设保险人按张三不小心驾驶向其提供公平完全保险。问在购买保险后张三是选择小心驾驶还是不小心驾驶？

（4）保险双方的什么行为是保险市场的均衡？保险人和投保人在均衡时的最优决策分别是什么？

（5）保险人如何防范和减少投保人道德风险带来的不利影响？

解答：

（1）在没有购买保险的情况下，张三小心驾驶的期望效用为

$$EUC = 0.95 \times \sqrt{1\,600\,000 - 20\,000} + 0.05 \times \sqrt{1\,600\,000 - 20\,000 - 400\,000}$$
$$\approx 1\,248.445$$

张三不小心驾驶的期望效用为

$$EUNC = 0.8 \times \sqrt{1\,600\,000} + 0.2 \times \sqrt{1\,600\,000 - 400\,000} \approx 1\,231.018$$

因为小心驾驶的期望效用大于不小心驾驶的期望效用，所以张三的合理选择是小心驾驶。

（2）张三按照小心驾驶时的精算公平费率购买全额保险，保险金额为 400 000 元，缴纳的保费为 $0.05 \times 400\,000 = 20\,000$（元）。

投保后张三小心驾驶的期望效用为

$$EUCI = 0.95 \times \sqrt{1\,600\,000 - 20\,000 - 20\,000} +$$
$$0.05 \times \sqrt{1\,600\,000 - 20\,000 - 20\,000 - 400\,000 + 400\,000}$$
$$= \sqrt{1\,560\,000} \approx 1\,249.000$$

投保后张三不小心驾驶的期望效用为：

$$EUNCI = 0.8 \times \sqrt{1\,600\,000 - 20\,000} + 0.2 \times \sqrt{1\,600\,000 - 20\,000 - 400\,000 + 400\,000}$$
$$= \sqrt{1\,580\,000} \approx 1\,256.981$$

因为不小心驾驶的期望效用大于小心驾驶的期望效用，所以张三选择不小心驾驶。这就是投保人和被保险人的道德风险。原因在于张三购买完全保险后，损失金额全部由保险公司负责赔偿，张三自己不承担任何损失。因此无论事故发生或不发生，张三的财富水平都一样；而选择不小心驾驶还可以节省 20 000 元的成本，所以张三更愿意选择不小心驾驶。

由于张三在购买保险后选择不小心驾驶，事故发生的概率提高到 20%，保险公司得到的期望利润为（5% － 20%）× 400 000 ＝ － 60 000（元）。这就是道德风险给保险公司带来的亏损，即道德风险给保险公司带来的不利影响。

（3）虽然不能观察到张三的驾驶行为，但理性的保险公司可以合理地推测张三在购买保险后会选择不小心驾驶。因此保险公司会按照不小心驾驶的风险水平向张三提供公平完全保险，向张三收取不小心驾驶时的精算公平保费为 20% × 400 000 ＝ 80 000（元）。

张三小心驾驶的期望效用为

$$EUC'I = 0.95 \times \sqrt{1\,600\,000 - 20\,000 - 80\,000} +$$
$$0.05 \times \sqrt{1\,600\,000 - 20\,000 - 80\,000 - 400\,000 + 400\,000)}$$
$$= \sqrt{1\,500\,000} \approx 1\,224.745$$

张三不小心驾驶的期望效用为

$$EUNC'I = 0.8 \times \sqrt{1\,600\,000 - 80\,000} + 0.2 \times \sqrt{1\,600\,000 - 80\,000 - 400\,000 + 400\,000}$$
$$= \sqrt{1\,520\,000} = 1\,232.883$$

因为不小心驾驶的期望效用大于小心驾驶的期望效用，所以张三的合理选择是不小心驾驶。

（4）在提供完全保险时，不管保险人是按照张三小心驾驶还是不小心驾驶时的风险水平收取保费，张三都会选择不小心驾驶；而按照小心驾收取保费会给保险人带来损失。因此按照张三不小心驾驶收取保费就是保险人的占优纳什均衡。

张三按照不小心驾驶的风险水平缴纳保费购买保险并选择不小心驾驶时的期望效用，小于不购买保险但小心驾驶时的期望效用。因此不购买保险并小心驾驶就是张三的占优纳什均衡。

所以，市场的均衡结果是保险公司按照不小心驾驶的风险水平提供保险，张三选择不购买保险并小心驾驶。道德风险的不利影响所导致的后果是保险市场消失。为了保险市场健康、顺利地运行，就要想办法解决道德风险问题。

（5）在保险实践中，政府监管机构和保险人制定和提出了许多减少和避免投保人道德风险的措施，如最大诚信原则有关告知（包括通知）和保证事项的规定，在合同中规定投保人一方的行为并进行抽查和监督，以及保险事故发生后的现场调查等。另外，经济理论研究最多的是激励合同：让投保人承担风险事故发生后的部分损失，将其防灾防损付出的成本内生化，从而让投保人自己选择保险人所希望的行动，使得保险人希望的行动同时也是投保人自己的最优选择，这样就能减少或避免道德风险的不利影响。如保险合同中有关共保和免赔的规定，就能在一定程度上减少投保人的道德风险行为。

假设保险公司制定激励合同（200 000，10 500），其中保险金额为 200 000 元，保费为 10 500 元，这样投保人张三自己承担了部分损失的风险。下面讨论张三是否购买保险以及购买保险后的驾驶行为。

张三购买保险并小心驾驶的期望效用为

$$EUC'I = 0.95 \times \sqrt{1\ 600\ 000 - 20\ 000 - 10\ 500} +$$

$$0.05 \times \sqrt{1\ 600\ 000 - 20\ 000 - 400\ 000 - 10\ 500 + 200\ 000}$$

$$\approx 1\ 248.659$$

张三购买保险并不小心驾驶的期望效用为

$$EUNC'I = 0.8 \times \sqrt{1\ 600\ 000 - 10\ 500} + 0.2 \times \sqrt{1\ 600\ 000 - 400\ 000 - 10\ 500 + 200\ 000}$$

$$\approx 1\ 244.357$$

因为购买保险后小心驾驶的期望效用大于不小心驾驶的期望效用，所以张三选择小心驾驶。又因为购买保险并小心驾驶的期望效用大于不购买保险并小心驾驶的期望效用，所以张三选择购买保险并小心驾驶。因此，如果保险公司提供激励合同（200 000，10 500），使得投保人张三自己承担部分风险，就可以让张三自愿购买保险并选择小心驾驶，从而避免了道德风险。

由于保险人是风险中性的、投保人是风险厌恶的，通过市场交换到达最优的帕累托均衡是让风险中性的保险人承担全部风险。在激励合同中，为了避免信息不对称带来的道德风险的不利影响，不得不让风险厌恶的投保人承担部分风险，因此保险市场在风险保障方面没有达到最优。这就是为了激励而产生的在风险分担方面的效率损失。

第四节 保险市场的结构

一、保险市场结构分类

在产业组织理论中，市场结构是指企业与市场关系的特征或形式，一般可分为完全竞争市场、垄断市场、寡头市场和垄断竞争市场四种类型。相应地，保险市场也可以分为完全竞争保险市场、完全垄断保险市场、寡头保险市场和垄断竞争保险市场四种。

（一）完全竞争保险市场

市场上存在众多保险人，每个保险人都能提供同质无差异的保险商品，任何保险人都能自由进出市场，所有保险人都是价格的接受者，而不是制定者。在这种市场模式中，保险资本可以自由流动，价值规律和供求规律充分发挥作用。

（二）完全垄断保险市场

如果一个保险人是其保单唯一的卖者，而且他提供的保单并没有相近的替代品，这个保险市场就是垄断的。保险垄断的基本原因是进入障碍。保险市场进入的障碍有三个主要来源：

1. 资源独占

关键资源由一家保险公司拥有。

2. 政府赋权

政府给予一个保险人排他性地提供某种保险产品的权利。

3. 自然垄断

生产成本使得一个保险人比多个保险人在市场上提供产品更有效率。

完全垄断型保险市场可分为两类：专业型完全垄断和地区型完全垄断。前者是指在一个保险市场上同时存在两家或两家以上的保险公司，它们各自垄断某类保险业务，相互之间业务不交叉。后者是指在保险市场上同时存在着两家或两家以上的保险公司，各自垄断某一地区的保险业务，相互之间业务没有交叉。

（三）寡头保险市场

在一个保险市场上，只存在少数相互竞争的保险人，其他保险人进入市场较难，市场上任何一个保险人的行动都对其他保险人的利润有重大影响。

（四）垄断竞争保险市场

市场上存在着若干处于垄断地位的大保险人和大量的小保险人，各保险人提供有差别的同类产品，保险人能够较自由地进出市场，各保险人之间竞争激烈。但由于大保险人的存在，市场中仍有较强的垄断势力。这种模式在保险市场上较常见，一般认为，我国现阶段的保险市场就是垄断竞争的市场。

以上四种类型仅仅是对保险市场进行的简单划分。实际上，垄断和完全竞争的保险市场在现实中基本不存在，世界各国的保险市场几乎都是介于垄断和完全竞争之间的寡头市场和垄断竞争市场，而且寡头市场和垄断竞争市场的界限也不分明。

二、保险市场垄断程度的衡量

国内外研究和测量垄断程度的各种指标，可以概括为两大类：一是从市场结构角度进行测量，二是从市场绩效角度进行测量。从市场结构角度测量垄断程度的指标主要有产业集中度、市场集中系数、赫希曼–赫芬达尔指数等。从市场绩效角度进行测量的指标本章不做介绍。

（一）保险产业集中度

保险产业集中度是指保险市场中少数几家最大保险公司所占的保费、资产、利润等方面的份额。产业集中度越高，该市场的垄断性越强；反之，则越弱。

保险产业集中度可用保险市场上前若干家保险公司的保费收入（利润总额或资本金等）占整个产业的比重来测算，用公式表示为

$$CR_n = \frac{Q_n}{Q_n + Q_m}$$

其中：

CR_n——保险市场上规模最大的前 n 家保险公司的市场集中度；

Q_n——前 n 家保险公司的保费收入；

Q_m——保险市场上其余保险公司的保费收入；

n——所要计算的具体前若干家企业数目。

保险产业集中度测量的是规模最大的前几家保险公司占整个市场的份额，这个份额除了可以选取保费收入指标外，也可以根据研究角度的不同去选取利润总额、资本量等指标进行比较。CR_n 是一个大于 0 小于 1 的数，当 CR_n 接近于零时，市场趋近于完全竞争市场。

（二）市场集中系数

市场集中系数是指用 CR_n 法计算的产业集中度与产业平均份额的比值，用公式表示为

$$CI_n = \frac{CR_n}{C}$$

其中：

CI_n——市场集中系数；

CR_n——市场集中度；

C——市场上每家保险公司拥有的平均份额。

市场集中系数这一指标表明，市场上前若干家保险公司的集中度为产业平均集中度的倍数。这一倍数越高，说明市场上前若干家保险公司的垄断程度越高。市场集中系数与市场集中度指标相比的优势在于它不仅考虑市场的绝对集中程度，还反映保险市场上保险公司的数量以及规模的差异。

（三）赫希曼-赫芬达尔指数

这一指数是由经济学家赫希曼和赫芬达尔先后提出来的，该指数定义为市场上所有保险公司市场份额的平方和，用公式表示为

$$HHI = \sum_{i=1}^{n} \left(\frac{x_i}{X} \right)^2 = \sum_{i=1}^{n} S_i^2$$

其中：

HHI——赫希曼-赫芬达尔指数；

S_i—— i 保险公司的市场份额；

x_i—— i 保险公司的保费收入；

X——保险市场保费总额。

假设 N 为市场保险公司的数量，$\bar{x}$ 为保费收入的平均值，σ 为标准差，u 为变异系数，则上式可写为

$$HHI = \sum_{i=1}^{n} S_i^2 = \sum_{i=1}^{n} \left(\frac{x_i}{X} \right)^2 = \frac{\sum x_i^2}{X^2} = \frac{\sum x_i^2}{(N\bar{x}_i)^2} = \frac{\frac{\sum x_i^2}{N} - \bar{x}_i^2 + \bar{x}_i^2}{N\bar{x}_i^2} = \frac{\sigma^2 + \bar{x}_i^2}{N\bar{x}_i^2} = \frac{\left(\frac{\sigma}{\bar{x}_i} \right)^2}{N}$$

$$= \frac{u^2 + 1}{N}$$

87

HHI取决于各保险公司市场份额的不均等程度和公司数量。在完全垄断市场上，$N=1$，$u=0$，$HHI=1$。在完全竞争市场上，保险公司之间市场份额的差异几乎不存在，故$u=0$，而市场上保险公司的数量N趋近无穷大，$HHI=0$。在完全竞争和完全垄断市场之间的垄断竞争和寡头市场上，$0<HHI<1$。

（四）汉纳-凯伊指数

经济学家汉纳和凯伊提出一种更具有一般性的集中指数，这种指数与HHI类似，但对大公司所选择的加权方式不同。汉纳-凯伊指数的公式为

$$HK=\left(\sum_{i=1}^{n}S_i^a\right)^{1/(1-a)}，其中\ a>0，a\neq1$$

汉纳-凯伊指数的优点在于为不同规模的保险公司分配不同的加权系数，通过增加a的值，给大企业以较大权重。当$a=2$时，$HK=\dfrac{1}{\sum_{i=1}^{n}S_i^2}$，与HHI互为倒数。

在理论研究中，人们还用勒纳指数、贝恩指数以及罗斯柴尔指数等来衡量垄断程度。

其中，贝恩指数是按绝对集中度指标对竞争结构进行分类。其标准见表5-5所示。

表5-5 贝恩指数竞争结构分类标准

竞争结构类型	市场集中度	
	$CR_4/\%$	$CR_8/\%$
寡占Ⅰ型	$75\leqslant CR_4$	
寡占Ⅱ型	$65\leqslant CR_4<75$	或$85\leqslant CR_8$
寡占Ⅲ型	$50\leqslant CR_4<65$	$75\leqslant CR_8<85$
寡占Ⅳ型	$35\leqslant CR_4<50$	$45\leqslant CR_8<75$
寡占Ⅴ型	$30\leqslant CR_4<35$	或$40\leqslant CR_8<45$
竞争型	$CR_4<30$	或$CR_8<40$

此外，还可以用公司市场占有率由小到大的累积分布的洛伦兹曲线直观地反映市场上公司的均匀程度。当某一特定的市场上所有的公司规模完全相同时，洛伦兹曲线与均等分布线（对角线）重合。曲线越偏离对角线，公司规模分布的不均匀度越高。

三、中国国内保险市场结构举例

用前4位寿险公司和产险公司保费收入在整个寿险市场和产险市场所占比重（CR4）和前8位寿险公司和产险公司保费收入在整个市场所占比重（CR8）来分析，我国保险市场集中度见表5-6所示。

表 5-6　我国保险市场集中度

类别	CR$_4$			CR$_8$		
	2004 年	2013 年	2020 年	2004 年	2013 年	2018 年
寿险市场	89.02%	62.52%	46%	98.49%	82.19%	62.78%
产险市场	85.69%	69.71%	70%	94.93%	82.09%	82.21%

我国保险市场结构自 2004 年以来发生了显著的变化，前 4 家和前 8 家保险公司的市场份额都有很大幅度地下降，说明我国保险市场发展很快，新的市场主体进入市场，市场竞争激烈。从 CR4 指标来看，2004 年我国寿险和产险市场都是属于寡占Ⅰ型市场，2013 年产险属于寡占Ⅱ型市场、寿险属于寡占Ⅲ型，2020 年的产险市场属于寡占Ⅱ型、寿险市场属于寡占Ⅳ型。从寿险和产险市场的比较来看，产险市场的寡占性质随时间变化不大，而寿险市场从寡占到竞争的发展更快。

第五节　保险监管

保险产品、保险经营以及保险市场的特性，要求政府对保险市场进行适度干预，纠正保险市场的失灵。基于这一出发点，保险监管机构代表政府对保险市场进行监督管理，以保障保险消费者的合法权益，促进保险业持续健康协调发展。

一、保险监管的概念与特征

按照监管主体划分，保险监管有广义和狭义之分。广义的保险监管是指政府监管机构、保险行业自律组织、保险机构内部监管部门及社会力量，对保险市场及保险主体的组织和经营活动的监督和管理。狭义的保险监管是指保险监管机构依法对保险市场及其主体的监督管理，是政府授权监管机构干预保险市场的一系列制度安排。通常，保险监管主要研究的是狭义保险监管。

保险监管具有以下四个方面的特性：

（一）监管内容具有全面性

保险监管的内容不仅涉及保险企业组织的设立、变更和终止，保险企业高级管理人员、专业技术人员、业务人员的资格和行为，还涉及保险条款、费率、财务运作、资金运用、偿付能力、市场行为及公司治理等内容。

（二）监管对象具有广泛性

保险行业自律组织只对其成员实行管理，而政府监管机构对所有的保险企业及其成员，以及保险代理人、保险经纪人、保险公估人等均有权监管。

（三）监管主体及其权限具有法定性

保险监管主体及其权限通常都是由《保险法》等相关法律法规明确规定的，而法定监管主体必须且只能依据法律规定的权限行使监管权，既不能怠于行使监管权，也不能超过权限范围行使监管权。

（四）监管结果具有强制性

相关法律规定，保险监管具有强制性规范的性质。保险监管机构的审批权、核定权、检查权、禁止权、撤销权、整顿权、行政处罚权和处分权等监管权的行使，均具有法律效力和强制性。

二、保险监管的必要性

（一）保险商品的特点

保险商品的无形性、长期性以及保险合同的附和性和射幸性等特点，决定了保险监管存在的必要性。首先，保险是一种无形商品，保险公司"出售"的是未来的赔付责任，是一种承诺。保险公司能否真正兑现其承诺、承担相应的保险责任，受其偿付能力是否充足等因素的影响。其次，大多数寿险产品具有长期性，保险期限长达几十年，保险公司能否在未来某一时期按照保险合同的约定支付保险金，具有一定的不确定性。最后，保险合同具有附和性和射幸性。保险合同的主要内容是由保险公司单方拟定的，投保人一般只能做出接受保险合同与否的决策。另外，对于单个保险合同而言，保险公司是否履行赔付义务取决于约定的保险事故是否发生，也具有不确定性。保险产品的上述特点，要求监管部门监督保险公司按照公平、诚信的原则拟订保险合同，具有充足的偿付能力，能够按约定支付保险金。

（二）保险经营的特性

保险经营具有高风险性和高负债性。保险公司是经营风险的企业，通过风险集散实现对个别被保险人意外损害的补偿。而保险公司在经营过程中，也面临定价风险、承保风险、投资风险及理赔风险等若干风险，因此保险公司的经营具有较高的风险。保险公司的资本金在其资产总额中仅占一小部分，其余资产是由投保人缴纳的保险费形成的，具有负债属性。保险公司经营的高负债性加剧了其进行具有扩张风险的经营以追求高额利润的冲动，从而可能导致投保方利益受损。此外，保险公司的负债还具有长期性，可能造成保险公司疏于考虑或难以准确预测未来的保险赔付。保险经营的高风险性、高负债性和负债的长期性，表明保险消费者利益的维护需要监管部门采取有效的监管措施，确保保险公司经营的稳定性。

（三）保险市场的特性

保险市场存在较严重的信息不对称。一方面，投保方的信息优势诱发了投保时的逆选择和投保后的道德风险。投保人"隐藏信息"使保险人无法根据每个标的的风险状况制定对应的保险费率，平均化的保险费率实质上"驱逐"了低风险的保险标的，保险市场中留存的将是高于平均风险水平的标的，此时盈利要求促使保险公司提高费率，而更多高风险标的将随之涌入保险市场，如此往复。投保方还可能在投保后"隐藏行动"，增大事故发生的概率或加深事故发生造成的损失程度，以骗取保险赔付。投保方的逆选择和道德风险将极大增加保险人的赔付成本，甚至危及保险公司的长期稳定发展。另一方面，保险人的信息优势可能引发保险人签约前隐藏信息（误导投保）及签约后隐藏行动（不履行保险合同）。保险公司在经营过程中从保险合同设计、保险定价到保险资金运用、保险理赔等各个环节都难为保险消费者和社会公众所理解，因而保险公司的资产质量、实质经营风险的透明性较差。此外，保险产品的多样化和复杂化倾向更进一步加剧了保险市场中的信息不对称程度。

保险市场是典型的存在外部性的市场。保险市场正的外部性是指作为风险集散和资金融通的媒介，保险对社会稳定和经济增长具有积极的促进作用；保险市场的负外部性表现为保险欺诈与保险业的系统风险。保险市场的外部性使得保险提供者的"私人收益"与"社会收益"并不对称，从而影响了保险资源的有效配置。另外，由于市场准入壁垒、规模经济或范围经济的作用，保险市场中存在足以影响保险产品价格的少数保险公司，它们享有较大的市场支配力和较高的垄断地位。这些保险公司一旦凭借其市场支配力进行不合理定价以获取超额利润，会导致保险消费者的利益受到损失。

信息不对称、外部性和垄断性等保险市场的特征，使得保险市场配置资源的功能可能失灵。在市场化的信息披露机制受阻的情况下，政府监管有利于增加保险市场的透明性。而外部性和垄断的存在，使得政府监管部门成为维护保险市场公平与效率的主体。通过强制信息披露等监管途径，保险监管能够在一定程度上减少保险交易中的成本，维护保险消费者的利益。

三、保险监管的理论基础

古典经济学基础上的监管理论是保险监管的重要理论基础。监管理论研究的基本问题包括监管产生的原因、监管的目标及监管的最优化等。20世纪80年代，形成了公共利益监管理论、监管经济理论及监管辩证理论三大主要的理论体系，为保险监管研究提供了重要的理论支撑。

（一）公共利益监管理论

一般认为，主流的监管理论起源于公共利益理论。福利经济学中的公共利益理论回答了"政府监管为何存在？政府监管代表谁的利益？"等监管基本问题，从而形成了公共利益监管理论。公共利益监管理论认为，政府监管是为了修正低效率的或不公平的市场行为，以满足公众的诉求。该理论假设政府是仁慈的，能够代表公众利益实施无成本或低成本的监管，监管者的目标是防止自然垄断、外部性、公共产品的非排他性和不完全信息等造成的市场失灵，增强经济体的配置效率，实现公众利益和社会福利的最大化。

公共利益监管理论对保险市场的政府监管研究具有重要的指导意义。保险市场中少数保险公司的较大市场支配力、保险市场的外部性和严重的信息不对称，使得市场的资源配置效率受到影响，保险消费者的利益可能受损。此外，保险监管具有公共品的性质。共同消费和非排他性的"搭便车心理"意味着市场主体并无从事保险监管或为保险监管付费的动力，因而保险监管只能由政府提供。

尽管作为主流监管理论的传统公共利益监管理论一直影响并指导着政府监管的实践活动，然而该理论也存在若干缺陷。其一，监管者是否始终忠诚地代表公众利益饱受争议。其二，政府监管对市场机制的替代可能是低效的，政府干预市场本身也可能导致"政府失灵"，即产生包括信息搜集成本在内的直接监管成本，以及被监管企业的效率损失和寻租成本等间接监管成本。

（二）监管经济理论

公共利益监管理论的缺陷引发了人们对政府角色的重新认识。市场失灵并非政府监管的充分条件，而政府监管也并不必然能够实现公共利益。公共利益监管理论的争议也引发了多种解释监管的理论出现。

早在20世纪初，监管俘获现象就已得到初步研究。监管俘获理论指出，监管的供给源于特定利益集团的需求。随着时间的推移，监管机构逐渐为被监管的利益集团所俘获，因而服务于公众的监管目标最终将受挫。1971年，斯蒂格勒首次运用经济学规范分析解释政府监管的产生，开创了监管经济理论。在强制力是政府的基本资源、作为理性经济人的各利益集团都追求自身利益最大化的假设下，监管经济理论对政府监管进行了供求均衡分析。其中，监管的供给者是政府或政治家，他们获得由消费者支付的政治租金；监管的需求者是特定的利益集团，它们能够获得监管政策的收益。1976年，佩尔兹曼进一步完善了监管经济理论，提出了"最优监管政策"。1983年，贝克尔以政治均衡理论为基础，指出利益集团向立法者和监管者施压的效率将影响监管的供给。

监管经济理论在理解政府干预方面取得了重大进展，但在监管实践中仍有诸多实例与该理论不相符，在解释监管产生的原因及采取的形式方面，该理论也并未提出可被证实的观点。同时，在监管机构独立性不断增强、监管机构间竞争性日渐增强、政府对监管机构实施监督的背景下，监管经济理论中有关利益集团"俘获"监管者等基本论断无法得到有力的理论和实践支持。因而，监管经济理论有待进一步验证和发展。

（三）监管辩证理论

无论是公共利益监管理论还是监管经济理论，都是从静态角度对监管问题的论述，没有考虑监管者与被监管者之间不断变化的关系，因而无法完全解释和预测监管问题。凯恩在监管经济理论的基础上创立了监管辩证理论，从动态的角度解释了监管过程中政治力量与经济力量相互作用的机制。利益集团的需求引发了监管者进行监管供给的激励，而环境等因素的变化则通过影响监管实施的效果，重新实现监管的最优化过程，以达到新的监管供求均衡。在这一过程中，监管者将根据利益团行为的变化而调整监管策略，由此形成了"监管—逃避—监管改革—再逃避"的"再监管过程"，监管在这一链条中的滞后性使得监管的供给总是缺乏效率。为解决监管供给缺乏的问题，凯恩又提出了监管者竞争理论，主张引入监管机构间的竞争机制，消除监管供给不足和监管效率低下的问题。

监管辩证理论创新性地从动态角度阐述了监管者与被监管者之间的辩证关系，较好地印证了监管实践，并为两个主体间的动态博弈及其均衡实现提供了基本理论依据。然而，该理论关于"被监管者需求诱导监管者供给"的基本假设是否成立仍存在争议。

四、保险监管的目标和原则

（一）保险监管的目标

所谓保险监管的目标，是指保险监管机构通过保险监管活动力求实现的最终目的。具体而言，保险监管的目标主要包括以下几个方面：

1. 保护保险消费者的合法权益

该目标是保险监管的基本目标，也是监管部门的基本职责，要求当保险市场中的各主体发生利益冲突时，应以保险消费者的利益为重。保险监管机构具体可从保险产品的可获得性、费率条款的公平性，以及保险公司的市场行为、偿付能力和公司治理等方面进行监管，确保其不损害保险消费者的合法权益。

2. 形成公平、有序竞争的市场环境

市场经济是竞争的经济，因而保险监管机构要制定和维护公平竞争的规则，形成有序竞争的市场秩序，完善保险市场的进入和退出机制，进而提高保险市场的运行效率。

3. 防范经营风险

保险具有负外部性和高负债性，个别保险机构的经营风险可能扩散到保险市场，导致整个保险行业风险的增加，因而保险机构的经营风险防控始终是保险监管的重要目的。保险监管通过规范保险机构的市场行为、规范保险机构的公司治理结构并监管其偿付能力，从而实现经营风险的最小化。

4. 维护保险市场的安全与稳定，促进保险业的健康持续发展

保险业具有损失补偿、资金融通和社会管理的功能，因此保险市场的安全和稳定，对国民经济和社会生活具有重要影响，而促进保险行业持续健康发展，也是符合我国保险业初级发展阶段的重要保险监管目标。该目标的实现要求既不能以损害保险消费者的合法利益、压制竞争和效率为代价，也不能给予保险机构不正当的"保护"，而应当追求保险业整体的安全稳定和健康持续发展。

（二）保险监管的原则

保险监管的原则是指保险监管机构实施保险监管时应依据的法则和标准。一般而言，保险监管至少应遵循依法监管原则、动态监管原则和适度监管原则。

1. 依法监管原则

依法监管原则要求保险监管机构必须依照相关的法律和行政法规实施对保险公司治理的监管。由于保险监管机构要求保险公司遵循本国所有适用的公司治理标准，因此法律、行政法规都可以为保险监管提供依据和支持。在依法监管原则下，保险监管机构的"自由裁量权"得到了控制。随着保险监管相关法律法规体系的不断完善，行政监管行为的任意性也将进一步减弱。

2. 动态监管原则

动态监管原则要求保险监管机构形成动态监管的理念，建立相应的预警机制，密切关注保险偿付能力、公司治理方面的变化，并有针对性地采取事后的补救措施。与传统静态监管相比，动态监管更具灵活性和有效性，监管机构可根据偿付能力指

标和保险公司治理评价等结果，及时发现其存在的问题并适时调整监管方法，从而提高监管的精确度和效率。

3. 适度监管原则

保险监管的适度原则，包括促进适度竞争原则和适度管理原则两个方面。保险监管强调的是政府授权的保险监管机构对保险市场的干预，而这种干预必然会对保险市场的效率产生一定影响。因此，保险监管尤其应注重监管的适度性和监管边界，防止行政监管权的扩张和异化，达到保险体系安全和保险运行效率的平衡。

五、保险监管的方式

（一）公示主义

公示主义又称为公告监管，是指政府对保险行业的经营不进行直接监督，而由保险机构将其资产负债、财务成果及相关事项呈报监管机构，并公布于众的宽松的监督管理方式。这种方式适用于保险业自律能力较强的国家。在这种监管模式下，国家很少对保险业进行过多干预，更多由保险机构和保险行业自律组织进行自我监督约束。公告监管的优点是可最大限度地促进保险市场竞争，通过充分竞争提高保险市场的运行效率；而缺陷在于一般公众由于信息劣势和非专业性，对保险机构的优劣评判标准不易掌握。

（二）准则主义

准则主义又称为规范监管，是指国家通过颁布一系列涉及保险行业运作的法律法规，要求所有保险市场参与主体共同遵守，并在形式上实行监督的管理方式。这种方式适用于保险法规比较严密和健全的国家。这种监管方式与公告监管相比，更注重保险经营形式上的合法性，并不涉及保险业经营管理的实质。德国早期私人疾病基金的监督管理即采用这一监管方式，但目前大多数国家已放弃该监管方式。

（三）批准主义

批准主义又称为实体监管，是指监管部门根据相关法律法规所赋予的权力，对保险业实行全面有效的监督管理。这种方式是保险监管方式中最为严格的一种。实体监管的内容涉及保险机构的设立、经营、资金运用乃至倒闭清算等方面。实体监管方式是在规范监管方式的基础上发展而来的。规范监管的基础是立法，实体监管的基础除了完备的法律体系外，还包括严格的执法和高素质的行政管理人员。与规范监管相比，实体监管回避了许多形式上的监管内容，追求更有效率的监管方式，目前为大多数国家所采纳。在金融监管有所放松的趋势下，许多国家已逐步放宽了保险费率管理和条款审定等，实体监管也在逐步放宽。

六、保险监管的主要内容

保险公司市场行为监管、保险公司偿付能力监管和保险公司治理监管构成了现代保险监管的完整体系，又被称为保险监管的"三支柱"。由于保险公司的市场行为、偿付能力和公司治理具有内在相关性，如公司治理的内在缺陷可能导致保险公司市场行为变异，也可能造成偿付能力不足，因而保险监管的这三部分内容互为补充、缺一不可。

（一）保险公司市场行为监管

保险公司市场行为监管是指对保险公司交易行为和竞争行为的监管。市场行为监管是保险监管的重要内容，是现代保险监管的保障。市场行为监管强调保险机构具体经营行为的合法合规性，通过逐步建立完善的市场行为准则，监督检查保险机构的经营状况，促使其合法经营和公平竞争，目的在于加强投保方权益保护，维护社会公众对保险市场的信心。

保险市场行为监管是从"合规市场行为的制度设计"和"保险市场变异行为的规制"两个方面，实现保护保险消费者的监管目标。其主要内容包括保险信息的公开透明、保险机构的勤勉义务、公平对待保险客户、良好的理赔机制和司法纠纷解决机制，以及防范和打击保险欺诈等。第一，保险信息的公开透明要求保险机构在促进保险消费者理解保险合同的内容、明确保险合同中各方的权利和义务方面，应当承担相应的责任。第二，保险机构在提供产品或服务时，要勤勉尽责，按照行业公认的行为准则从事保险活动，切实维护好消费者的利益。第三，保险机构应向保险消费者提供及时、完整的相关信息，公平对待客户。第四，监管部门应要求保险机构通过便捷、公平的程序，有效处理赔案，并建立保险公司内部理赔机制、司法机制和准司法机制，提高解决保险纠纷的专业化水平和效率。第五，政府通过反欺诈立法，将保险欺诈行为，特别是理赔欺诈行为有效纳入法律调整的范围，并要求保险机构建立反欺诈制度，维护公平、诚信的保险市场环境。

（二）保险公司偿付能力监管

偿付能力是保险公司承担所有到期债务和未来责任的财务支付能力。实际偿付能力额度是保险公司的实际资产与实际负债的差额，法定最低偿付能力额度是监管部门要求保险公司偿付能力额度的最低数额。保险公司的实际偿付能力应保持在法定最低偿付能力额度之上；否则，监管部门将采取相应措施促使其提高偿付能力。

保险公司偿付能力监管是对保险公司成立及经营过程中应具备的资本金、保证金、责任准备金等与偿付能力密切相关方面的规制和约束。偿付能力是"三支柱"监管的核心，体现了保险公司对所承担风险的赔付能力，因而充足的偿付能力是保险公司稳定经营的必要前提保证。对偿付能力额度的监管，可有效防范偿付能力不足所导致的保险公司经营风险，保护广大保险消费者的利益。

保险公司偿付能力监管在20世纪80年代以来全球金融保险监管逐步放松的背景下备受重视，特别是保险公司审批制度的放松和保险费率的市场化，使保险监管机构防范保险经营风险的重心向偿付能力监管转移。在偿付能力监管中，强调以资产负债和财务状况监控为主，注重责任准备金评估、财务比率分析、现金流量测试、资本充足性测试等静态和动态的偿付能力监测技术和预警机制的运用。保险公司偿付能力监管，通过即时关注保险公司的偿付能力状况，确保保险公司具有充足的偿付能力和良好的财务状况，在保险公司偿付能力不足时采取必要的监管措施使其恢复正常的偿付能力水平，在保险公司因偿付能力不足而破产倒闭时保证保单持有人得到应有的偿付，以保护保险消费者的利益。

95

偿付能力监管通常由三方面内容组成。一是偿付能力的计算方法，包括保险公司资产和负债的谨慎评估标准、风险资本评估标准和法定最低偿付能力标准等。我们可运用这些标准对保险公司资产和负债的质量、流动性、价值以及两者的匹配程度进行评估。二是偿付能力真实性的检查方法，包括财务报告、精算报告制度、偿付能力报告、监管部门的现场检查和非现场检查制度等。三是偿付能力不足时的处理方法，即监管部门根据保险公司的偿付能力水平采取的整顿、清算等监管措施。

（三）保险公司治理监管

保险公司治理监管是一国政府或其授权的监管机构依照现行法律法规，对保险公司的治理结构、治理各方的权责等方面实施的监督和管理。保险监管部门对公司治理结构进行引导和规制，并促进公司治理机制发挥激励、约束作用。保险公司治理监管是保险监管发展到一定阶段的产物，也是"三支柱"保险监管体系中"治本"性的监管。良好的公司治理能够提高保险经营的透明度，显示保险公司履行其对股东和投保人的受托责任的可靠性。保险公司治理监管旨在对保险公司治理制度的构建和完善提供指导性的框架，促使保险公司建立有效的治理机制和内控制度，实现增强投资者信心、保护保险消费者利益、防范风险、确保整个保险市场稳定运行的治理目标。

保险公司治理监管制度的核心内容，包括保险公司治理结构、保险公司内部治理机制和基于公司治理信息披露的利益相关者保护。在保险公司治理结构监管中，要求明确保险公司的治理主体及其权责，区分和保护各治理主体的利益。此外，保险公司董事会的构成与职责、高管人员及重要岗位人员的任职资质与权责等是保险公司治理结构监管的重点。在保险公司内部治理机制中，主要包括对高管薪酬激励和大股东治理的监管。在信息披露中，监管部门要求所有与公司经营状况、财务状况、所有权状况和公司治理有关的重大信息都准确及时地传递给各治理主体。监管部门的主要职责是制定保险公司信息披露标准，监控所披露信息的质量，并采取必要的措施确保其符合监管要求。

■ **本章关键词**

保险市场　保险需求　保险供给　递向选择　道德风险　保险市场结构
公示主义　准则主义　批准主义　保险公司市场行为监管
保险公司偿付能力监管　保险公司治理监管

■ **复习思考题**

1. 个人和家庭的保险需求受哪些因素影响？这些因素是如何影响的？
2. 公司的保险需求受哪些因素影响？这些因素是如何影响的？
3. 保险供给受哪些因素影响？这些因素是如何影响的？

4. 简述保险市场上存在着哪些信息不对称。

5. 简述保险市场上道德风险存在的原因、影响以及解决措施。

6. 简述保险市场上逆向选择存在的原因、影响以及解决措施。

7. 查阅相关资料，讨论我国医疗健康保险市场上道德风险存在现状、产生原因、可能的影响，以及相关的解决措施等。

8. 查阅相关资料，讨论汽车保险市场上的无赔款折扣是如何运行的，及其对车险市场的影响。

9. 分析我国保险市场的结构及其发展变化。

10. 简述保险监管的概念与特征，以及保险市场为什么需要保险监管。

11. 简述保险监管的理论基础。

12. 简述保险监管的目标、原则及方式。

13. 你对保险监管的主要内容如何理解？

第三篇　保险的法律基础

第六章
保险合同

章首语：

　　保险合同是投保人与保险人约定保险权利义务关系的协议，保险合同具有自身的法律特征。保险合同的主体、客体和内容是保险合同的三要素。保险合同的当事人、关系人和辅助人共同构成保险合同的主体，保险合同的客体是保险利益，保险合同的内容主要体现为保险条款的各项内容。保险合同必然经历从订立到终止的过程，其中，有一些保险合同可能由于种种原因而变更或者解除，人身保险合同可能出现合同效力的中止和复效。保险合同的解释要遵循有利于被保险人与受益人的解释原则。本章是全书的重点章之一。

第一节　保险合同概述

一、保险合同的含义

　　保险合同又称为保险契约，是合同的一种形式。《保险法》第十条第一款规定："保险合同是投保人与保险人约定保险权利义务关系的协议。"

　　投保人和保险人是直接签订保险合同的人，是保险合同的双方当事人。按照保险合同的约定，投保人应向保险人交付约定的保险费；保险人则应在约定的保险事故发生时，承担履行赔偿或给付保险金的义务。

　　按照保险合同的性质，保险合同可以分为两种类型：一类是补偿性保险合同，即当发生约定的保险事故使被保险人遭受经济损失时，保险人根据保险合同的约定，根据保险标的的实际损失给予被保险人经济补偿。财产保险合同一般属于补偿性保险合同。另一类是给付性保险合同，即只要发生了保险合同约定的事故，保险人就应该按照保险合同的约定履行给付保险金的义务。人身保险合同一般属于给付性保险合同。这里需要特别注意医疗保险合同。《健康保险管理办法》第五条规定："医疗保险按照保险金的给付性质分为费用补偿型医疗保险和定额给付型医疗保险。费用补偿型医疗保险，是指根据被保险人实际发生的医疗、康复费用支出，按照约定的标准确定保险金数额的医疗保险。定额给付型医疗保险，是指按照约定的数额给付保险金的医疗保险。费用补偿型医疗保险的给付金额不得超过被保险人实际发生的医疗、康复费用金额。"

二、保险合同的特征

（一）保险合同是最大诚信合同

"重合同、守信用"是任何经济合同的当事人都必须遵循的原则。任何合同从订立到履行都应该恪守诚信原则，而保险合同对保险双方当事人的诚信要求更甚于一般合同。保险合同从订立到履行都要求保险双方当事人最大限度地诚实守信。因为根据保险合同的约定，保险人对未来可能发生的保险事故承担赔偿或者给付保险金责任，而未来是不确定的，保险双方当事人所掌握的有关保险标的的信息是不对称的。一方面，保险人承保及赔付，很大程度上是以投保人或被保险人的告知和保证事项为依据。投保人或被保险人不如实告知保险标的的风险情况，不履行保证事项，就会影响到保险人的合法权益。另一方面，保险合同一般是保险人单方面拟定的，投保人可能对保险合同的专业术语及相关内容不清楚、不熟悉，保险人及其代理人在进行展业宣传及承保时，如果不向投保人说明保险合同的条款内容（如免责条款），势必损害投保人、被保险人的合法权益。因此，无论是从保险人的角度，还是从投保人、被保险人的角度，保险双方都只有最大限度地诚实守信，才能保证对方的合法权益，并最终保障保险业的健康发展，因而，保险合同具有最大诚信的特征。

（二）保险合同是双务合同

根据合同当事人对权利义务的承担方式的不同，合同可以分为单务合同和双务合同。单务合同是指当事人一方只有权利，而另一方只承担义务的合同；双务合同是指合同当事人双方相互承担义务、享有权利的合同。在等价交换的经济关系中，大多数合同都是双务合同。保险合同是典型的双务合同，保险双方相互承担义务、享有权利。在保险合同中，投保人有按照合同约定支付保险费的义务，被保险人在保险事故发生时享有请求保险人赔偿或者给付保险金的权利；保险人应承担保险合同约定的保险事故发生时赔付保险金的义务，享有收取保险费的权利。

（三）保险合同是有偿合同

有偿合同是与无偿合同相对而言的。根据合同当事人取得权利是否偿付代价，合同可以划分为无偿合同和有偿合同。有偿合同是指因为享有一定的权利而必须支付一定对价的合同。对价是指合同中任何一方权利的取得，都应该给付对方当事人认可的相对应的代价。在这个基础上建立的关系是对价关系。保险合同具有对价关系。在保险合同中，保险双方的对价是相互的，投保人的对价是支付保险费，保险人的对价是对保险合同约定风险的保障。值得注意的是，保险人并不一定或必然要赔偿或给付保险金，而是只有在发生了保险合同约定的保险事故时，保险人才会承担赔付保险金的责任。换言之，保险合同是有偿合同，体现为投保人以支付保险费为代价换取保险人在保险事故发生时承担赔偿或者给付保险金责任的承诺。

（四）保险合同是附合合同

根据合同的一方当事人对合同的内容是否只能表示附合来划分，合同可以分为商议合同和附合合同。商议合同是指缔约双方就合同的重要内容充分协商之后订立的合同。大多数经济合同都属于商议合同。附合合同则是指合同的双方当事人不是充分协商合同的重要内容，而是由合同的一方当事人提出合同的主要内容，另一方当事人表示同意而订立的合同。保险业的自身特点使保险合同趋于定型性、技术化、标准化。保险合同的基本条款一般是由保险人事先拟定并统一印制出来，投保人对其内容若同意则投保，若不同意一般也没有修改其中的某项条款的权利。即使有必要修改或变更保险单的某项内容，通常也只能采用保险人事先准备的附加条款，而不能完全按投保人的设想做出改变。也就是说，对于保险人单方面制定的保险合同内容，投保人一般只能做出"取或舍"的决定，因此，保险合同是附合合同。

（五）保险合同是射幸合同

所谓射幸，就是侥幸、碰运气的意思。射幸合同是指合同的效果在订约时不能确定的合同。

保险合同之所以是射幸合同，原因在于保险事故发生的不确定性，或者说保险合同履行的结果是建立在保险事故可能发生，也可能不发生的基础上的。就单个保险合同而言，在订立保险合同之时，投保人交纳保费换取的只是保险人的承诺，而保险人是否履行赔偿或给付保险金的义务，取决于约定的保险事故是否发生。所以，就单个保险合同而言，保险合同具有射幸性。但是，保险合同的射幸性并不意味着保险人可能履行合同或不履行合同，因为在保险期限内如果发生了保险事故，保险人要承担赔付保险金的责任，这就意味着保险人履行了保险合同规定的赔付义务，而且，保险人支付给被保险人或受益人的保险金一般会大大超过其收取的保险费；即使在保险期限内没有发生保险事故，尽管投保人支付了保险费而被保险人或受益人未得到赔付的保险金，但保险人在保险期间承担了风险及保障责任，也是保险人在履行合同。保险合同的射幸性一般是针对单个保险合同来说的，就某类保险合同整体而言，保险人收取的保险费与实际赔付的保险金在原则上是大体平衡的。

第二节　保险合同的主体与客体

一、保险合同的主体

保险合同的主体与一般的合同主体不同，包括保险合同的当事人、关系人和辅助人。从与保险合同发生直接关系来看，保险合同的主体是保险合同的当事人，包括保险人与投保人；从与保险合同发生间接关系来看，保险合同的主体还包括保险合同的关系人，即被保险人与受益人。此外，由于保险业务涉及面较广，具有一定的技术性和专业性，因此，保险合同的主体还包括保险合同的辅助人，即保险代理人、保险经纪人和保险公估人。

（一）保险合同的当事人

保险合同的当事人是指直接订立保险合同的人，是具有权利能力和行为能力的人。在保险合同中，通常约定了保险合同当事人的权利和义务。保险合同的当事人是保险人和投保人。

1. 保险人

《保险法》第十条第三款规定："保险人是指与投保人订立保险合同，并按照合同约定承担赔偿或给付保险金责任的保险公司。"保险人是订立保险合同的一方当事人，它依法设立，专门经营保险业务，按保险合同的约定向投保人收取保险费，对于保险合同约定的可能发生的事故因其所造成的财产损失承担赔偿保险金责任，或者当被保险人死亡、伤残、疾病或者达到合同约定的年龄、期限时承担给付保险金责任。世界上绝大多数国家限定保险人必须是法人，只有个别国家（如英国）允许个人经营保险业务。按照《保险法》的规定，保险人只限于保险公司，其目的在于使保险人有严密的组织、雄厚的财力，以保证保险业稳健经营并承担起对广大的被保险人的经济保障的重大责任。《保险法》对保险公司的组织形式，保险公司的设立、变更和终止，保险公司的业务经营范围以及其他经营规则等都有明确的规定。

2. 投保人

《保险法》第十条第二款规定："投保人是指与保险人订立保险合同，并按照保险合同约定负有支付保险费义务的人。"可见，相对于保险人而言，投保人是订立保险合同的另一方当事人；保险合同成立后，投保人应该按照保险合同的约定承担交付保险费的义务。投保人可以是自然人，也可以是法人。

按照《保险法》及《中华人民共和国民法典》（简称《民法典》）的相关规定，投保人还应该具备三个条件：

（1）投保人应该具有民事行为能力

自然人的民事行为能力因年龄及精神状况的不同而不同。作为投保人的自然人，应具有完全的民事行为能力，其与保险人订立的保险合同在法律上才是有效的。

法人是具有民事权利能力和民事行为能力，依法独立享有民事权利和承担民事义务的组织。因此，法人可以成为投保人。

（2）投保人对被保险人或者被保险人对保险标的应具有保险利益

根据各国保险法的规定，投保人对被保险人或者被保险人对保险标的应具有法律上承认的利益亦即保险利益，否则，保险合同可能无效。做此严格限制，主要是为了保障保险标的的安全，防范道德风险，限制赔偿额度，以保证保险业的健康发展。《保险法》也遵循了国际惯例，在第十二条第一款中明确规定："人身保险的投保人在保险合同订立时，对被保险人应当具有保险利益。财产保险的被保险人在保险事故发生时，对保险标的应当具有保险利益。"

需要注意的是：在一般的合同中，当事人通常为自己的利益订立合同；而在保险合同中，投保人既可以为自己的利益投保，又可以为他人的利益投保（只要具有保险利益）。

（3）投保人需要具备一定的经济能力

除上述两个条件外，实务中，投保人须具备一定的经济能力。这是因为投保人在保险合同中承担的最主要的义务是缴纳保险费的义务，因此投保人需要具备缴纳保险费的经济能力。

（二）保险合同的关系人

保险合同的关系人是指与保险合同的订立与履行间接发生关系的人。在保险合同约定事故发生时，保险合同的关系人享有保险金的请求权。保险合同的关系人包括被保险人和受益人。

1. 被保险人

《保险法》第十二条第五款规定："被保险人是指其财产或者人身受保险合同保障，享有保险金请求权的人。投保人可以为被保险人。"也就是说，被保险人的财产、寿命或身体受到保险合同的保障，如果在保险期内发生了保险事故，被保险人有权向保险人请求赔偿或者给付保险金。在财产保险中，被保险人是保险标的的所有人或具有经济利益的人；在人身保险中，被保险人是受保险合同保障的对象。

被保险人与投保人的关系，一般有两种情况。第一种情况是投保人为自己的利益订立保险合同，投保人就是被保险人。例如：在财产保险中，投保人以自己拥有所有权的财产为保险标的向保险人投保；在人身保险中，投保人以自己的寿命或者身体作为保险标的与保险人订立保险合同。这类情况下投保人与被保险人为同一人。第二种情况是投保人为他人订立保险合同，投保人与被保险人相分离。在这种情况下，只要投保人对被保险人具有保险利益，其订立的保险合同在法律上就是有效的。

2. 受益人

《保险法》第十八条第三款规定："受益人是指人身保险合同中由被保险人或者投保人指定的享有保险金请求权的人。投保人、被保险人可以为受益人。"按照《保险法》的规定，受益人的概念仅限于人身保险合同，受益人享有保险金的请求权。

在人身保险合同中，投保人和被保险人都可以成为受益人。

人身保险的受益人由被保险人或者投保人指定。但是，为了保障被保险人的生命安全，防范道德风险，投保人指定受益人须经被保险人同意。

被保险人一般可以任意指定受益人。被保险人为无民事行为能力人或者限制民事行为能力人的，可以由其监护人指定受益人。

被保险人或者投保人可以指定一人或者数人为受益人。受益人为数人的，被保险人或者投保人可以确定受益顺序和受益份额；未确定受益顺序与份额的，受益人按照同等顺序相等份额享有受益权。

被保险人或者投保人可以变更受益人并书面通知保险人。投保人变更受益人时须经被保险人同意。保险人收到变更受益人的书面通知后，应当在保险单上批注或附贴批单。

一般而言，只要人身保险合同中指定了受益人，被保险人死亡后，则受益人享有保险金请求权。在受益人缺失的情形下，保险金将转换为遗产，由被保险人的继承人领取。《保险法》第四十二条规定："被保险人死亡后，有下列情形之一的，保险金作为被保险人的遗产，由保险人依照《中华人民共和国继承法》的规定履行给付保险金的义务：（一）没有指定受益人，或者受益人指定不明无法确定的；（二）受益人先于被保险人死亡，没有其他受益人的；（三）受益人依法丧失受益权或者放弃受益权，没有其他受益人的。受益人与被保险人在同一事件中死亡，且不能确定死亡先后顺序的，推定受益人死亡在先。"

为了减少道德风险，保障被保险人的生命安全，《保险法》规定：受益人故意造成被保险人死亡、伤残、疾病的，或者故意杀害被保险人未遂的，该受益人丧失受益权。

受益人是保险合同的重要主体之一，《保险法》第三十九条至第四十三条以及《最高人民法院关于适用中华人民共和国保险法若干问题的解释（三）》对受益人做了较为详尽的法律规定。

（三）保险合同的辅助人

保险合同的辅助人是指为保险双方当事人订立及履行保险合同提供辅助帮助的人，通常包括保险代理人、保险经纪人和保险公估人。在我国，一般又将保险合同的辅助人称为保险中介人。

1. 保险代理人

《保险法》第一百一十七条第一款规定："保险代理人是根据保险人的委托，向保险人收取佣金，并在保险人授权的范围内代为办理保险业务的机构或者个人。"

保险人委托保险代理人代为办理保险业务的，应当与保险代理人签订委托代理协议，依法约定双方的权利和义务及其他代理事项。

保险代理人的行为，通常视为被代理的保险人的行为。在保险人的授权范围内，保险代理人的行为对其所代理的保险人有法律约束力。保险代理人根据保险人的授权代为办理保险业务的行为，由保险人承担责任。为保障被保险人的合法权益，《保险法》第一百二十七条第二款规定："保险代理人没有代理权、超越代理权或者代理权终止后以保险人名义订立合同，使投保人有理由相信其有代理权的，该代理行为有效。保险人可以依法追究越权的保险代理人的责任。"

我国的保险代理人有三种：专业代理人、兼业代理人和个人代理人。保险代理人的基本业务范围是代理推销保险产品、代理收取保险费等。

2. 保险经纪人

《保险法》第一百一十八条规定："保险经纪人是基于投保人的利益，为投保人与保险人订立保险合同提供中介服务，并依法收取佣金的机构。"

保险经纪人主要是投保人利益的代表。保险经纪人的法律地位与保险代理人截然不同。因保险经纪人在办理保险业务中的过错，给投保人、被保险人造成损失的，由保险经纪人依法承担赔偿责任。

保险经纪人一般可以经营下列业务：为投保人拟定投保方案、选择保险人、办理投保手续，协助被保险人或受益人进行索赔，从事再保险经纪业务，为委托人提供防灾、防损或风险评估、风险管理咨询服务，从事保险监督管理机构批准的其他业务。

3. 保险公估人

按照《保险法》的规定，保险人和被保险人可以聘请依法设立的独立的评估机构或者具有法定资格的专家，对保险事故进行评估和鉴定。在我国，保险公估人以保险公估机构的方式开展业务。《保险公估机构监管规定》规定：保险公估机构是指依法设立的，接受委托，专门从事保险标的或者保险事故评估、勘验、鉴定、估损理算等业务，并按约定收取报酬的机构。保险公估人基于公正、独立的立场，凭借丰富的专业知识和技术，办理保险公估业务。保险公估人既可以接受保险人的委托，又可以接受被保险人的委托。保险公估人向委托人（保险人或被保险人）收取公估费用。保险公估人应当依法公正地执行业务。保险公估人因故意或者过失给保险人或者被保险人造成损害的，依法承担赔偿责任。

二、保险合同的客体

保险合同的客体是指保险双方当事人权利义务共同指向的对象。

保险合同的客体不是保险标的，而是保险利益。保险利益是指投保人对被保险人或被保险人对保险标的的具有的法律上承认的利益。保险利益与保险标的不同。保险标的是保险合同中所载明的保障对象，是保险事故发生的客体，即作为保险对象的财产及其有关利益或者人的寿命或身体。保险合同并非保障保险标的在保险有效期内不受损害，而是当被保险的保险标的的发生约定的保险事故时，保险人给予经济上的赔偿或给付。保险标的是订立保险合同的必要内容，是保险利益的载体，而保险合同保障的是投保人、被保险人对保险标的的所具有的合法利益，没有保险利益，保险合同将会因失去客体要件而无效。

如前所述，《保险法》第十二条第一、二款明确规定："人身保险的投保人在保险合同订立时，对被保险人应当具有保险利益。财产保险的被保险人在保险事故发生时，对保险标的的应当具有保险利益。"

第三节　保险合同的内容与形式

保险合同的内容有广义和狭义之分。广义的保险合同的内容是指以保险合同双方权利义务关系为核心的全部事项，包括保险合同的主体、客体、权利义务及其他声明事项；狭义的保险合同的内容是指保险合同双方当事人依法约定的权利与义务，表现为保险合同的条款。在此，对狭义的保险合同的内容进行阐述。

一、保险条款

保险合同的条款简称"保险条款"，是指保险合同双方当事人依法约定各自的权利义务的条款。保险条款是对保险双方权利义务的具体约定，在保险合同中居于

107

核心地位。保险条款对保险合同的双方当事人具有法律约束力。

（一）基本条款和特约条款

保险条款一般分为基本条款和特约条款。

保险合同的基本条款是指规定保险合同双方权利义务基本事项的条款。在任何保险合同中，基本条款都是不可缺少的条款，一般由保险人在法定的必须载明事项的基础上事先拟定好，并印在保险单上。保险的险种不同，其基本条款也不同。

保险合同的特约条款是指由保险双方当事人根据特殊需要，共同约定的条款。特约条款可以包括附加条款、保证条款和协会条款。

附加条款是指保险合同当事人在保险合同基本条款的基础上约定的补充条款，用以增加或限制基本条款所规定的权利与义务。由于保险标的的风险状况不同，投保人对保险的需求也有所不同，附加条款就是应投保人的要求而增加的内容。附加条款的灵活运用，弥补了基本条款的不足，如利用附加条款来变更或者补充原保险单的内容，变更原保险单的约定事项等。附加条款是保险合同的特约条款中使用最普遍的条款。

保证条款是指投保人或被保险人对特定事项进行保证，以确认某项事实的真实性或承诺某种行为的条款。保证条款是投保人或被保险人必须遵守的条款。

协会条款是指保险行业为满足某种需要，经协商一致而制定的条款，如伦敦保险人协会制定的有关船舶和货物运输的条款。

（二）法定条款和任意条款

根据合同约束力的不同，保险条款还可以分为法定条款和任意条款。

法定条款是指根据法律规定必须在保险合同中明确规定的条款。也就是说，法定条款是法定的必须载明的事项。《保险法》第十八条规定了保险合同应当包括的事项。保险合同的条款必须包括法定条款的各项内容。

任意条款，又称为任选条款，是指由保险合同当事人根据需要约定的条款。

二、保险合同的主要内容

保险合同的主要内容包括以下几项：

（一）保险人的名称和住所

《保险法》明确规定保险人为保险公司，因此，保险人的名称就是保险公司的名称，保险人的住所就是保险公司的营业场所。在保险合同中，保险人的名称和住所应当准确、清楚地加以记载，以便保险人行使收取保费的权利，履行赔偿或者给付保险金的义务。

（二）投保人、被保险人的名称和住所，以及人身保险的受益人的姓名或者名称、住所

投保人是保险合同的一方当事人，在保险合同中明确记载其姓名和住所，有利于投保人履行交纳保险费的义务；被保险人作为保险合同的关系人，载明其名称和住所，有利于被保险人在保险事故发生时行使保险金的请求权，并履行保险合同规定的义务；如果在人身保险合同中约定了受益人，也应将受益人的名称和住所记载

清楚，以利于受益人享受请求保险金的权利。

（三）保险标的

保险标的是指作为保险对象的财产及其有关利益，或者人的寿命或身体。保险标的是保险利益的载体。不同的保险合同，有不同的保险标的。财产保险合同的保险标的是财产及其有关的利益，即财产保险合同的保险标的既包括有形的财产，又包括无形的责任及利益。人身保险合同的保险标的是人的寿命或身体。在保险合同中载明保险标的，有利于确定保险合同的种类，判断投保人对保险标的是否具有保险利益，明确保险人承担责任的对象及范围，确定保险金额，确定诉讼管辖等。

（四）保险责任和责任免除

保险责任是指保险合同中载明的风险事故发生后保险人应承担的赔偿或者给付责任，即保险责任是保险双方当事人在保险合同中对保险人所应承担的风险责任范围的具体约定。保险责任因保险的险种不同而不同。

责任免除，又称为除外责任，是指保险人按照法律规定或者合同约定，不承担保险责任的范围。责任免除是对保险责任的限制，是对保险人不负赔偿或给付保险金责任范围的具体规定。在保险合同中应明确列明责任免除，以对保险人承担责任的范围加以明确限制，更好地确定双方当事人的权利义务关系。责任免除条款一般涉及的损害有：战争或军事行动所造成的损害，保险标的物的自然损耗，被保险人及其关系人的故意行为所致的损害，以及其他不属于保险责任范围的损害等。

（五）保险期限

保险期限，又称保险期间，是指保险人对保险事故承担赔付责任的起讫时间。保险期限规定了保险合同的有效期限，是对保险人为被保险人提供保险保障的起止日期的具体规定。保险期限既可以按年、月、日计算，比如以一年为期，也可以按一定事件的起止时间来计算，比如建筑工程保险的保险期限就是以一个工程的工期来确定的。保险期限是保险人履行赔付义务的依据。保险标的只有在保险期限内发生保险事故，保险人才承担赔付保险金的责任。

（六）保险金额

保险金额简称"保额"。《保险法》第十八条第四款规定："保险金额是指保险人承担赔偿或者给付保险金责任的最高限额。"保险金额是保险当事人双方约定的，在保险事故发生时，保险人应赔偿或给付的最高限额。保险金额是保险人计算保险费的重要依据。在财产保险中，保险金额的确定以保险标的的价值为依据；在人身保险中，由于人的价值无法用货币衡量，因而一般是由保险合同双方自行约定保险金额。

财产保险合同中的保险金额不得超过保险价值，超过保险价值的，超过的部分无效；保险金额低于保险价值的，除合同另有约定外，保险人按照保险金额与保险价值的比例承担赔偿责任。

（七）保险费及其支付办法

保险费是指投保人为使被保险人获得保险保障，按合同约定支付给保险人的费用。保险费是保险基金的来源。缴纳保险费是投保人应履行的基本义务。保险费由保险金额、保险费率和保险期限等因素决定。

保险费率一般用百分率或千分率表示。保险费率由纯费率和附加费率组成。其中，纯费率是保险费率的基本组成部分，在财产保险中，主要依据保险标的的损失率确定纯费率，在人身保险中，则是依据人的死亡率或生存率、利率等因素确定纯费率。而附加费率主要是依据保险企业在一定期限内的各种营业费用及预定利润确定的。

保险费既可以一次性支付，也可以分期支付；既可以现金形式支付，也可以转账形式支付。但不论采取什么方式支付保险费，都应在保险合同中载明。

（八）保险金赔偿或给付办法

保险金赔偿或给付办法是指保险人承担保险责任的方法。保险金赔偿或给付的方法，原则上应采取货币形式，但也有一些财产保险合同约定，对特定的损失可以采取修复、置换等方法。保险金赔偿或给付办法的明确约定及记载，有利于保险人更好地履行保险赔付责任，减少保险双方的赔付纠纷。

（九）违约责任和争议处理

违约责任是指保险合同当事人因其过错，不能履行或不能完全履行保险合同规定的义务时，根据法律规定或合同约定所必须承担的法律后果。在保险关系中，任何一方违约都会给对方造成损失，因此，应在合同中明确规定哪些行为是违约行为以及违约应承担的法律责任，以保障保险双方的合法权益。

争议处理是指保险双方解决保险合同纠纷的方式。保险合同的争议处理方式一般包括协商、仲裁和诉讼三种。

（十）订立合同的时间

保险合同应注明订立的时间，以便确认保险责任的开始时间、投保人对保险标的是否具有保险利益，以及其他涉及保险当事人之间的权利义务关系。注明订立保险合同的时间，还有助于确认保险合同订立前是否已经发生保险事故，以便查明事实真相、避免骗赔事件的发生。

三、保险合同条款的解释原则

保险合同订立后，种种原因可能使保险双方当事人及关系人对保险合同条款的内容有不同的理解以致双方发生争议。在争议的情况下，一般由当事人双方协商解决，若协商不能达成一致，则应通过仲裁机关或者法院做出裁决或判决。为保证裁决或判决的客观和公正，需要依照法律的规定或行业习惯确定一定的条款解释原则。保险合同的解释原则可以概括为以下三点：

（一）文义解释

文义解释是指对合同条款的文字应按照其通常的含义并结合上下文来解释；同一个合同中出现的同一个文句，前后的解释应当相同；条款中出现的专业术语，应按照其所属行业的通常含义进行解释。在保险合同中，对一般条文的解释，应该按照该文字通常的含义并结合合同的整体内容来解释；对保险专业术语、法律术语及其他专业术语，可以依据《保险法》及相关的法律、法规或行业惯例等进行解释。

（二）意图解释

意图解释是指对保险合同条款应遵循签约当时双方当事人的真实意图，从当时的客观情况出发来进行解释。保险合同的条款是保险双方当事人意思表示一致而确立的，因此，解释时应充分尊重双方当事人订立合同时的真实意图。在双方对合同条款有歧义而又无法运用文义解释原则时，应通过分析背景材料等方式，对签约当时双方当事人的真实意图进行逻辑上的推断。

（三）解释应有利于被保险人和受益人

由于保险合同一般是由保险人事先拟定的，是附合合同，保险合同条款主要是格式条款，在订立保险合同时，投保人往往只能表示接受或不接受，保险人在条文的拟定上处于主动地位，被保险人则居于被动地位。而且，保险条款的专业性较强，有些保险专业术语一般人难以理解，因此，对保险条款有两种或两种以上时解释时，应当做出不利于提供格式条款一方的解释，即解释应有利于被保险人和受益人。《保险法》第三十条规定："采用保险人提供的格式条款订立的保险合同，保险人与投保人、被保险人或者受益人对合同条款有争议的，应当按照通常理解予以解释。对合同条款有两种以上解释的，人民法院或者仲裁机构应当作出有利于被保险人和受益人的解释。"

四、保险合同的形式

订立保险合同一般采取书面形式。保险合同的书面形式主要有投保单、保险单、保险凭证、暂保单和批单等。

（一）投保单

投保单是投保人向保险人申请订立保险合同的一种书面形式的要约。在投保单中应列明订立保险合同所必需的项目。投保单一般有统一的格式，由保险人事先准备好，投保人应按保险人所列项目据实逐一填写。投保单一经保险人承诺，即成为保险合同的重要组成部分。投保人对在投保单中所填写的内容，应承担相应的法律后果，例如，投保人在填写投保单时未履行如实告知义务，足以影响到保险人决定是否同意承保或者提高保险费率的，保险人有权解除保险合同，并不承担赔偿或者给付保险金的责任。

（二）保险单

保险单简称"保单"，是指保险人与投保人之间订立保险合同的正式的书面证明。保险单通常是由保险人签发的，是对投保人要约的一种承诺。保险单是保险双方履约的依据。在保险单上应将保险合同的全部内容详尽列明，包括保险双方当事人、关系人的权利和义务。保险单上除应列明保险项目（如被保险人的名称、保险标的、保险费、保险金额、保险期限等）外，还应附上保险合同条款，以便保险双方明确各自应享有的权利、应承担的义务。

（三）保险凭证

保险凭证又称为小保单，是一种简化了的保险单，是保险人向投保人签发的证明保险合同已经成立的一种书面凭证。保险凭证与保险单具有同等的法律效力。保险凭证没有列明内容时，以保险单的条款为准；保险凭证与保险单的内容相冲突时，以保险凭证为准。保险凭证只在少数几种业务中使用，如货物运输保险等。采用保险凭证的主要目的在于简化手续。

（四）暂保单

暂保单又称为临时保单，是保险单或保险凭证出立前发出的临时性的保险单证。使用暂保单主要是基于三种情况：保险代理人已招揽到保险业务但尚未向保险人办妥保险手续；保险公司的分支机构接受投保，但尚需请示上级公司；保险双方当事人已就合同的主要条款达成协议，但有些条件尚需进一步商榷。在以上情况下，保险人可先出具暂保单，作为投保人已保险的证明。暂保单的法律效力与正式保单相同，但其有效期较短，一般为 30 天。在暂保单的有效期间，保险人一旦确定承保并签发保险单，暂保单即自动失效而为保险单所取代；保险人如果确定不予承保，则有权随时提前终止暂保单的效力。

（五）批单

批单是保险合同成立后，合同当事人对保险合同内容进行变更的书面文件。保险期限一般较长，若在保险期限内，双方当事人需要就合同事项进行变更，可填写批单并注明更改的内容。例如变更受益人、变更缴费方式等。

依照《保险法》第十三条的规定，保险合同的书面形式不局限于上述保险单等正式保险合同形式，经投保人与保险人协商同意，保险合同亦可采用保险单或其他保险凭证以外的书面形式。

第四节　保险合同的订立、变更、解除和终止

一、保险合同的订立

保险合同的订立是指投保人与保险人做出订立合同的意思表示并达成合意的法律行为。

（一）保险合同的订立程序

与其他合同一样，保险合同的订立大致有两个程序：要约和承诺。

1. 要约

要约是希望和他人订立合同的意思表示。该意思表示应当符合下列规定：①内容具体确定；②表明经受要约人承诺，要约人即受该意思表示约束。在保险合同中，一般来说投保人为要约人，投保人填写投保单，并交给保险人的行为被视为要约。投保单一经保险人接受，便成为保险合同的一部分。

2. 承诺

承诺是受要约人同意要约的意思表示。承诺的内容应当与要约的内容一致。受要约人对要约的内容做出实质性变更的，为新要约。有关合同标的、数量、质量、价款或者报酬、履行期限、履行地点和方式、违约责任和解决争议方法等的变更，是对要约内容的实质性变更。

在保险合同的订立过程中，一般是投保人提出保险要约，保险人同意承保，合同即告成立，但有时情况并不这么简单。在签订合同的过程中，双方当事人往往有个协商过程，如要约人对受约人提出要约，受约人对要约人的要约提出修改或附加条件，这时受约人的行为就被认为是提出了新的要约，原要约人与受约人的法律地位互换，即原要约人成为新的受约人，原受约人成为新的要约人。一个合同的签订可能经过要约、新要约……反复多次直至承诺的过程，保险合同也不例外。如果保险人对投保人的要约附加了新的内容或条件，则保险人成为新要约人，投保人成为新受约人。合同能否成立，则要看最后一位要约人的要约能否得到最后一位受约人的承诺。

（二）保险合同的成立

保险合同的成立是指保险双方当事人就保险合同条款达成协议。《保险法》第十三条第一款规定："投保人提出保险要求，经保险人同意承保，保险合同成立。保险人应当及时向投保人签发保险单或者其他保险凭证。"

（三）保险合同的生效

保险合同的生效是指合同的具体内容对双方产生法律约束力。保险合同成立是保险合同生效的前提，但保险合同的成立并不意味着保险合同的生效。《保险法》第十三条第三款规定："依法成立的保险合同，自成立时生效。投保人和保险人可以对合同的效力约定附条件或者附期限。"

二、保险合同的变更

保险合同的变更是指在保险合同有效期内，保险合同当事人、关系人对合同所做的修改或补充。保险合同成立并生效后，具有法律约束力，保险双方一般不得擅自变更。但是，如果主观意愿或客观情况发生变化，也可以依法变更保险合同。保险合同的变更主要是保险合同主体的变更或内容的变更。

（一）保险合同的主体变更

保险合同的主体变更是指保险合同的当事人或关系人的变更，主要是投保人、被保险人或受益人的变更，保险人一般不会变更。保险合同的主体变更，不改变保险合同的客体和内容。

1. 财产保险合同主体的变更

财产保险合同主体的变更是指投保人或被保险人的变更。财产保险合同主体的变更意味着财产保险标的的转让。财产保险标的的转让可以因买卖、继承、赠予等法律事实的出现而发生，从而导致保险标的从一个所有权人转移至另一个所有权人。在这种情况下，要使保险合同继续有效，就需要变更保险合同中的被保险人。《保险法》第四十九条第一款和第二款规定："保险标的转让的，保险标的的受让人承继被保险人的权利和义务。保险标的转让的，被保险人或者受让人应当及时通知保险人，但货物运输保险合同和另有约定的合同除外。"

2. 人身保险合同主体的变更

人身保险合同主体的变更，一般取决于投保人或被保险人的主观意愿，而不以保险标的的转让为前提。人身保险合同主体的变更可以是投保人、被保险人或受益人的变更。

（1）投保人的变更

如果投保人与被保险人是同一人，要变更投保人应通知保险人；如果投保人与被保险人不是同一人，要变更投保人应征得被保险人的同意并通知保险人。被保险人为无民事行为能力人或限制民事行为能力人时，投保人的变更应符合法律法规的相关规定。投保人的变更应经过保险人的核准及办理相关手续，方能有效。

（2）被保险人的变更

人身保险合同的被保险人是保险标的，因而一般不能变更。在特殊情况下，人身保险合同的被保险人的变更主要指团体保险中由于员工的流动而发生的被保险人人数等的变更。

（3）受益人的变更

人身保险合同主体的变更主要是指受益人的变更。被保险人或者投保人可以变更受益人并书面通知保险人。保险人收到变更受益人的书面通知后，应当在保险单上批注或附贴批单。投保人变更受益人时须经被保险人同意。

如前所述，保险人一般不会发生变更。但在特殊情形下，如保险人分立、合并的情形下，保险人也会发生变更。

（二）保险合同的内容变更

在保险合同的有效期内，投保人或被保险人与保险人经协商同意，可以变更保险合同的有关内容。

保险合同的内容变更是指合同约定事项的变更，也就是保险关系双方各自所承担的义务和享有的权利的变更。如保险合同中的保险责任、保险金额、保险期限等发生变化，财产保险的保险标的的价值、数量、存放地点、危险程度等发生变化，人身保险的被保险人的职业、投保人的交费方式等发生变化，都属于保险合同的内容变更的范围。

保险合同的内容发生变更，投保人或被保险人应主动向保险人申请办理批改手续，保险人同意后，应在原保单或者其他保险凭证上批注或附贴批单，或者由投保人和保险人订立变更的书面协议。

保险合同的变更往往意味着保险人承担风险的增加或减少，为此可能需要加收或退减部分保险费。

为了明确保险双方当事人在保险合同变更后的权利和义务，按照国际惯例，合同变更后的有效性按下列顺序认定：手写批注优于打印批注，加贴的附加条款优于基本条款，加贴的批注优于正文的批注。

三、人身保险合同的效力中止与复效

保险合同的效力中止与复效仅适用于分期缴费的人身保险合同。

（一）人身保险合同的效力中止

人身保险合同的效力中止是指保险合同暂时失去效力。在人身保险中，保险期

限一般较长，投保人可能出于种种主客观原因不能按期缴纳续期保险费，为了保障保险双方的合法权益，并给投保人一定的回旋余地，各国的保险法一般会对缴费的宽限期及合同中止做明确规定。《保险法》第三十六条第一款规定："合同约定分期支付保险费，投保人支付首期保险费后，除合同另有约定外，投保人自保险人催告之日起超过三十日未支付当期保险费，或者超过约定的期限六十日未支付当期保险费的，合同效力中止，或者由保险人按照合同约定的条件减少保险金额。"人身保险的保险合同生效后，如果投保人未按期缴纳保险费，并超过了六十天的宽限期，保险合同的效力中止。在保险合同中止前的宽限期内如果发生了保险事故，保险人应承担赔付责任；但是对于在保险合同中止后发生的保险事故，保险人不承担赔付责任。保险合同的中止并不意味着保险合同的解除，经过一定的程序仍然可以恢复合同的法律效力。

（二）人身保险合同的复效

人身保险合同的复效是指保险合同效力的恢复。保险合同效力中止后，经保险人与投保人协商并达成协议，在投保人补交保险费后，可以恢复保险合同的效力。按照《保险法》的规定，自合同效力中止之日起满两年双方未达成协议的，保险人有权解除合同。《保险法》第三十七条第一款规定："合同效力依照本法第三十六条规定中止的，经保险人与投保人协商并达成协议，在投保人补交保险费后，合同效力恢复。但是，自合同效力中止之日起满二年双方未达成协议的，保险人有权解除合同。"

四、保险合同的解除

保险合同的解除是指在保险合同的有效期限届满前，当事人依照法律规定或者合同约定提前终止合同效力的法律行为。

保险合同的解除按解约的主体可以分为投保人解除保险合同和保险人解除保险合同。

（一）投保人解除保险合同

由于保险合同是在平等自愿的基础上订立的，因而在一般情况下，投保人可以随时提出解除保险合同。

《保险法》第十五条规定："除本法另有规定或者保险合同另有约定外，保险合同成立后，投保人可以解除保险合同，保险人不得解除保险合同。"根据《保险法》的规定，保险合同成立后，投保人一般可以解除保险合同，而不须承担违约责任。但是，某些保险合同具有特殊性，如货物运输保险合同和运输工具航程保险合同，保险责任开始后，难以确定终止责任的具体时间、空间，因此，投保人不能要求解除保险合同。如果保险双方当事人通过合同约定，对投保人解除合同做出了限制，投保人也不得解除保险合同。

（二）保险人解除保险合同

按照各国的保险法规定，保险人一般不能解除保险合同，否则应承担违约责任。因为如果允许保险人任意解除保险合同，可能严重损害被保险人的利益。例如，保险人可能在得悉风险增大（如洪灾预报）时解除保险合同，使被保险人得不到应有的保险保障。也就是说，为了保障被保险人的合法权益，在一般情况下，保险人不能随意解除保险合同，但是，如果《保险法》另有规定或保险合同另有约定，保险人仍然可以解除保险合同。

根据《保险法》的规定，保险人在下列情况下有权解除保险合同：

第一，投保人故意或者因重大过失未履行如实告知义务，足以影响保险人决定是否同意承保或者提高保险费率的，保险人有权解除合同。

第二，未发生保险事故，被保险人或者受益人谎称发生了保险事故，向保险人提出赔偿或者给付保险金请求的，保险人有权解除合同，并不退还保险费。

第三，被保险人故意制造保险事故的，保险人有权解除合同，不承担赔偿或者给付保险金的责任。

第四，投保人、被保险人未按约定履行其对保险标的的安全应尽责任的，保险人有权要求增加保险费或解除合同。

第五，在保险合同有效期内，保险标的的危险程度显著增加的，被保险人按照合同约定应及时通知保险人，保险人有权要求增加保险费或者解除合同。被保险人未履行通知义务的，因保险标的的危险程度显著增加而发生的保险事故，保险人不承担赔偿责任。

第六，人身保险的投保人申报的被保险人年龄不真实，并且其真实年龄不符合合同约定的年龄限制的，保险人可以解除合同，并按照合同约定退还保险单的现金价值。

第七，自保险合同效力中止之日起满二年，保险双方当事人未达成复效协议的，保险人有权解除保险合同。

《保险法》的上述规定，赋予了保险人在投保人、被保险人和受益人严重违反法律规定及合同约定的情况下解除保险合同的权利，这既是对被保险人及其关系人违法行为的惩戒，又是对保险人合法权益的维护，体现了诚实信用原则和公平互利原则。

保险合同的解除还可以分为约定解除与法定解除。约定解除是指当事人协商一致，可以解除合同。当事人可以约定一方解除合同的条件。解除合同的条件成立时，解除权人可以解除合同。法定解除是指法律直接规定合同解除的条件，当达到法律规定的解除合同的情形时，解除权人可以依法解除合同。保险合同中，投保人与保险人可以约定解除保险合同。同时《保险法》也规定了保险人法定解除保险合同的一些情形。只有在法定解除的情形下，保险人才可以解除保险合同，一般情形下不得解除保险合同。

保险合同解除的程序是：在法律规定或保险合同约定的条件下，具有解约权的一方当事人，可以单方决定解除保险合同，但解约方应将解除保险合同的通知做成书面文件并及时通知对方当事人。任何一方不遵守法律的规定或保险合同约定，擅自解除保险合同的，应当承担相应的违约责任及其他法律责任。

五、保险合同的终止

保险合同的终止是指合同双方当事人确定的权利义务关系的消灭。保险合同的终止主要包括下面几种情况：

（一）保险合同的期满终止

这是保险合同终止的最普遍的原因。保险期限是保险人承担保险责任的起止时限。如果在保险期限内发生了保险事故，保险人按照合同约定赔偿了保险金额的一部分，保险合同期满时，保险合同的权利义务关系终止；如果在保险期限内没有发生保险事故，保险人没有赔付，保险合同载明的期限届满时，保险合同自然终止。一般而言，只要超过了保险合同规定的责任期限，保险合同就终止，保险人就不再承担保险责任。

（二）保险合同的履约终止

保险合同是保险双方当事人约定在一定的保险事故发生时，保险人承担赔偿或给付保险金责任的合同。因此，保险合同约定的保险事故发生，保险人履行完赔偿或者给付保险金责任后，无论保险期限是否届满，保险合同即告终止。

（三）保险合同的解除终止

保险合同订立后，双方当事人可以依约定解除保险合同，保险合同效力终止。此外，保险合同也可以因法定事由而解除，保险合同效力终止。详见保险合同的解除部分。

（四）保险标的发生部分或全部损失而终止

《保险法》第五十八条规定："保险标的发生部分损失的，自保险人赔偿之日起三十日内，投保人可以解除合同；除合同另有约定外，保险人也可以解除合同，但应当提前十五日通知投保人。合同解除的，保险人应当将保险标的的未受损失部分的保险费，按照合同约定扣除自保险责任开始之日起至合同解除之日止应收的部分后，退还投保人。"保险标的发生部分损失后，保险标的的本身的状况及面临的风险已经有所变化，因此，《保险法》允许保险双方当事人终止保险合同。

保险标的发生全部损失，保险合同也应该终止。一方面，保险标的可能因保险事故全部灭失，此情况下保险人按保险金额全额赔付后，保险合同如前所述因履约而终止；另一方面，如果保险标的因除外责任而全损（如被保险人故意烧毁保险房屋），由于保险标的已不存在，因而保险合同失去了保障对象只能终止。

■ 本章关键词

保险人　被保险人　受益人　保险代理人　保险经纪人　保险公估人　保险利益
保险标的　保险金额　成立　生效　中止　复效　变更　解除　终止

■ 复习思考题

1. 什么是保险合同？保险合同具有哪些特征？
2. 什么是投保人？投保人需要具备哪些条件？
3. 简述保险合同的解释原则，说明为什么保险合同的解释要有利于被保险人和受益人。
4. 简述保险合同的订立程序，说明保险合同订立的主要形式有哪些。
5. 保险合同的变更有哪几种情况？保险合同的变更应该采取什么形式？
6. 保险合同终止有哪几种情况？
7. 简述保险合同解除的原因及程序。

第七章
保险合同的原则

章首语：

　　在商业保险的长期发展过程中，为了规范保险行为，保证保险制度的健康运行，逐渐形成了一些公认的原则，并在法律上或保险合同中对这些原则做了相应的规定。本章介绍的保险的基本原则共有六个，其中最大诚信原则、保险利益原则和近因原则是财产保险合同和人身保险合同共同遵循的原则，而损失补偿原则是财产保险合同特有的原则，代位原则和分摊原则是损失补偿原则的派生原则。通过本章的学习，学生应掌握各原则的基本含义和主要内容。本章是全书的重点章之一。

第一节　最大诚信原则

一、最大诚信原则的基本含义和产生的原因

（一）最大诚信原则的基本含义

　　诚信即诚实和守信用，具体而言就是要求一方当事人对另一方当事人不得隐瞒、欺骗，做到诚实；任何一方当事人都应该善意地、全面地履行自己的义务，做到守信用。诚实信用原则是各国法律对民商事活动的基本要求。

　　由于保险经营活动的特殊性，保险活动中对诚信的要求更为严格，要求合同双方当事人在订立和履行保险合同过程中最大限度地做到诚实守信。最大诚信原则的基本含义是：保险双方当事人在签订和履行保险合同时，必须保持最大的诚意，互不欺骗和隐瞒，恪守合同的承诺，全面履行自己应尽的义务；否则，将承担违反最大诚信原则带来的法律后果。

（二）最大诚信原则产生的原因

　　在商业保险的发展过程中，最大诚信原则起源于海上保险，当投保人与保险人签订保险合同时，投保的船舶和货物往往已在异地，保险人不能对保险财产进行实

地了解，只能凭投保人对保险标的的风险情况的描述，来决定是否承保、以什么条件承保等。这就客观上要求投保人对保险标的及风险状况的描述必须真实可靠，否则，将影响保险人对风险的判断。随着海上保险业务的发展，最大诚信逐步成为海上保险的一项基本准则。最早把最大诚信原则通过法律进行规范的是 1906 年英国的《海上保险法》，该法规定："海上保险合同是建立在最大诚信基础上的，如果合同任何一方不遵守最大诚信，另一方即可宣告合同无效。"后来，各国制定的保险法大都采纳了这一原则。《保险法》第五条规定："保险活动当事人行使权利、履行义务应当遵循诚实信用原则。"

保险活动必须坚持最大诚信原则的主要原因在于保险合同双方信息的不对称性，表现在两个方面：

1. 保险人对保险标的的非控制性

在整个保险经营活动中，投保人向保险人转嫁的是保险标的未来面临的特定风险，而非保险标的本身。无论承保前还是承保后，保险标的始终控制在投保人、被保险人手中，投保人对保险标的及风险状况最了解，保险人在承保时虽然要对保险标的进行审核，但往往因没有足够的人力、物力、财力、时间对投保人、被保险人及保险标的进行详细的调查研究，其对保险标的及风险状况的判断主要依靠投保人的陈述。这就要求投保人、被保险人在合同订立与履行过程中将有关保险标的的情况如实告知保险人。投保人对保险标的及风险状况等陈述得完整准确与否，直接影响到保险人是否承保、保险费率的确定和保险合同履行过程中对保险标的风险状况的把握。投保人的任何欺骗或隐瞒行为，必然会侵害保险人的利益。因此，为保证保险经营活动的正常进行，维护保险人的利益，投保人、被保险人须遵循最大诚信原则。

2. 保险合同的专业性

保险合同因投保人与保险人意思表示一致而成立，并以双方相互诚实信用为基础，投保人向保险人支付保险费转移风险，相当程度上是基于信赖保险人对保险条款所做的说明。保险合同是附合合同，合同条款一般由保险人事先拟定，具有较强的专业性和技术性。投保人不熟悉保险业务知识，在缔约时会处于不利地位，这就要求保险人坚持最大诚信原则，将保险合同的主要内容向投保人、被保险人加以说明。

二、最大诚信原则的主要内容和法律规定

最大诚信原则的主要内容包括告知、保证、说明、弃权与禁止反言。告知与保证是对投保人和被保险人的约束，说明、弃权与禁止反言的规定主要用于约束保险人。

（一）投保人的告知义务

1. 告知的含义

告知是指投保人在保险合同签订时对保险标的及其有关重要事项向保险人所做的陈述。告知分广义告知和狭义告知两种。广义告知是指保险合同订立时，投保方必须就保险标的的风险状态等有关事项向保险人进行口头或书面陈述，以及合同订立后，在保险标的的风险增加或事故发生时通知保险人；而狭义告知仅指投保方就保险合同成立时保险标的有关事项向保险人进行口头或书面陈述。事实上，保险实务中所称的告知，一般是指狭义告知。关于保险合同订立后保险标的的风险增加，或保险事故发生时的告知，一般称为通知。

2. 告知的形式和内容

国际上，对告知的立法形式有两种，即无限告知和询问告知。

无限告知，指法律或保险人对告知的内容没有明确规定，投保方须主动地将保险标的的状况及有关重要事实如实告知保险人。

询问告知，指投保方只对保险人询问的问题如实告知，对保险人未询问的事项投保方不必告知。

早期保险活动中的告知形式主要是无限告知。随着保险技术水平的提高，目前世界上许多国家，包括我国在内的保险立法都规定告知应采用询问告知的形式。《保险法》第十六条第一款规定："订立保险合同，保险人就保险标的或者被保险人的有关情况提出询问的，投保人应当如实告知。"在保险实务中，一般操作方法是保险人将需投保人告知的内容列在投保单上，投保人如实填写即可。通常需要告知的内容是足以影响保险人决定是否承保和确定费率的重要事实。比如将人身保险中被保险人的年龄、性别、健康状况、既往病史、家族遗传史、职业、居住环境、嗜好等如实告知保险人；将财产保险中保险标的的价值、使用性质、风险状况等如实告知保险人。

3. 违反告知义务的法律后果

投保人对保险人询问的事项，未尽如实告知义务时，各国保险法均规定，保险人有条件地取得解除保险合同的权利。因为，投保人违反如实告知义务，会使得保险人在承保后处于不利的地位，若继续维持保险合同的效力，对保险人不公平，会损害保险人的利益，反而会助长投保人不履行告知义务的行为。基于此，《保险法》第十六条第二、四、五款规定："投保人故意或者因重大过失未履行前款规定的如实告知义务，足以影响保险人决定是否同意承保或者提高保险费率的，保险人有权解除合同"，"投保人故意不履行如实告知义务的，保险人对于合同解除前发生的保险事故，不承担赔偿或者给付保险金的责任，并不退还保险费"，"投保人因重大过失未履行如实告知义务，对保险事故的发生有严重影响的，保险人对于合同解除前发生的保险事故，不承担赔偿或者给付保险金的责任，但应当退还保险费"。

从以上的规定可以看出：①投保人无论是故意不履行如实告知义务，还是因重大过失未履行如实告知义务，保险人都可以解除保险合同，保险人对于保险合同解除前发生的保险事故不承担赔付保险金责任；②由于投保人的故意与重大过失在性质上有所不同，《保险法》在是否退还保险费的问题上做了不同的规定，其目的在于惩戒故意不履行告知义务的行为。

4. 注意告知与通知的区别

通知，是指投保人、被保险人在保险标的的危险程度增加或保险事故发生时应

121

尽快通知保险人，使保险人知悉有关情况。通知主要有以下几方面的内容：

第一，保险合同有效期内，若保险标的的危险程度显著增加，被保险人应及时通知保险人，以便保险人决定是否继续承保，或以什么条件接受这种变化。因为在保险合同中，危险程度是保险人决定承保以及确定保险费率的重要依据，而危险程度又取决于保险标的所处的不同条件或状态。如果保险标的所处的条件或状态发生了变化，导致当事人无法预见的有关危险因素及其危险程度增加，势必影响到保险人的根本利益。因此，投保人、被保险人应当将危险增加之事实告知保险人。被保险人未履行危险程度显著增加通知义务的，因保险标的危险程度显著增加而发生的保险事故，保险人可不承担赔偿责任。

第二，投保人、被保险人在知道保险事故发生后，应及时通知保险人，以便保险人及时查勘定损。同时，其有义务根据保险人的要求提供与确认保险事故的性质、原因、损失程度等有关的证明和资料。

第三，其他有关通知事项。在财产保险合同中，重复保险的投保人应当将重复保险的有关情况通知各保险人；保险标的的转让应当通知保险人等。

由此可见，告知义务一般是先合同义务，而通知义务一般是合同履行过程中应遵守的义务。

（二）投保人或被保险人的保证义务

1. 保证的含义

保证是最大诚信原则的另一项重要内容。保证，是指保险人要求投保人或被保险人对某一事项的作为或不作为，或者某种事实的存在或不存在做出许诺。保证是保险人签发保险单或承担保险责任的条件，其目的在于控制风险，确保保险标的及其周围环境处于良好的状态。保证属于保险合同的重要内容。

2. 保证的形式

保证从表现形式上看，可分为明示保证与默示保证两种。

（1）明示保证

明示保证是指以文字形式在保险合同中载明的保证事项，也即保险合同的条款。例如，我国机动车辆保险条款规定，被保险人及其驾驶人应当做好保险车辆的维护、保养工作，并按规定检验合格；保险车辆装载必须符合法律法规中有关机动车辆装载的规定，使其保持安全行驶技术状态；被保险人及其驾驶人应根据保险人提出的消除不安全因素和隐患的建议，及时采取相应的整改措施。明示保证是保证的重要表现形式。

（2）默示保证

默示保证是指在保险合同中虽然没有以文字形式加以规定，但习惯上是社会公认的投保人或被保险人应该保证的事项。默示保险在海上保险中运用比较多，如海上保险的默示保证有三项：①保险的船舶必须有适航能力；②要按预定的或习惯的航线航行；③必须从事合法的运输业务。默示保证与明示保证具有同等的法律效力，被保险人都必须严格遵守。

从保证的内容上看，保证分为承诺保证与确认保证。

（1）承诺保证

承诺保证是指投保人或被保险人对将来某一事项的作为或不作为做出的保证，即对未来有关事项的保证。例如，投保家庭财产保险时，投保人或被保险人保证不在家中放置危险物品；投保家庭财产盗窃险，投保人或被保险人保证家中无人时，门窗关好、上锁。

（2）确认保证

确认保证是指投保人或被保险人对过去或现在某一特定事实的存在或不存在做出的保证。确认保证要求对过去或投保当时的事实做出如实的陈述，而不是对该事实以后的发展情况做保证。例如，投保健康保险时，投保人保证被保险人在过去和投保当时健康状况良好，但不保证今后也一定如此。正是由于被保险人未来面临患病的风险，现在才有投保的必要。

3. 违反保证的法律后果

保险活动中，无论是明示保证还是默示保证，保证的事项均属重要事实，因而被保险人一旦违反保证的事项，保险合同即告失效，或保险人可以解除保险合同，不承担赔付保险金的责任。并且除人寿保险外，保险人一般不退还保险费。

4. 保证与告知的区别

第一，告知的目的在于帮助保险人正确评估风险发生的可能性与程度，保证的目的在于控制风险。

第二，告知是先合同义务，保证是合同义务。

第三，告知是在订立保险合同时投保人所做的陈述，并非保险合同的内容；而保证通常是保险合同的重要组成部分。

第四，保证在法律上被推定是重要的，任何违反保证事项都将导致保险合同被解除的后果；而告知须由保险人证明其确系重要，才能成为解除保险合同的依据。

（三）保险人的说明义务

1. 说明义务的含义

保险人的说明义务，是指保险人应当向投保人说明保险合同条款的内容，特别是免责条款内容的义务。

2. 说明的内容和形式

保险人说明的内容，主要是指影响投保人决定是否投保及如何投保的一切事项。保险人有义务在订立保险合同前向投保人详细说明保险合同的各项条款，并对投保人提出的有关合同条款的提问做出直接、真实的回答，就投保人有关保险合同的疑问进行正确的解释。保险人可以书面或口头形式对投保人做出说明，也可以通过代理人向投保人做出说明。保险人应当对其说明的内容负责，对其代理人所做的说明亦负同一责任。保险人说明义务的重心，是保险合同的免责条款。因为免责条款直接关系到保险人对被保险人承担赔付责任的范围，对投保决策具有决定性的作用；如果不对这些条款予以说明，投保人的投保决策可能与其真正的需要发生冲突，会影响投保人或被保险人的利益。

保险人履行说明义务的形式有两种：提示和明确说明。

第一，提示。保险人把投保人决定是否投保的有关内容，以文字形式在保险合同中明确载明，并对免责条款加以提示。

第二，明确说明。不仅要将有关保险事项以文字形式在保险合同中载明，而且还须对投保人进行明确说明，对重要条款做出正确的解释。

《保险法》规定保险人的免责条款说明义务应采取两种方式结合。《保险法》第十七条第二款规定："对保险合同中免除保险人责任的条款，保险人在订立合同时应当在投保单、保险单或者其他保险凭证上作出足以引起投保人注意的提示，并对该条款的内容以书面或者口头形式向投保人作出明确说明；未作提示或者明确说明的，该条款不产生效力。"

（四）弃权与禁止反言

弃权与禁止反言是保险人在保险合同履行过程中应遵守的义务。弃权是指合同一方任意放弃其在保险合同中的某种权利。禁止反言，亦称禁止抗辩，指合同一方既然已经放弃这种权利，将来就不得反悔，再向对方主张这种权利。此规定主要用于约束保险人。比如在海上保险中，保险人已知被保险轮船改变航道而未提出解除合同，则视为保险人放弃对不能改变航道这一要求的权利，因改变航道而发生的保险事故造成的损失，保险人就要赔偿。

弃权与禁止反言的情况主要发生在保险代理关系中，保险代理人基于保险人利益并以保险人名义从事保险代理活动，他们在业务活动中可能会受利益驱动而不按保险单的承保条件招揽业务，即放弃保险人可以主张的权利，那么保险合同一旦生效，保险人不得以投保人未履行告知义务为由解除保险合同。《保险法》第一百二十七条规定："保险代理人根据保险人的授权代为办理保险业务的行为，由保险人承担责任。保险代理人没有代理权、超越代理权或者代理权终止后以保险人名义订立合同，使投保人有理由相信其有代理权的，该代理行为有效。保险人可以依法追究越权的保险代理人的责任。"

第二节　保险利益原则

一、保险利益原则的含义及其意义

（一）保险利益与保险利益原则

保险利益是投保人对被保险人或者被保险人对保险标的因存在某种利害关系而具有的法律上承认的利益。这里的利害关系是指保险标的的安全与损害直接关系到投保人的切身经济利益。具体表现为：保险标的的存在，这种利益关系就存在；如果保险标的的受损，则投保人或被保险人的经济利益也会受损。如果保险事故发生导致保险标的的损失，而投保人或者被保险人的经济利益毫无损失，则投保人或者被保险人对保险标的的没有保险利益。比如在财产保险合同中，保险标的的毁损灭失直接影响被保险人的经济利益，视为被保险人对该保险标的的具有保险利益；在人身保险合同中，投保人的直系亲属，如配偶、子女等的生老病死，与投保人有一定的利益关系，视为投保人对这些人具有保险利益。

《保险法》第十二条规定："人身保险的投保人在保险合同订立时，对被保险人应当具有保险利益。财产保险的被保险人在保险事故发生时，对保险标的应当具有保险利益。人身保险是以人的寿命和身体为保险标的的保险。财产保险是以财产及其有关利益为保险标的的保险。被保险人是指其财产或者人身受保险合同保障，享有保险金请求权的人。投保人可以为被保险人。保险利益是指投保人对被保险人或者被保险人对保险标的的具有的法律上承认的利益。"

一般而言，保险利益是保险合同生效的条件，也是维持保险合同效力的条件（不同的险种有一定的差异），因此保险利益原则是保险合同的一个基本原则。

（二）保险利益成立的条件

保险利益是保险合同得以成立的前提，无论是财产保险合同，还是人身保险合同，都应以保险利益的存在为前提。保险利益应符合下列条件：

1. 保险利益应为合法的利益

投保人或者被保险人对保险标的所具有的利益要为法律所承认。只有在法律上可以主张的合法利益才能受到国家法律的保护，因此，保险利益必须是符合法律规定的、符合社会公共秩序的、为法律所认可并受到法律保护的利益。例如，在财产保险中，投保人对保险标的的所有权、占有权、使用权、收益权或对保险标的所承担的责任等，必须是依照法律、法规、有效合同等合法取得、合法享有、合法承担的利益。因违反法律规定或损害社会公共利益而产生的利益，不能作为保险利益。例如，因盗窃、走私、贪污等非法行为所得的利益不得作为保险利益而投保，如果投保人为不受法律认可的利益投保，则保险合同可能无效。

2. 保险利益应为经济利益

由于保险保障是通过货币形式的经济补偿或给付来实现其职能的，如果投保人或者被保险人的利益不能用货币来反映，则保险人的承保和赔付就难以进行，因此，投保人对保险标的的保险利益在数量上应该可以用货币来计量，无法定量的利益不能成为可保利益。财产保险中，保险标的本身是可以估价的，保险利益也可以用货币来衡量。人身保险中，由于人的寿命与身体无价，一般情况下，人身保险合同的保险利益有一定的特殊性，只要投保人与被保险人具有利害关系，就认为投保人对被保险人具有保险利益；在个别情况下，人身保险的保险利益也可加以计算和限定，比如债权人对债务人生命的保险利益可以确定为债务的金额。

3. 保险利益应为确定的利益

确定的利益是指投保人或被保险人对保险标的在客观上或事实上已经存在或可以确定的利益。这种利益不仅是可以确定的，而且是客观存在的利益，不是当事人主观臆断的利益。这种客观存在的确定利益包括现有利益和期待利益。现有利益是指在客观上或事实上已经存在的经济利益；期待利益是指在客观上或事实上尚未存在，但根据法律、法规、有效合同的约定等可以确定在将来某一时期内将会产生的经济利益。在投保时，现有利益和期待利益均可作为确定保险金额的依据；但在受损索赔时，这一期待利益必须已成为现实利益才属索赔范围，保险人的赔偿或给付，

125

以实际损失的保险利益为限。

（三）坚持保险利益原则的意义

保险利益原则是保险活动的重要原则，坚持保险利益原则的意义在于：

1. 避免赌博行为的发生

保险和赌博都具有射幸性，若为与自己毫无利害关系的保险标的投保，投保人就可能因保险事故的发生而获得高于所交保险费若干倍的额外收益，如果没有发生事故则丧失保险费，这种以小的损失谋取较大的经济利益的投机行为是一种赌博行为。坚持保险利益原则，就把保险与赌博从本质上区分开。英国历史上曾出现过保险赌博。投保人以与自己毫无利害关系的标的投保，一旦发生保险事故就可获得相当于保险费千百倍的巨额赔款，严重影响了保险制度的正常运行。英国政府于18世纪中叶通过立法禁止了这种行为，维护了正常的社会秩序，保证了保险事业的健康发展。

2. 防范道德风险

投保人为与自己毫无利害关系的保险标的投保，就会出现投保人为了谋取保险赔偿而任意购买保险，并盼望事故发生的现象；甚至为了获得巨额赔偿或给付，不惜采用纵火、谋财害命等手段故意制造保险事故，骗取高额的保险金。在保险利益原则之下，由于投保人与保险标的之间存在利害关系的制约，投保的目的是获得一种经济保障，在很大程度上可以防范道德风险。

3. 限制损失赔偿金额

财产保险合同是补偿性合同，保险合同保障的是被保险人的经济利益，补偿的是被保险人的经济损失，而保险利益以投保人对保险标的的现实利益以及可以实现的预期利益为限，因此是保险人衡量损失及被保险人获得赔偿的依据。保险人的赔偿金额不能超过保险利益，否则被保险人将因保险赔付而获得超过其损失的经济利益，这既有悖于损失补偿原则，又容易诱发道德风险和赌博行为。再者，如果不坚持保险利益原则，还容易引起保险纠纷。例如，借款人以价值10万元的房屋做抵押向银行贷款8万元，银行将此抵押房屋投保，房屋因保险事故全损，作为被保险人的银行的实际损失是8万元而非10万元，因此其最多只能获得8万元赔偿。

二、财产保险利益和人身保险利益之比较

（一）保险利益的认定

虽然保险利益一般来源于法律、合同、习惯或惯例，但由于两大险种的保险标的的性质不同，保险利益产生的条件也不同。

1. 财产保险利益的认定

一般来说，财产保险的保险利益主要产生于投保人或被保险人对保险标的的各项权利和义务。它主要包括现有利益、期待利益和责任利益。现有利益是指投保人或被保险人对保险标的的现在正享有的利益，包括所有利益、占有利益、抵押利益、留置利益、债权利益等，是保险利益最普遍的形态；期待利益是指通过现有利益而合理预期的未来利益，如盈利收入利益、租金收入利益、运费收入利益等；责任利

益主要针对责任保险而言，是指因民事赔偿责任的不发生而享有的利益。基于财产保险的保险标的的可估价性和保险合同的补偿性，保险利益的成立要符合以下条件：①可以用货币计算；②必须是合法利益；③必须是确定的利益，即无论是现有利益还是预期利益，都必须是在客观上确定的，能够实现的利益，而不是凭主观臆测或推断可能获得的利益。

2. 人身保险利益的认定

各国保险立法对人身保险利益的规定有共同之处，即投保人对自己的寿命和身体具有保险利益。但当投保人为他人投保时，保险利益的认定有不同的方法：

第一，利益主义。以投保人和被保险人之间是否存在金钱上的利害关系或者其他利害关系为判断标准，如英美的保险法以此方式认定保险利益。

第二，同意主义。不论投保人和被保险人之间有无利益关系，均以取得被保险人同意为判断标准，如德国、法国等的保险法以此方式认定。

第三，折中主义。将以上二者结合起来，我国以此认定保险利益。

《保险法》第三十一条规定："投保人对下列人员具有保险利益：（一）本人；（二）配偶、子女、父母；（三）前项以外与投保人有抚养、赡养或者扶养关系的家庭其他成员、近亲属；（四）与投保人有劳动关系的劳动者。除前款规定外，被保险人同意投保人为其订立合同的，视为投保人对被保险人具有保险利益。订立合同时，投保人对被保险人不具有保险利益的，合同无效。"

从以上规定可以看出，《保险法》在人身保险的保险利益的规定上将"投保人与被保险人具有利害关系"和"被保险人同意"结合起来，既可以有效地防范道德风险，也具有灵活性。

（二）保险利益的量

1. 财产保险的保险标的具有可估价性，决定了被保险人对保险标的的保险利益有量的规定

被保险人对保险标的的保险利益，在量上表现为保险标的的实际价值，如果保险金额超过保险标的的实际价值，超过部分将因无保险利益而无效。这是因为财产保险合同是补偿性合同，投保人以其财产向保险公司投保的目的在于财产因保险事故受损时能获得补偿。如果补偿金额不受保险利益的限制，被保险人以较少的损失获得较多的赔偿，则与损失补偿原则相悖，也易诱发道德风险。因此，财产保险的损失补偿，以被保险人对保险标的具有的保险利益为限。

2. 人身保险的保险标的不可估价，因此保险利益一般没有客观的评判标准

投保人为自己投保，保险利益可以无限，但要受到保障需求和缴费能力的限制；投保人为他人投保，保险利益的量取决于投保人与被保险人法律上的相互关系或经济上的相互关系和依赖程度，但除法律或保险合同对保险金额有限制外，保险利益一般没有严格的量的规定。在个别情况下，人身保险的保险利益也可加以计算和限定，比如债权人对债务人生命的保险利益可以确定为不能超过债务的金额。

（三）保险利益存在的时间和归属主体

此问题既涉及保险利益是在签约时存在，还是在保险合同有效期内和保险事故

发生时皆应存在，也涉及保险利益是对谁的要求，是对投保人还是被保险人。

1. 财产保险利益在保险合同订立时不一定严格要求必须具有，但保险事故发生时被保险人必须具有

财产保险利益的规定，主要目的在于衡量是否有损失以及损失的大小，为赔偿计算提供依据，并防止道德风险。因此财产保险强调保险事故发生时被保险人对保险标的必须具有保险利益。如果签约时被保险人对保险标的具有保险利益，而保险事故发生时，被保险人对保险标的不具有保险利益，意味着被保险人无损失，依据补偿原则的规定被保险人将不应获得保险赔付；反之，即使某些情况下签约时被保险人对保险标的没有保险利益，但只要保险事故发生时被保险人对保险标的具有保险利益，保险人仍要承担赔偿责任。这种情况在海上保险中比较常见，在其他财产保险合同中也可能出现。比如，在国际贸易中以成本加运费（CFR）条件进行货物买卖时，买方在接到卖方的装货通知后即可投保海洋货物运输险，但此时买方并未取得作为物权凭证的提单，严格说来对货物不具有保险利益，但只要保险事故发生时买方对保险标的具有保险利益，保险人就要承担赔偿责任，这在世界各国基本上是一条公认的准则。

从另一个角度分析，多数情况下财产保险合同的投保人与被保险人为同一人，但在特殊的情况下投保人与被保险人不是同一人，比如在保险实务中出现的商场为购物顾客附赠财产保险、单位为职工购买家庭财产保险等。在这种投保人与被保险人不是同一人的情况下，投保人对于保险标的实际上并没有保险利益，保险合同是否有效关键看被保险人对保险标的的是否具有保险利益。因为在此情况下投保人只有缴纳保险费的义务，一旦保险标的发生保险事故，投保人无从获取非分之利。只要被保险人对保险标的具有保险利益，就可以有效地防范道德风险。

2. 人身保险着重强调签约时投保人对被保险人具有保险利益，至于保险事故发生时这一条件是否存在，并不影响保单的效力

投保人为自己买保险时，便对保险标的具有保险利益，在保险合同有效期内也具有保险利益。但人身保险合同的投保人与被保险人不是同一人的情况比较多见，如丈夫为妻子投保，企业为职工投保等。如果投保人签约时对被保险人具有保险利益，那么保险合同生效后即使投保人与被保险人的关系发生了变化，如夫妻离婚、职工离开原单位等，投保人对被保险人没有了保险利益，不影响保险合同的效力，保险事故发生时保险人应承担保险金给付责任。第一个原因是，人身保险合同不是补偿性合同，因而不必要求保险事故发生时投保人对被保险人一定具有保险利益。人身保险保险利益的规定的目的在于防止道德风险和赌博行为，如果签约时做了严格的控制，道德风险一般较少发生。第二个原因是，人身保险合同的保险标的是人的寿命和身体，且寿险合同多具有储蓄性，被保险人受保险合同保障的权利不能因为投保人与被保险人保险利益的丧失而被剥夺，否则，既有违保险宗旨，也有失公平。

因此，《保险法》第十二条的第一、二款规定："人身保险的投保人在保险合同订立时，对被保险人应当具有保险利益。财产保险的被保险人在保险事故发生时，

对保险标的应当具有保险利益。"

（四）保险利益缺失的法律后果

根据《保险法》的规定，保险利益缺失在财产保险和人身保险中的法律后果是不同的。针对人身保险合同，《保险法》第三十一条第三款规定："订立合同时，投保人对被保险人不具有保险利益的，合同无效。"针对财产保险合同，《保险法》第四十八条规定："保险事故发生时，被保险人对保险标的不具有保险利益的，不得向保险人请求赔偿保险金。"

第三节　近因原则

一、近因和近因原则

学习近因原则，首先应明确近因的概念。所谓近因，是指引起保险损失最直接、最有效、起主导作用或支配作用的原因，而不一定是在时间上或空间上与保险损失最近的原因。近因原则是判断风险事故与保险标的的损失之间的因果关系，从而确定保险赔付责任的一项基本原则。长期以来，它是保险实务中处理保险理赔时所遵循的重要原则。

任何一张保险单上保险人承担风险责任范围都是有限的，即保险人承担赔付责任是以保险合同所约定的风险发生所导致的保险标的的损失为条件，但在保险实务中，导致保险标的的损失的原因有时错综复杂，为了维护保险合同的公正，近因原则应运而生。在风险事故与保险标的的损失关系中，如果近因属于保险风险，保险人应负赔付责任；如果近因属于不保风险，则保险人不负赔偿责任。自从英国1906年《海上保险法》全面规定了这一原则至今，该原则被各国保险法规采用。《保险法》对近因原则未做出明确的规定，只是在第二十三条中规定："保险人收到被保险人或者受益人的赔偿或者给付保险金的请求后，应当及时作出核定；情形复杂的，应当在三十日内作出核定，但合同另有约定的除外。保险人应当将核定结果通知被保险人或者受益人；对属于保险责任的，在与被保险人或者受益人达成赔偿或者给付保险金的协议后十日内，履行赔偿或者给付保险金义务"，"保险人未及时履行前款规定义务的，除支付保险金外，应当赔偿被保险人或者受益人因此受到的损失"。《保险法》第二十四条规定："保险人依照本法第二十三条的规定作出核定后，对不属于保险责任的，应当自作出核定之日起三日内向被保险人或者受益人发出拒绝赔偿或者拒绝给付保险金通知书，并说明理由。"

二、近因的判定

近因的判定关系到保险双方当事人的切身利益。前面虽然对近因原则在理论上做了表述，但由于在保险实务中，致损原因多种多样，对近因判定也比较复杂，因此，如何确定损失近因，要根据具体情况做具体分析。一般而言，对近因的判定，可能会有以下几种情况：

（一）单一原因造成的损失

单一原因致损，即造成保险标的损失的原因只有一个，那么，这个原因就是近因。若这个近因属于保险风险，保险人负赔付责任；若该项近因属不保风险或除外责任，则保险人不承担赔付责任。例如，某企业投保了企业财产保险，地震引起房屋倒塌，使机器设备受损。若该险种列明地震不属于保险风险，则保险人不予赔偿；若地震被列为保险风险，则保险人应承担赔偿责任。

（二）同时发生的多种原因造成的损失

多种原因同时致损，即各原因的发生无先后之分，且对损害结果的形成都有直接与实质性的影响，那么，原则上它们都是损失的近因。至于是否承担保险责任，可分为三种情况：

第一，多种原因均属保险风险，保险人负责赔偿全部损失。例如，暴雨和洪水均属保险风险，其同时造成家庭财产损失，保险人负责赔偿全部损失。

第二，多种原因均属除外风险，则保险人不负赔偿责任。

第三，多种原因中，既有保险风险，又有除外风险，保险人的责任根据损失的可分性而定。如果损失是可以划分的，保险人就只负责保险风险所致损失的赔偿；如果损失难以划分，则保险人不予赔付或协商按比例赔付。《最高人民法院关于适用〈中华人民共和国保险法〉若干问题的解释（三）》第二十五条规定："被保险人的损失系由承保事故或者非承保事故、免责事由造成难以确定，当事人请求保险人给付保险金的，人民法院可以按照相应比例予以支持。"

（三）连续发生的多种原因造成的损失

多种原因连续发生，即各原因依次发生，持续不断，且具有前因后果的关系。若损失是由两个以上的原因造成，且各原因之间的因果关系未中断，那么最先发生并造成一连串事故的原因为近因。如果该近因为保险风险，保险人应负责赔偿损失；反之，保险人不负责赔偿损失。具体分析如下：

第一，连续发生的原因都是保险风险，保险人承担赔付责任。例如，财产保险中，火灾、爆炸都属于保险风险，如爆炸引起火灾，火灾导致财产损失，保险人应赔偿损失。

第二，连续发生的原因中既有保险风险又有除外风险，这又分为两种情况：①若前因是保险风险，后果是除外风险，且后因是前因的必然结果，保险人承担全部赔付责任；②前因是除外风险，后因是保险风险，后果是前因的必然结果，保险人不承担赔付责任。

（四）间断发生的多种原因造成的损失

在一连串连续发生的原因中，有一项新的独立的原因介入，导致损失。若新的独立的原因为保险风险，保险人应承担赔付责任；反之，保险人不承担赔付责任。

第四节　损失补偿原则

一、损失补偿原则的含义

财产保险合同本质上是一种补偿性合同，损失补偿原则是保险人理赔时应遵循的基本原则。

损失补偿原则可以这样表述：在财产保险合同中，当被保险人具有保险利益的保险标的遭受了保险责任范围内的损失时，保险人要对被保险人的经济损失给予补偿，且补偿的数额以恰好弥补被保险人因保险事故而产生的经济损失为限，被保险人不能获得额外利益。理解该原则应注意两点：

（一）被保险人只有在保险事故发生时对保险标的具有保险利益，才能获得补偿，这是损失补偿原则的前提

按照保险利益原则，投保人与保险人签订保险合同时，对保险标的具有保险利益是保险合同生效的前提条件。但对财产保险合同而言，不仅要求投保时对保险标的具有保险利益，而且保险事故发生时，被保险人必须对保险标的具有保险利益，才能获得保险赔偿。因为投保人向保险人投保的目的是转移财产未来的风险，以确保其不因保险事故发生而丧失对保险标的具有的经济利益。当保险事故发生时，被保险人如果对保险标的无保险利益，对他来讲就无经济损失，也就不能从保险人那里获得经济补偿。因此，损失补偿原则是以保险利益原则为依据的，保险人是否对被保险人进行补偿，以保险事故发生时被保险人是否对保险标的具有保险利益为前提条件。

（二）保险人补偿的数额以恰好弥补被保险人因保险事故产生的经济损失为限

这包括两层含义：①被保险人以其财产足额投保的话，其因保险事故所遭受的经济损失，有权按照保险合同规定获得充分的补偿；②保险人对被保险人的补偿数额，仅以被保险人因保险事故造成的实际损失为限，通过补偿使被保险人能够保全其应得的经济利益或使受损标的迅速恢复到损失前的状态，任何超过保险标的的实际损失的补偿，都会导致被保险人获得额外利益，就违背了损失补偿原则。

二、损失补偿原则量的规定

损失补偿原则的基本含义如上所述。在保险实务中，要贯彻损失补偿原则，保险人要对其赔偿金额进行限制。保险理赔中，赔偿金额一般要受三个方面的限制。

（一）以实际损失金额为限

衡量实际损失，首先要确定保险标的发生损失时的市场价（实际价值），保险人的赔偿金额不能超过损失当时的市场价（定值保险、重值价值保险除外），否则将导致被保险人获得额外利益。由于保险标的的市场价在保险合同有效期内会发生波动，在市场价下跌的情况下，应以损失当时财产的市场价作为赔偿的最高限额，如果保险人按照保险金额进行赔偿，将会使被保险人获得额外利益。例如，一台空

131

调年初投保时，当时的市场价为 7 000 元，保险金额定为 7 000 元。保险标的在年中因保险事故发生造成全损，这时的市场价已跌为 5 000 元。尽管保险单上的保险金额仍是 7 000 元，但如果保险单上没有特别约定，保险人最高只能赔偿被保险人 5 000 元。假如保险人赔偿 7 000 元给被保险人，那么被保险人用 5 000 元购买一台同样的空调后，还可赚得 2 000 元，其因保险事故发生而获得额外利益，这显然违背了损失补偿原则。

（二）以保险金额为限

保险金额是财产保险合同中保险人承担赔偿保险金责任的最高限额，也是计算保险费的依据。保险人的赔偿金额不能高于保险金额，否则，将扩大保险责任，使保险人收取的保险费不足以抵补赔偿支出，影响保险人的经营稳定。例如，在上例中，如果年中空调全损时，市场价上涨为 8 000 元，由于保险单上的保险金额只有 7 000 元，被保险人最多只能获得 7 000 元的赔偿。

（三）以保险利益为限

被保险人在保险事故发生时对保险标的具有保险利益是其向保险人索赔的必要条件，保险人对被保险人的赔偿金额要以被保险人对保险标的具有的保险利益为限。保险事故发生时，如果被保险人已丧失了对保险标的的全部保险利益，则保险人不予赔偿；如果被保险人丧失了对保险标的的部分保险利益，那么保险人对被保险人的赔偿仅以仍然存在的那部分保险利益为限。例如，在上例中，如果年中空调全损时，市场价仍是 7 000 元，但被保险人对空调的所有权比例只有 50%，则其对空调的保险利益为 3 500 元，那么被保险人最多只能获得 3 500 元赔偿。

综上所述，财产保险合同中约定的保险事故发生时，保险人对被保险人的赔偿金额要受实际损失金额、保险金额和保险利益三个量的限制，而且当三者金额不一致时，保险人的赔偿金额以三者中最小者为限。以上讨论的内容中，以实际损失金额为限仅对不定值保险适用，对定值保险并不适用。因为定值保险是按照财产保险合同双方当事人约定的价值投保，在保险事故发生时，无论该财产的市场价如何涨跌，保险人均应按约定的价值予以赔偿，不再对财产重新进行估价。

三、确定损失补偿原则的目的

在财产保险合同中规定损失补偿原则的目的在于确保被保险人不能通过保险获得额外利益。财产保险合同适用损失补偿原则，遵循该原则的实质是保险标的损失多少补偿多少，其最终结果是被保险人不能通过保险人的赔偿而获得额外利益，关于此原则各国在法律上都有相应的规定。如果允许被保险人获得大于其实际损失金额的赔偿，将可能导致被保险人故意损毁保险财产以获利，诱发道德风险，增加保险欺诈行为，不仅影响保险业务的正常经营，而且会对社会造成危害。因此，为了防止被保险人获得额外利益，在法律上和保险合同中要做以下规定：

第一，超额保险中超额部分无效。《保险法》第五十五条第一、二、三款规定："投保人和保险人约定保险标的的保险价值并在合同中载明的，保险标的发生损失时，以约定的保险价值为赔偿计算标准。投保人和保险人未约定保险标的的保险价值的，保险标的发生损失时，以保险事故发生时保险标的的实际价值为赔偿计算标准。保险金额不得超过保险价值。超过保险价值的，超过部分无效，保险人应当退还相应的保险费。"财产保险合同中，无论何种原因造成超额保险，除非合同上有特别约定，否则保险人在计算赔款时一律采取超过部分无效的做法。

第二，一个投保人虽然可以将其同一保险标的及其利益，同时向两个或两个以上的保险人投保同类保险，但在保险事故发生时，被保险人从各个保险人处获得的赔偿金额总和不得超过其保险财产的实际损失金额。

第三，因第三者对保险标的的损害而造成保险事故的，被保险人从保险人处获得全部或部分赔偿后，应将其向第三者责任方享有的赔偿请求权转让给保险人。

第四，如果保险标的受损后仍有残值，保险人要在赔款中作价扣除；或在保险人履行了全部赔偿责任后，被保险人将损余物资转给保险人所有。

以上的第二、三、四条是下一节将要讨论的代位原则和分摊原则。

第五节　代位原则和分摊原则

代位原则和分摊原则是损失补偿原则的派生原则，也是遵循损失补偿原则的必然要求和结果。

一、代位原则

代位原则的基本含义是指保险人对被保险人因保险事故发生遭受的损失进行赔偿后，依法或按保险合同约定取得对财产损失负有责任的第三者进行追偿的权利或取得对受损标的的所有权。代位原则包括权利代位和物上代位。

（一）权利代位

权利代位，也叫代位求偿权或代位追偿权，是指保险事故由第三者责任造成，被保险人因保险标的受损而从保险人处获得赔偿以后，应将其向第三者责任方享有的赔偿请求权转让给保险人，由保险人在赔偿金额范围内代位行使被保险人对第三者请求赔偿的权利。

权利代位是遵循损失补偿原则的必然结果。被保险人因保险事故发生而遭受的损失固然应该得到补偿，保险人对被保险人应承担的赔偿责任不应该因第三者的介入而改变。但若被保险人在得到保险金后又从第三者责任方获得赔偿，则其可能反因损失而获利，这显然与损失补偿原则相违背。为了避免被保险人获得双重利益，同时，也为了维护保险人的利益，被保险人在获得保险金后应将其对第三者责任方的赔偿请求权转让给保险人，这正是权利代位的立法本意。基于此，《保险法》第六十条第一款规定："因第三者对保险标的的损害而造成保险事故的，保险人自向被保险人赔偿保险金之日起，在赔偿金额范围内代位行使被保险人对第三者请求赔偿的权利。"

1. 权利代位的产生

权利代位的产生是有一定条件的，保险人要获得代位求偿权必须同时具备三个条件。第一，第三者的行为使保险标的遭受损害，被保险人才依法或按合同约定对第三者责任方享有赔偿请求权，也才会因获得保险金而将该赔偿请求权转让给保险人。因此，如果没有第三者存在，就没有代位求偿的对象，权利代位就失去了基础。第二，该保险标的的损失属于保险责任。这样保险人才基于保险合同对被保险人负有赔偿义务。第三，只有保险人按保险合同的规定履行了赔偿责任以后，才取得代位求偿权。换言之，对第三者求偿权的转移是随保险人赔偿保险金而发生，而不是随保险事故的发生而发生。因此，在保险人赔偿保险金之前，被保险人可以行使此权利，从第三者处获得全部或部分赔偿，但他应该将此情况通知保险人，以减免保险人的赔偿责任。《保险法》第六十条第二款规定："前款规定的保险事故发生后，被保险人已经从第三者取得损害赔偿的，保险人赔偿保险金时，可以相应扣减被保险人从第三者已取得的赔偿金额。"

2. 权利代位的范围

保险人行使权利代位的范围，即其向第三者责任方求偿的金额，以其实际赔偿的保险金为限。保险人对被保险人赔偿保险金是其获得权利代位的条件，权利代位的目的是避免被保险人获得双重利益，而非对被保险人享有保险金请求权的剥夺。所以，保险人从第三者那里可以得到的代位求偿金额以赔偿的保险金为限，超出保险金的部分仍归被保险人所有。《保险法》第六十条第三款规定："保险人依照本条第一款规定行使代位请求赔偿的权利，不影响被保险人就未取得赔偿的部分向第三者请求赔偿的权利。"

3. 权利代位的对象

如前所述，第三者责任方的存在是权利代位产生的前提条件，因此，权利代位的对象是第三者，应对第三者的范围做出界定，以明确保险人代位求偿的对象。这里的第三者是指对保险事故的发生和保险标的的损失负有民事赔偿责任的人，既可以是法人，也可以是自然人。无论是法人还是自然人，保险人都可以实施代位求偿权。但对保险人代位求偿的对象，许多国家的保险立法都有限制，其共同的规定是保险人不得对被保险人的家庭成员或雇员行使代位求偿权，我国法律上也有类似的规定。《保险法》第六十二条规定："除被保险人的家庭成员或者其组成人员故意造成本法第六十条第一款规定的保险事故以外，保险人不得对被保险人的家庭成员或者其组成人员行使代位请求赔偿的权利。"为什么做这样的限制？因为这些人与被保险人有一致的经济利益关系，若因其过失行为导致保险财产损失，保险人对其有求偿权的话，实际上意味着向被保险人求偿。也就是说保险人一只手将保险金支付给被保险人，另一只手又把保险金收回，实质上保险人并未对被保险人履行赔偿责任，违背了损失补偿原则。

4. 权利代位中被保险人的义务

保险人在权利代位中对第三者责任方的求偿权是因履行保险赔偿责任而从被保险人处转移来的。也就是说，保险人对第三者的求偿权始于被保险人，保险人只是代替被保险人行使此权利。被保险人是受害者也是知情者，被保险人有义务协助保险人向第三者责任方进行追偿，以维护保险人的利益。《保险法》第六十三条规定：

"保险人向第三者行使代位请求赔偿的权利时，被保险人应当向保险人提供必要的文件和其所知道的有关情况。"

5. 权利代位中保险人利益的保护

代位求偿权是保险人向被保险人履行赔偿责任后所获得的一项权利，此权利受法律保护，被保险人有义务协助保险人向第三者责任方进行追偿，不得妨碍保险人行使该权利，以维护保险人利益。因此，《保险法》第六十一条规定："保险事故发生后，保险人未赔偿保险金之前，被保险人放弃对第三者请求赔偿的权利的，保险人不承担赔偿保险金的责任。保险人向被保险人赔偿保险金后，被保险人未经保险人同意放弃对第三者请求赔偿的权利的，该行为无效。被保险人故意或者因重大过失致使保险人不能行使代位请求赔偿的权利的，保险人可以扣减或者要求返还相应的保险金。"

（二）物上代位

物上代位是指所有权的代位。保险人对被保险人全额赔偿保险金后，即可取得对受损标的的权利。物上代位通常有两种情况：一种情况是海上保险中的委付；另一种情况是普通财产保险中受损标的的损余价值（残值）的处理。

委付是指放弃物权的一种法律行为，是海上保险中物上代位的体现。在海上保险合同中，当保险标的的受损按推定全损处理时，被保险人以口头或书面形式向保险人提出申请，明确表示愿将保险标的的所有权转让给保险人，要求保险人按全损进行赔偿。保险人如果接受这一请求，被保险人签发委付书给保险人，委付即告成立。保险人一旦接受委付，就不能撤销；被保险人也不得以退还保险金的方式要求保险人退还保险标的。由于委付是受损标的的所有权的转移，因此，保险人接受了委付后，可以通过处理受损标的获得利益，而且所获利益可以大于其赔偿的保险金。但保险人如果接受了委付，就接受了受损标的的全部权利和义务。因此，保险人一般在接受委付前，要进行调查研究，查明损失发生的原因以及对受损标的可能承担的义务，权衡利弊得失，慎重地考虑是否接受委付。

在保险实务中，物上代位的另一种情况是受损标的的损余价值（残值）的处理。保险标的遭受损失后，有时尚有损余价值存在，保险人对被保险人的损失进行全额赔偿以后，受损标的的损余价值应归保险人所有；否则，被保险人将通过处置受损标的而获额外利益。

《保险法》对物上代位的问题也做了相应规定。《保险法》第五十九条规定："保险事故发生后，保险人已支付了全部保险金额，并且保险金额相等于保险价值的，受损保险标的的全部权利归于保险人；保险金额低于保险价值的，保险人按照保险金额与保险价值的比例取得受损标的的部分权利。"

二、分摊原则

分摊原则的基本含义是指在重复保险存在的情况下，各保险人按法律规定或保险合同约定共同承担赔偿责任。但各保险人承担的赔偿金额总和不得超过保险标的的实际损失金额，以防止被保险人通过重复保险而获得额外利益。

135

（一）重复保险的存在是分摊的前提

《保险法》第五十六条第四款规定："重复保险是指投保人对同一保险标的、同一保险利益、同一保险事故分别与两个以上保险人订立保险合同，且保险金额总和超过保险价值的保险。"重复保险的存在是分摊的前提，因为只有在重复保险存在的情况下，才涉及各保险人如何分别对被保险人进行赔偿的问题。《保险法》并未对重复保险行为加以禁止，但为了防止重复保险的存在所导致的不良后果，防止被保险人获得额外利益，对各保险人如何承担赔偿责任做了规定，并对各保险人的赔偿金额总和做了限制。

（二）重复保险的分摊方法

为了防止被保险人在重复保险存在的情况下获得额外利益，明确各保险人的责任，保险法律或保险合同上要对分摊方法做出具体的规定。重复保险的分摊的方法主要有以下三种：

1. 保险金额比例责任制

保险金额比例责任制是指以每个保险人的保险金额与各保险人的保险金额总和的比例来分摊损失金额的方法。计算公式为

$$某保险人的赔偿金额 = \frac{某保险人的保险金额}{各保险人的保险金额之和} \times 损失金额$$

例：甲、乙两家保险公司同时承保同一标的、同一风险，甲保险单的保险金额为 4 万元，乙保险单的保险金额为 6 万元，损失金额为 5 万元。两个保险人的保险金额总和为 10 万元。

$$甲保险人的赔偿金额 = \frac{4}{4+6} \times 5 = 2（万元）$$

$$乙保险人的赔偿金额 = \frac{6}{4+6} \times 5 = 3（万元）$$

2. 赔偿限额比例责任制

采用这种方法时，各保险人的分摊金额不是以保险金额为基础，而是依照每个保险人在没有其他保险人重复保险的情况下单独承担的赔偿限额与各保险人赔偿限额总和的比例来分摊损失金额。计算公式为

$$某保险人的赔偿金额 = \frac{某保险人的赔偿限额}{各保险人的赔偿限额之和} \times 损失金额$$

比如，依照前面的例子，甲保险人的赔偿责任限额为 4 万元，乙保险人的赔偿责任限额为 5 万元，则

$$甲保险人的赔偿金额 = \frac{4}{4+5} \times 5 \approx 2.22（万元）$$

$$乙保险人的赔偿金额 = \frac{5}{4+5} \times 5 \approx 2.78（万元）$$

3. 顺序责任制

顺序责任制是指按保险合同订立的先后顺序由各保险人分摊损失金额的方法。由先出具保险单的保险人首先负赔偿责任，第二个保险人只有在承保的财产损失金

额超出第一张保险单的保险金额时，才依次承担超出部分的赔偿责任，以此类推。用此方式计算上例，甲保险人的赔偿金额为4万元，乙保险人的赔偿金额为1万元。

《保险法》第五十六条第二款规定："重复保险的各保险人赔偿保险金的总和不得超过保险价值。除合同另有约定外，各保险人按照其保险金额与保险金额总和的比例承担赔偿保险金的责任。"显然，《保险法》规定的重复保险的分摊方法采用的是保险金额比例责任制。

■ 本章关键词

告知　保证　说明　弃权与禁止反言　保险利益　近因　权利代位　物上代位
委付　重复保险　分摊

■ 复习思考题

1. 简述最大诚信原则的含义和主要内容。
2. 什么是保险利益？坚持保险利益原则有何意义？
3. 简述财产保险利益与人身保险利益的区别。
4. 什么是近因和近因原则？保险实务中应如何判定近因？
5. 简述损失补偿原则质与量的规定。
6. 简述权利代位的产生条件。
7. 简述权利代位中保险人利益的保护。
8. 什么是重复保险？重复保险下保险人如何分摊赔款？

第四篇　保险产品与个人保险规划基础

第八章
人身保险

- -

章首语：

　　人身保险以人的寿命或身体为保险标的，以生、老、病、死、伤、残为保障风险。作为商业保险的一大类别，人身保险包括人身保险、人身意外伤害保险和健康保险三大类险种。本章在介绍人身保险的概念、特征及分类的基础上，对人寿保险的基本形态及其发展、人寿保险的常用条款以及意外伤害保险和健康保险分别进行了分析。其中，健康保险部分重点分析了医疗保险和疾病保险。

第一节　人身保险概述

一、人身保险的概念

　　人身保险以人的寿命或身体为保险标的，在被保险人因保险合同约定的保险责任发生，以致死亡、伤残、疾病，或者达到合同约定的年龄、期限等条件时，给付约定的保险金或年金的一类保险。

　　第一，人身保险的保险标的是人的生命或身体。以生命作为保险对象，要区分生命的不同阶段，生存或死亡表示人的生命的继续或终止，因此对生命的保障就是承保人的生死。以身体作为保障对象，要区别身体的不同部位及各种机能，以人的健康、生理机能、劳动能力等形式表现，因此对身体的保障就是承保人的健康及各种能力。

　　第二，人身保险的保险责任就是人们在日常生活中以及成长过程中可能遭受的种种不幸事故，即因疾病、衰老、意外等造成的人的生、老、病、死、伤、残。

　　第三，人身保险的给付条件：一是保险期内保险事故发生，造成人的疾病、伤残、死亡等；二是保险期满，被保险人生存。

　　第四，人身保险的保险金给付形式大多是定额给付，即无论是期内保险事故发生，还是期满被保险人生存，保险人都按订约时双方约定的金额进行给付。

通常，人们将人身保险叫作人寿保险，实际上两者是不同的概念。人身保险的范围要比人寿保险大得多，人身保险泛指一切以人为保险对象的保险；而人寿保险仅以人的生命为保险对象。

二、人身保险的特征

人身保险和财产保险是我国保险业务的两大类。两类保险的基本职能都是对不幸事件所造成的经济损失给予一定的经济补偿，但由于人身保险的保险标的以及给付条件的不同，两大险种又存在着许多差异。人身保险的特征主要表现在以下几个方面：

（一）人身保险属于给付性保险

人因意外或疾病而死亡或伤残时，难以用货币确定伤残的损失，更难以用货币衡量被保险人死亡的价值量，因此人身保险事故发生时，保险人只能按合同约定的额度进行给付，不存在重复保险和超额保险，也不存在代位追偿的问题。如果被保险人同时持有若干有效保单，保险事故发生时，可以从各家保险人处获得约定的给付；如果事故是由第三方责任造成的，被保险人既可获得保险人的给付，也可获得责任方的赔偿。但有例外情形：费用型医疗保险采用补偿方式进行赔付，遵循补偿原则，被保险人不能得到超过医疗费用损失的额外利益，代位追偿和分摊原则可应用。

（二）保险金额确定方法的特殊性

人的生命和身体是无价的，显然人身保险的保险金额不能采用财产保险的确定方法。确定人身保险的保额的常用方法是需要与可能确定法。需要是指投保人在人身保险事故发生时需要在经济上得到帮助的程度；可能是指投保人缴纳保费的能力。根据需要和可能，由保险当事人双方协商决定一个确切的额度作为保险金额。一般地，需要包括：丧葬费用、医疗费用、子女教育婚嫁费用、遗属生活费用、债务、退休养老费用等。不同的需要，具体额度可能不同；同一种需要，不同的对象，其额度也可能不同。人们支付保费的能力一般要受收入水平、生活标准、社会工作地位、家庭负担等因素影响。

根据需要与可能确定保额，要恰如其分，既不能过高，也不能过低。过高，一方面可能产生"逆选择"或引发道德风险，危及被保险人的生命安全，违背保险的宗旨；另一方面应交的保费也高，容易导致保险合同的失效、退保，不利于保险业务的稳定。过低，保险事故发生时，被保险人得不到需要的保障，失去保险的意义。因此，保险人在承保过程中，根据投保人的实际情况，与其进行充分沟通交流，辅助采用一定的方法，比如"倍数法""生命价值法""遗属需求法"等，帮助做出合理正确的选择。

（三）人身风险的特殊性

1. 人身风险的变动性和相对稳定性

对个体而言，人身风险的发生具有变动性；对整体而言，人身风险的发生具有相对稳定性。

人身保险承保的主要风险是人的生死。经验显示，人的死亡率随年龄增长而增大，不同年龄的死亡率并不相同，特别是人到了一定年龄后，死亡率的上升呈加速增长的状态，从此意义而言，人身风险具有变动性。但同时，对于整体的死亡率来讲，死亡率因素较其他非寿险风险发生概率的波动而言，又具有相对稳定性。这是由许多专业机构对死亡率研究后得出的结论。因此，人身保险所承保的死亡风险在随被保险人的年龄增长而增加的同时，整体而言具有相对稳定性。

在人身保险的经营上，如果采用与各年龄死亡率相一致的自然保费，人身保险的经营将不得不面临下列困难：

（1）不利于保险人的逆选择将不可避免地存在。随着年龄的增长，费率也在不断上升，只有那些身体健康状况不断恶化、体力衰退的人考虑到生命的危险，才会愿意继续缴纳越来越多的保险费，坚持投保；而那些健康的人则会由于逐年增加的保费负担而中途退出保险。这样，保险人集中了大量的逆选择风险，使得正常情况下计算出来的费率难以维持。

（2）老年人保险成为不可能。按自然保费计算，年龄越大，应缴的保费越多，特别到了老年，应缴的保费相当于年轻人的几倍。受收入的限制，老年人难以承担高昂的保费，而往往老年人又最需要得到保险保障，因而最需要保险的老年人只能望而却步。对保险人而言，将大量的老年人排除在保险之外，不利于业务的发展。

（3）限制人身保险险种的发展。基于上述原因，采用自然保费经营人身保险，高龄人保险、永久性保险（终身保险）以及长期性保险都将受到极大的限制，阻碍了人身保险险种的发展和业务的扩大。

为了克服上述困难，在人身保险实务中采用了均衡保费，即将整个保险期内各年的自然保费进行加权平均，每期交付的保费相等。实行均衡保费的结果是：不仅克服了自然保费的局限性，而且由于初期多缴的部分累积计息，还可降低投保人应交保费的总水平，使人身保险经营在本质上区别于财产保险。

2. 人身风险的分散性

人身保险受人们缴费能力的限制，单个人的保额一般不会很高。同时，由于科技、医疗卫生保健的进步和发展，人身风险的发生往往是分散独立的，因此，在同一时间段，人身风险的发生分散于不同的家庭及地区。只有自然灾害出现，如火山爆发、特大洪灾等发生时，才可能导致大量保险标的同时遭受损害的情况。因而，分保对于人身保险而言不如财产保险重要。

（四）人身保险的长期性

人身保险的保险期限大多较长，特别是人寿保险，其保险的有效期限往往可以持续几年甚至几十年、上百年。而且，保险的缴费期和领取期也可以长达几十年。具体与保险险种和被保险人的年龄及投保人的选择有关，视具体情况不同而不同。由于期限长，人身保险采用年度均衡保费制，保费按复利计息。这对保险人而言，年年都有较稳定的保费收入，形成一笔可供保险人进行中长期投资的资金来源，充分发挥保险组织资金与融通资金的作用；对投保人而言，可减轻趸缴保险费的经济压力。人身保险的长期性要求有一套完整而严密的管理制度，随时记录整个保险期间的一切动态，并且对有关的往来单证有一套档案管理制度，不能随意散失，以免影响法律效力。同时，保险合同期内的保全服务很重要。

（五）人身保险的保障性与储蓄性

财产保险一般只具有保障性，人身保险则既有保障性，又具有储蓄性。人身保险的储蓄性表现如下：

第一，大多数人身保险本身就兼有储蓄性。如两全保险等，投保人投保的目的不仅是为了期内保险事故发生时获得保障，而且也是为了期满生存时得到一笔保险金。从本质上看，被保险人期满得到的保险金就类似于通过保单积累的储蓄。

第二，长期性人身保险实行均衡保费，前期多缴的部分实际上就是投保人的储蓄，表现为保单上的现金价值。根据人身保险合同的规定，投保人可任意处置这部分现金价值。

第三，长期性人身保险分期交付保费，且定价利率按复利计息，这本身就是储蓄的表现。

人身保险虽包含了储蓄的内容，但并不等同于储蓄，不能将两者相提并论。首先，储蓄是一种自助行为，依靠自身力量来进行资金积累。保险则是互助与自助的结合，被保险人得到的保险金不仅包含了自己所缴的保费连同利息，而且也包含了他人的分摊。其次，储蓄较为灵活自由，储蓄者可随时改变储蓄计划。一旦投保人身保险，投保人或被保险人不能随意变更合同内容，因而人们往往称人身保险是一种半强制性的储蓄。

由于保单具有的储蓄性，投保人可以用保单作抵押贷款，在中途退保时可以得到退保金。

此外，人身保险的保险利益也具有特殊性，在保险费率的厘定和经营管理等方面与财产保险也存在差异。

三、人身保险的分类

人们需求的多样性及可变性，决定了人身保险险种的多样性及新险种的层出不穷。对于众多的人身保险险种，如何进行科学归类，世界上还没有形成完全固定的原则和统一的标准。实际上，人身保险险种的分类，根据不同要求，从各个角度，可以有不同的划分方法。

（一）按保障范围分类，人身保险可划分为人寿保险、意外伤害保险和健康保险

这是保险业务的分类方式。有关具体内容参见本章第二、三、四节。

（二）按保单能否分红分类，人身保险可划分为分红保险和不分红保险

1. 分红保险

分红保险是指保险公司将其实际经营成果产生的盈余，按一定比例向保单持有人进行分配的人身保险产品。为了实现红利的分配，分红保险的费率一般高于不分红保险。保单持有人所得红利的高低取决于该产品业务的盈亏，因此不保证。

可分配的红利主要来源于三个方面：

第一，利差益，即超过预期的利息收益；

第二，费差益，即实际业务开支比预期节余；

第三，死差益，即实际死亡率与预计死亡率间存在着有利于保险人的差距。即在实际业务中，死亡保险的死亡人数比预期少；生存保险和年金保险的死亡人数比预期多。

红利的领取方式有领取现金、抵充保费、存储生息、增加保额、缴清保险等。分红保险，既可以提供保障，又可以使投保人获得红利收益，有利于吸引更多的客户，促进保险业务的发展。

原中国保监会以保监发〔2015〕93号印发《分红保险精算规定》，规定分红保险可以采取终身寿险、两全保险或年金保险的形式。保险公司不得将其他产品形式设计为分红保险。

2. 不分红保险

与分红保险相对，投保人不分享保险人经营的成果。保单持有人所获得的保险利益与保险人经营的效益无关。同类险种，不分红保险的费率会低于分红保险。

（三）按承保方式分类，人身保险可划分为个人人身保险和团体人身保险

1. 个人人身保险

个人人身保险以个人为投保人，一张保险单一般承保一个被保险人的人身风险。从需求角度看，个人保险业务分散且差异大，大部分保单的存续期长，因此保险公司须拥有丰富的产品、强有力的分销渠道、个性化的保险规划，以及完善的售后服务支持等。从保险经营角度看，由于个人人身风险存在差异性（比如年龄、性别、职业类型、财务状况、健康状况、生活环境、爱好或嗜好等），以及为了防范逆选择和道德风险，保险人通过核保对个体人身风险进行评估是必要的。

2. 团体人身保险

团体人身保险以法人团体为投保人，一张保险单承保一个法人团体的全部或大部分成员的人身风险。团体人身保险又可分为团体人寿保险、团体年金保险、团体意外伤害保险和团体健康保险等。团体保险具有以团体的选择代替对个体被保险人的选择、保额统一规定、保费较低且采用经验计费法等特点。

（四）按风险程度分类，人身保险可划分为标准体保险和次健体保险

1. 标准体保险

标准体保险的被保险人的风险程度与保险人订立的正常费率相适应。标准体又称为健康体或强体，是指身体、职业、道德等方面没有明显的缺陷，可以用正常费率来承保的被保险人。人身保险的大部分业务是标准体保险。

2. 次健体保险

次健体保险就是不能用正常费率来承保的人身保险。次健体又称为弱体、非标准体，是指被保险人的风险程度超过了标准体的风险程度，但保险人核保评估后可以承保，因而只能用特殊的方法加以承保。次健体保险承保方法主要有以下几种：

（1）增龄法

增龄法是指承保时，将被保险人的年龄比实际年龄提高若干岁的方法。如35岁的弱体投保，保险人承保时按40岁的标准费率征收保费。这种方法简单、方便，但只能适用于递增型超过风险，而且是随年龄增加而无限增大的情形。实际上这种情况是极为少见的。

（2）定额特别保费法

这种方法按标准体保险承保，但只要存在超过风险，另外收取定额特别保险费（如每千元保额征收 5 元特别保险费），以弥补各年超过风险的附加经费。这种方法适用于均衡型超过风险。

（3）保额削减法

在该方式下，保险人按正常费率承保，但在合同中说明，从合同生效起的一定时期内，要削减保险金额，如果被保险人在削减期内死亡，保险人只能按削减后的保额进行给付，若超过了削减期死亡，保险人则按保险金额进行给付，削减的期间和削减的额度视被保险人的缺陷程度而定。这种方法适宜于递减型超过风险。

第二节　人寿保险及其形态

一、人寿保险的概念

人寿保险是指以被保险人的生命为保险标的，以生存和死亡为给付保险金条件的人身保险。人寿保险是人身保险的主要组成部分，被保险人在保险期内死亡或期满生存，都可以作为保险事故，即当被保险人在保险期内死亡或达到保险合同约定的年龄、期限时，保险人按照合同约定给付死亡保险金或期满生存保险金。

人寿保险的基本特征如本章第一节所述，是定额给付性保险，保险期限长，风险具有变动性、稳定性和分散性，采用均衡保费等。

人寿保险按照保险责任划分，分为死亡保险、生存保险和两全保险。人寿保险按照产品设计类型划分，分为传统人寿保险（简称"传统寿险"）与新型人寿保险（简称"新型寿险"）。

二、人寿保险的基本形态——传统寿险

传统寿险也称为普通寿险，相对于新型寿险而言，传统寿险保单具有几个特点：保额固定（给付固定）、保费固定、利率固定。

人寿保险的基本形态通常包括三大险别：死亡保险、生存保险、两全保险。

（一）死亡保险

死亡保险是指以被保险人在保险有效期内死亡或终身死亡为保险金给付条件的人寿保险。保险人承担的基本责任就是被保险人的死亡。死亡保险如果是有期限的即定期死亡保险，如果是不限定期限的即终身死亡保险。

1. 定期死亡保险（又称"定期寿险"）

（1）定期寿险的概念

定期寿险是指以被保险人死亡为给付保险金条件，且保险期间为固定年限的人

寿保险[1]。

定期寿险提供的是一特定期间的死亡保障。特定期间有两种表示法：①以特定的年数表示（如20年期死亡保险）；②以特定的年龄表示（如保至60岁）。无论以哪种方法表示期间，只要被保险人在保险合同有效期内死亡，保险人就给付保险金于受益人；如果被保险人生存至保险期满，保险合同即告终止，保险人既不退还已交保费，也不给付任何保险金。

（2）定期寿险的特点

①定期寿险是保障性险种，被保险人在保险期限届满仍然生存，不能得到保险金，保险人也不退保费。

②短期定期寿险保单，通常没有现金价值；长期定期寿险保单，中间部分时间段有一定现金价值，合同到期没有现金价值。因此，定期寿险不具备储蓄性，其保险费一般只含保障因素和最低限度的附加费开支，不计利息。

③根据生命表，在一定时期内，死亡概率小于生存概率，被保险人通常都较保险期间活得更久，其保费也较低。即定期寿险的保障杠杆高，尤其是年轻时投保，可以较少保费建立较高的保障。

（3）定期寿险的适用范围及局限性

定期寿险提供的是特定期内的死亡保障，且保费较低，因此它适宜于：①在特定的期间对被保险人的生命具有合同上权益关系的人投保，以免被保险人在特定期间死亡使投保人的利益遭受损失；②家庭负担较重，经济收入不高，又有保险需求的人投保。③处在生计责任重的人生阶段，上有老下有小，家庭的主要收入者投保。除此之外，偏重死亡保障的人，以及希望用较少的保费获得较高额保障的人，也适宜于投保定期寿险。

定期寿险的局限性表现为：①当投保人对保险保障的需求超过特定期间，而又需要保障时，可能因其变为不可保体而永远丧失保险保障；也可能因为被保险人的年龄增大，费率过高，而交付不起高昂的保费，被排除在保险保障之外。②定期寿险大多不具备储蓄性质，投保人不能获得保险与储蓄的双重好处，对于偏重储蓄的人而言则是一个限制。

2. 终身死亡保险（又称"终身寿险"）

终身寿险是指以被保险人死亡为给付保险金条件，且保险期间为终身的人寿保险[2]。

终身寿险是一种期限不定的死亡保险。保单签发后，除非应缴的保费不缴，或因解约而停保，被保险人在任何时候死亡，保险人都得给付保险金。由于人固有一死，因此终身寿险的给付是必然要发生的，受益人始终会得到一笔保险金。终身寿险属于长期性保险，保单都具有现金价值和储蓄性质，因而适宜于需要终身保障和兼顾储蓄的人投保。

---

① 《人身保险公司保险条款和保险费率管理办法》第八条。
② 《人身保险公司保险条款和保险费率管理办法》第八条。

（二）生存保险

生存保险是以被保险人于保险期满或达到某一年龄时仍然生存为给付条件的一种人寿保险。生存保险的保费可以趸缴，也可以分期缴付。保险金的给付可以一次付清，也可以分期给付。生存保险有两种形态：单纯的生存保险和年金保险。

1. 单纯的生存保险

单纯的生存保险与定期死亡保险恰好相反。在单纯的生存保险中，保险金的给付以被保险人在期满时生存为条件，如果被保险人中途死亡，保险人既不给付保险金，也不退还已交的保费。这种纯粹的生存保险如果不加以限制，就会使不幸者更加不幸，有利者更加有利，最后可能导致与赌博性质差不多的结果，因而在现实业务中一般不以单纯的生存保险作为单独的保险形式推行，而是附加死亡保险和其他人身保险责任。

2. 年金保险

（1）年金保险的概念

年金保险是指以被保险人生存为给付保险金条件，并按约定的时间间隔分期给付生存保险金的人寿保险。简言之，以年金的方式支付保险金的生存保险就是年金保险。

习惯上，人们常把年金保险称为年金，实际上两者是不同的。年金是大概念，年金保险只是年金的一种，年金的收付有确定的期间，与收付人的生命无关；年金保险的给付期则取决于被保险人的生命因素，人的生死是事先不能预料的偶然事件，因而其给付期是不确定的。为了区别两者，一般称前者为确定年金，称后者为不确定年金。

在年金保险中，领取年金的人为年金受领人，保险人定期给付的金额为年金领取额（或年金收入），投保人交付的保费又叫年金购进额（或年金现价）。

（2）年金保险的特点

年金保险的特点主要有：①年金保险是生存保险的特殊形态，其特殊之处在于保险金的给付采取了年金方式，而非一次性给付。②年金保险保单上仍有现金价值。其现金价值与普通生存保险保单上的现金价值一样，随保单年度的增加而增加。一般在缴费期结束、领取年金前，现金价值最高。③年金保险的保险期间包括缴费期和给付期（有的包括等待期）。缴费期指年金保险的投保人分次交纳（年金现价）保费的期间，给付期指保险人整个给付年金的期间。如某人在30岁时投保终身年金，在60岁时开始领取年金，缴费至60岁，即从30岁投保开始至60岁为缴费期，60岁至终身为年金领取期。等待期指缴费期结束后需等待一段时期后，再进入年金领取期。如30岁的人投保交费至50岁，60岁开始领取年金，从50岁至60岁这段时期就是等待期。无论以何种方式交付，必须缴清全部保费后，才能进入年金领取期。④年金领取期有限期领取和终身领取。比如从60岁开始领取，领至80岁，是限期年金；从60岁开始领取，至死亡，是终身年金。

养老年金保险是年金保险最具代表性的险种。养老年金保险是指以养老保障为目的的年金保险。养老年金保险应当符合下列条件：①保险合同约定给付被保险人生存保险金的年龄不得小于国家规定的退休年龄；②相邻两次给付的时间间隔不得超过一年①。

（3）年金保险的作用

首先，年金保险最普遍的用途就是为老年生活提供保障。用年金保险的方式提供老年生活保障至少有两大优点：①可以降低保费，提高老年生活水平，因为年金收入中不仅包括了投保人交付的本金及其利息，而且还包括了生存者的利益；②一般可以约定支付周期为月，每月支付一定年金额，保证生活需要，避免老人的浪费或使用不当，造成最后年月中生活无保障的局面。

其次，年金保险可用作子女教育基金。如教育金保险就是一种年金保险。父母在子女年幼时投保，待子女满一定年龄时（如高中或大学时）开始领取年金额，并将其作为子女上学的费用。在被保险人毕业或到约定年龄时，保险人停止给付。这种类型的年金保险一般支付周期为年，给付期为子女就学期间，并且一般都附加了意外伤害或死亡保险。

最后，年金保单具有现金价值，投保人可在交费期内退保领取现金价值。因此有人也把年金保险作为一种安全投资的方式，而且还可获得税法上的优惠。如美国某些处于高税率等级的人把投保年金保险作为一种策略来延缓现金价值累积中利息收入的纳税，直到他们退保获得年金的总付款价值时为止。我国的税优养老金融产品，也包括了指定的税优年金保险产品。

（三）两全保险

1. 两全保险的概念

两全保险是指既包含以被保险人死亡为给付保险金条件，又包含以被保险人生存为给付保险金条件的人寿保险②。

两全保险都规定有期间，仍以特定的年数和特定的年龄来表示。人非生即死，被保险人不是在保险期内死亡，就是生存至期满，因此，与终身寿险相似，被保险人或身故受益人始终会得到一笔保险金。

2. 两全保险的特点

两全保险具有如下特点：

（1）两全保险是寿险业务中承保责任最全面的一个险种。它不仅可以保障被保险人的收支失衡，而且可以排除由于本人死亡给家庭经济生活带来的困难，或与其有经济利害关系的人经济影响的后顾之忧。两全保险是生存保险和死亡保险结合的产物，因而从精算角度来讲，两全保险的保费等于定期寿险保费与生存保险两者保费之和。

（2）两全保险费率最高。在定期死亡保险和生存保险中，保险人承担的责任要么是被保险人死亡，要么是被保险人生存。保险金的给付也存在两种可能：给付或不给付。两全保险则既保生存又保死亡，且一旦投保，给付就必然要发生。因此，

① 《人身保险公司保险条款和保险费率管理办法》第十条
② 《人身保险公司保险条款和保险费率管理办法》第八条。

除了长期两全保险与终身寿险的费率差不多外，短期两全保险比其他寿险的费率高很多，不适宜于经济负担能力差的人投保。

（3）两全保险的保费当中，既有保障的因素，又有储蓄的因素，而且以储蓄因素为主。保费中储蓄因素的多少与保险期限的长短密切相关：保险期限长的，保费当中储蓄所占的比重小；保险期限短的，保费当中储蓄所占的比重大。

（4）两全保险的保额分为风险保额（或保障保额）和储蓄保额。风险保额随保单年度的增加而减少，直至期满消失；储蓄保额则随保单年度的增加而增加，到期满全部变为储蓄，即"保障递减，储蓄递增"。因此只有需要低度保障和高度储蓄的人才适宜于投保两全保险。

3. 两全保险的用途

两全保险具有很强的储蓄性，其常被作为半强迫性的储蓄方法，以防止储蓄期间因被保险人死亡所带来的风险。一般地，投保人将其用于几个方面：

（1）教育基金

这是两全保险最普遍的用途。通常，在此种情况下，附有投保人保费豁免条款，即投保人（通常为父母）如果在缴费期内死亡，可免缴以后的保费而保单继续有效的条款。

（2）老年退休基金

这是两全保险另一个普遍的用途，就是提供老年退休时所需的资金。此种情况下，其保险期间通常至退休年龄为止。被保险人在退休时可获一笔金额可观的保险金供老年生活所需。从此意义而言，两全保险又称为养老保险。

定期寿险、终身寿险、两全保险的比较如表8-1所示。

表8-1 定期寿险、终身寿险、两全保险的比较①

项目	定期寿险	终身寿险	两全保险
保险责任	约定期限内死亡	终身，直至死亡	约定期限内死亡或期满生存
特点	被保险人在期满生存，不能得到保险金，保险人也不退保费	被保险人可以得到终身的死亡保障。被保险人死亡，身故受益人获得保险金	被保险人期内死亡，受益人得到保险金。如果被保险人期满生存，得到生存保险金
保险期限	约定期限	终身	约定期限
储蓄性	以保障为主，无储蓄性	有	强
现金价值	无保证	有	有
贷款选择权	无	有	有
保费水平	低	中	高

---

① 假设被保险人的年龄、性别、保额等相同。

150

基/础/保/险/学

三、寿险形态的发展——新型寿险

为了满足人们特定的保险需求，增强寿险产品的竞争能力，保险公司可对寿险的基本形态进行变化和组合或增加其功能，形成比传统寿险内容更为复杂的现代寿险品种，称为新型寿险。新型寿险产品的保额、保费、利率、现金价值等要素相对可变，有一定投资功能，对客户而言收益与风险并存。其主要种类有分红人寿保险（简称"分红寿险"）、万能人寿保险（简称"万能寿险"）和投资连结保险。

（一）分红人寿保险

1. 分红寿险的基本含义

分红寿险即带有分红性质的寿险产品，具体是指保险公司在每个会计年度结束后，将上一会计年度实际经营成果产生的盈余，按一定的比例向保单持有人进行分配的一种人寿保险。红利来源于"三差"（本章第一节已分析）。

2. 红利分配方式

红利分配方式如下：

（1）现金红利分配（美式分红）：红利直接以现金的形式分配给保单持有人，包括现金领取、抵交保费、累积生息等形式。

（2）增额红利分配（英式分红）：整个保险期限内每年以增加保额的方式分配红利，增加的保额作为红利一旦公布，则不得取消。

3. 分红寿险的特点

分红寿险的特点包括：①保单持有人享受部分经营成果，根据《分红保险精算规定》，要求保险公司红利的分配应当满足公平性原则和可持续性原则。保险公司每一会计年度向保单持有人实际分配盈余的比例不低于当年可分配盈余的70%。②红利不保证，客户承担一定的风险。③定价的精算假设比较保守，分红保险费率高于不分红保险费率。④保险给付金和退保金中含有红利。

（二）万能人寿保险

1. 万能寿险的基本含义

万能寿险是一种缴费灵活、保额可调整、非约束性的寿险，最早于1979年在美国寿险市场出现。万能寿险的保费缴纳方式很灵活，保险金额也可以调整。投保人在缴纳首期保费后，后续每年可选择维持首期的保费金额缴纳，也可以追加保费（在保险条款约定的范围内），只要保单账户价值足以支付保单的相关费用，有时可以不用缴纳保费。投保人还可以在具有可保性的前提下，提高保额或降低保额。

万能寿险的基本做法是：从投保人缴纳的首期保费中，扣除初始费用进入个人账户，成为保单最初的保单价值。该部分保单价值作为投资金额计息累积，扣除当期风险保障费，成为期末保单价值，同时也是下一周期的期初保单价值。若投保人在第二期期初缴纳了保费，则第二期的期初保单价值额为上期期末保单价值加上第二期保费减去费用和保障成本后的金额。第二期的期初保单价值额按新的投资金额累积到期末，成为第二期期末保单价值额。该过程不断重复。投保人也可以不缴后续年度保费，一旦其保单价值额不足以支付保单的死亡给付分摊额和费用，又未有新的保费缴纳，则保单失效。

2. 万能人寿保险的特点

和其他寿险相比，万能寿险有下面一些特点：

（1）万能寿险具有保障功能，具有死亡给付模式的可选择性特点

在万能寿险合同有效期内，若被保险人身故，以保险公司给付保险金额和万能账户价值两者较大者（A款）；也可以以保险金额与当时账户价值之和作为身故给付（B款）。

根据《万能保险精算规定》，对于投保时被保险人的年龄满18周岁的，个人万能保险在保单签发时的死亡风险保额不得低于保单账户价值的20%。死亡风险保额是指有效保额减去保单账户价值。其中有效保额是指被保险人因疾病和意外等身故时，保险公司支付的死亡保险金额。

（2）具有较强的灵活性和较高的透明度

万能寿险的保单持有人可在保险公司规定的幅度内，选择一个数额作为期交保费。期交保费可以每年交，中途也可停缴，持续缴费保险公司有奖励；只要保单的账户价值额足以支付保障成本费用，就不影响保单效力。此外，只要符合保单条款规定和保全规则要求，投保人可以申请追加保费，也可部分领取保单账户价值。

万能账户日计息、月结息，保险公司在年度结束，要给客户发送年度报告，详细说明账户初始价值、扣取的费用、保障成本、结算利率等情况。每月的保障成本和结息情况等信息，客户可以在保险公司的微信公众号或官网上查询。

（3）最低保证利率与结算利率

投保人可以获得最低保障和最低投资收益，投保人承担最低保障和最低投资收益以上的风险。

根据《万能保险精算规定》，万能账户应当提供最低保证利率，最低保证利率不得为负。保险期间内，各年度最低保证利率数值应一致，不得改变。保险公司应当根据万能单独账户资产的实际投资状况确定结算利率。结算利率不得低于最低保证利率。保险公司可以为万能单独账户设立特别储备，用于未来结算，储备不得为负，并且只能来自实际投资收益与结算利息之差的积累。

季度末，出现万能单独账户的资产价值小于对应保单账户价值的，保险公司应采取以下措施：

①下季度内每一次公布的年化结算利率不得超过本季度内年化结算利率；

②应当在15个工作日之内向万能单独账户注资补足差额，注资资金只能来自公司自有资金。

由同一万能单独账户管理的保单，应采用同一结算利率。

（4）万能寿险的费用

万能保险可以并且仅可以收取以下几种费用：①初始费用，即保险费进入万能账户之前扣除的费用。②死亡风险保险费，即保单死亡风险保额的保障成本，其随被保险人年龄的增长而提高。③保单管理费，即为维护保险合同向投保人或被保险人收取的管理费用。④手续费，保险公司可在提供部分领取等服务时收取，用于支

付相关管理费用。⑤退保费用，即保单退保或部分领取时保险公司收取的费用，用以弥补尚未摊销的保单获取成本。

（5）万能寿险适用和不适用人群

适用人群：有一定经济能力的中青年人，通过万能寿险进行长期资金积累；有一定闲散资金并有资产传承需求的人群；不想费心打理，有长期投资理财需求的人群；有现金流入但不稳定的人群。

不适用人群：60岁以上的老年人、低收入人群、收入高但家庭负担重的中年人。

万能寿险账户资金进出示意图见图8-1。

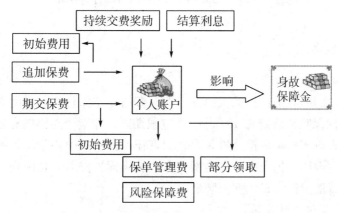

图8-1　万能寿险账户资金进出示意图

（三）投资连结保险

1. 投资连结保险的基本含义

投资连结保险是指包含保险保障功能并至少在一个投资账户拥有一定资产价值的人身保险产品。

投资连结保险是一种保额随其保费分离账户的投资收益变化而变化的终身寿险，于20世纪70年代在美国寿险市场上出现。这种产品可有效抵消通货膨胀给寿险保单带来的不利影响。投资连结保险在各国的称谓有所不同。英国称为单位基金连结产品，加拿大称为权益连结产品，美国称其为变额人寿保险，新加坡称为投资连结保险，我国也称为投资连结保险。

2. 投资连结保险的特点

（1）投资连结保险产品的保单账户价值与单独投资账户（或称"基金"）的资产相匹配，账户价值直接与独立账户的资产投资业绩相连，没有最低保证。保费在减去费用及死亡给付分摊后被存入投资账户。保险人根据资产运用状况，对投资账户的资产组合不断进行调整；保单所有人也可以在各种投资产品中自由选择调整组合。费用包括初始费用、买入卖出差价、保障成本、保单管理费等。

（2）死亡保险金额的给付方式特点。其包括以下两种方式：

方法一：取给付保险金额和投资账户价值两者较大者。死亡给付金额在保单年度前期是不变的，当投资账户价值超过保险金额后，随投资账户价值的波动而波动。

方法二：取给付保险金额和投资账户价值之和。死亡给付金额随投资账户价值的波动而不断波动，但风险保额（死亡给付金额与投资账户价值之差）保持不变。

（3）投资连结保险的适用对象的特点。投资连结保险作为一种投资性强的保险产品，其保险保障风险和费用风险由保险公司承担。投保人可以享受全部投资收益，但须承担全部投资风险。投资连结保险更适合于有一定风险承受能力与投资经验的中高收入人群。

第三节　人寿保险的常用条款

一、宽限期条款

（一）条款内容

宽限期条款的内容是：投保人如没有按时缴纳续期保险费，保险人给予一定时间的宽限（我国保险法规定为60天）。在宽限期内，保险合同仍然有效，若保险事故发生，保险人应按规定承担给付保险金的责任，但应从中扣除所欠缴的保险费连同利息。超过宽限期，仍未缴付保险费，保险合同即告停效。宽限期终了日，若遇星期例假日，或法定休息日，期限顺延。

（二）规定宽限期的目的

规定宽限期的目的在于避免合同非故意失效，保全保险人业务。在人身保险的分期缴费方式下，缴纳首期保险费是合同生效的前提，按时缴纳续期保险费是维持合同效力的条件。在长期的缴费期间，大多数投保人并非故意不按时缴纳保险费，而是因偶尔遗忘或暂时经济困难等未能按时缴费，如果保险人不给予一定时间的宽限，必然导致许多合同于中途停效，进而失效终止。因此，宽限期的规定于合同双方都有利而无害。

二、复效条款

（一）条款内容

复效条款的基本内容是：投保人在停效以后的一段时期内，有权申请恢复保单效力。复效是对原合同法律效力的恢复，不改变原合同的各项权利和义务。

（二）复效的条件

复效须经投保人提出复效申请，并且投保人与保险人达成复效协议。为了防止逆选择，保险人对于申请复效一般都规定了条件。条件如下：

首先，申请复效的时间。任何民事法律权利都有时效限制，投保人申请恢复保单效力的权利也应有时效限制。人身保险合同申请复效的时间一般规定为停效后的一定时期内（我国保险法规定为两年），超过了这个期限，就不能复效，保单终止，保险人向投保人支付保单上的现金价值。

其次，申请复效应尽告知义务。与申请投保一样，申请复效仍要尽告知义务，提供可保性证明（生存类保险除外），此时只需告知保险人，被保险人在停效期间和复效当时的健康状况。只要能证明被保险人的健康状况在停效后未曾恶化，很少有保险人拒绝复效的情况。

再次，复效时，投保人应补缴停效期间的保险费及利息，但保险人不承担停效期间发生的保障责任。原因如下：

①从法律上讲，复效是从复效之日起恢复合同的法律效力，并不追溯以往。

②从保险原理上讲，保险承保的只能是未发生的不确定事件，停效期内发生的保险事故属于已发生的确定事件，保险人不能负责。

③从保险经营上讲，如果保险人要承担停效期间的保险责任，那么申请复效者大多是停效期间发生了保险事故的被保险人，因为这些人为了取得较多的保险金给付，宁愿补缴少量的保费和利息，这显然于保险人的经营不利。

最后，复效时投保人须还清保单上的一切借款，或重新办理借款手续。

（三）复效与重新投保

人身保险合同停效后，被保险人要想重新获得保险保障，有两条途径：一是申请复效，二是重新投保。复效时，保险费与原合同保持一致，停效期间须计算在保险期间内；投保人要补缴停效期间的保费和利息，且不能获得此期间的保障。重新投保是指投保人终止原合同——退保，与保险人重新订立新的人身保险合同。重新投保按投保时被保险人的年龄计算保险费，保费必然高于原合同，但保险期间从新订约时开始。因此，对于年轻的被保险人而言，终止原合同，重新订立新合同或许更为有利。申请复效一般适宜于年龄较大的被保险人，因这时重新投保的保费可能比原合同的保费高得多，在经济上不合算或者这时被保险人的年龄已超过了保险人可以承保的年龄而不能重新投保。另外，复效也适用于保险人已经停止销售的险种。

三、贷款条款

（一）条款内容

贷款条款又称为保单贷款条款或保单质押贷款条款。其基本内容为：人身保险合同在保费缴满一定时期后（一般是一年或两年），投保人可凭保单向保险人申请贷款，其贷款的额度不得超过该保单上现金价值的一定比例（比如80%），贷款期限有约定（比如180天），到期经保险人同意可以续贷。如果贷款本息达到保单上现金价值的数额，投保人又未按时还款，会导致保险合同终止。

保单质押贷款实际上是投保人处置保单的方式之一，其具体做法是：

第一，只有保单上积存有现金价值时，投保人才能申请贷款。保单贷款实际上是投保人以保单上的现金价值为抵押的贷款。保险人在订立合同之初，投入了大量的原始资金，为了尽快收回投入的原始资金，会将订约初一年或两年内收取的保险费，在扣除了分摊死亡给付后的余额部分，全部用来摊销这些原始资金，因而保单订约后的一两年内保单上没有积存现金价值。在此期间，投保人不能向保险人申请贷款。

第二，贷款金额连同截至下一个结息日的贷款利息，不能超过保单在那时用作保证的现金价值。如果贷款本息超过了保单上的现金价值，保险人向保单持有人发出归还贷款期限的通知，届时如还未归还贷款，保险合同即行终止。合同终止后，无论是否发生保险事故，投保人都不能通过偿还贷款本息恢复其效力；合同终止后，保险人须注销保险合同，向投保人或被保险人发出终止合同的书面通知。

第三，保单贷款应按双方约定的利率计算（一般以同期银行贷款基准利率为依据），如果到结息日没有支付利息，该项利息并入贷款数目内一并计息。

第四，贷款期间保险合同为有效合同，在此期内发生的保险事故，保险人给付保险金；投保人退保，保险人应支付退保金。不过，保险事故的发生或退保的提出，并不免除投保人偿还债务的义务，所以应从保险金或退保金中扣还贷款本息。

（二）规定贷款条款的目的

规定贷款条款的目的是维持保单的继续率，解决投保人暂时资金紧张的困难。长期性人身保险合同都采用均衡保险费制，在此保费制下，每张保单上积存有现金价值。现金价值主要是投保人超缴的保费以及所生的利息，具有不没收的性质，投保人可根据其需要处置它。如果不允许投保人凭借保单向保险人借款，在投保人暂时遇到资金困难，需要现金而又无其他解决途径时，投保人只有通过退保，领取保单上的现金价值予以解决，这显然对保险人和投保人都不利。因此，为了维持保单的继续率，解决投保人的暂时经济困难，长期性人身保险合同都有贷款条款的规定。

四、自动垫缴保费贷款条款

（一）条款内容

自动垫缴保费贷款条款的基本内容是：投保人如在宽限期内尚未缴付保险费，除非投保人有反对声明，保险人可在保单的现金价值中自动提供贷款，用以抵缴保险费，使合同继续有效，直到累计的贷款本息达到保单上现金价值的数额为止。届时，投保人如再不缴付保险费，保险合同效力即行终止。

自动垫缴保费贷款是保单贷款方式之一，适宜于分期缴费的长期性人身保险合同。自动垫缴保费贷款条款的具体内容可分述如下：

第一，自动垫缴保费贷款意指不需要投保人提出贷款申请，保险人自动提供贷款来垫缴保险费。自动垫缴保费贷款条款的实施，以订约时投保人的书面同意为条件，这是因为自动垫缴保费贷款经过一定时期后，投保人退保所得的退保金要扣除垫缴的本息。如果不征得投保人的同意，保险人就自动垫缴保费，如果垫缴保费期间未发生保险事故，投保人可能否认保险人的垫缴，在退保或期满领取退保金或满期保险金时，可能在金额上与保险人产生纠纷。因此，只有在订约时，投保人出具了书面同意书的情况下，保险人方能实施这一条款。

第二，自动垫缴保费贷款的前提是保单上积存有现金价值。贷款仍需按一定的利率（一般以同期银行贷款基准利率为依据）计息。当累计的贷款本息达到保单上现金价值的数额时，停止贷款，如果此时投保人再不缴付保险费，保险合同即告终止。

第三，自动垫缴保费期间，保险合同仍然有效，如果保险事故发生，保险人要从给付的保险金中扣除垫缴的本息。

（二）规定自动垫缴保费贷款条款的目的

此条款的目的与宽限期条款的目的一样，都是防止保单非故意停效，维持保单的有效性，保全保险人的业务。

五、不丧失价值任选条款

（一）条款内容

现金价值又称"退保金"或"退保价值"，是指投保人要求解约退保时，寿险公司应该返还的金额。现金价值被看作投保人不可剥夺的利益，不会因停止缴费而丧失。当投保人退保时，保险公司应当返还这一部分利益。

不丧失价值就是保单上的现金价值。不丧失价值任选条款的基本内容是：规定投保人有权在合同有效期内选择有利于自己的方式处置保单上的现金价值。

（二）不丧失价值的处置方式

不丧失价值的处置方式通常有如下几种：

1. 解约退保，领取退保金

投保人采用这种方式，虽可得到解约退保金，但解约退保后，保险合同终止，被保险人失去保险保障，也可能会因为以后成为不可保体而永远失去保险保障；再者，投保人在领取退保金时要扣除解约费用，这对投保人而言也是不利的。

解约退保对于保险人而言，更是有弊而无利，因为：①解约退保可能意味着严重的逆选择。众所周知，解约退保者中极少有体弱多病、健康欠佳或从事较危险行业的被保险人。只有那些身体健康较佳者才会解约退保，这就可能导致实际死亡率较预期死亡率上升的逆选择现象。②减少保险人的投资收益。解约退保，保险人从其责任准备金中支付退保金，可能影响保险人的投资规模，降低投资收益率。③影响保险人费用成本的收回。人身保险合同的初年成本和费用往往超过第一年的保费收入，这些费用除了在合同生效的最初一两年，从修正制责任准备金中收回一部分外，其余的要分摊到以后各年度才能收回，投保人的中途退保解约，使这部分成本费用难以收回。④解约退保过多会影响保险人的声誉和形象，失去潜在客户。因此，对于保险人而言，如何防止解约是一重大课题，唯有高的合同继续率，才能维持经营的安全。

2. 减额缴清保险

投保人如不愿继续缴纳保险费，可以减额缴清保险的方式处置保单上的现金价值。减额缴清保险就是投保人利用保单上的现金价值将原合同改变为一次缴清保险费的同类保险。减保后，保险期限和保险合同内容保持不变，只是保险金额比原合同有所减少。"减额"，是指保险金额的减少；"缴清"，是指保险费交付完毕。也就是投保人以当时保单上的现金价值作为趸缴保费投保与原合同种类相同的保险。减保后，投保人不再缴付保险费，但所享受的保障程度降低。这种方式适用于被保险人身体健康状况良好，需要长期保障而又无力缴付保险费的保险合同。

157

3. 展延定期保险

展延定期保险指投保人利用保单上的现金价值将保险合同改为一次缴清保险费的定期保险。改保后，保险金额不变，只是保险期限要根据保单上的现金价值进行推算。这种方式适用于被保险人身体健康状况衰退或职业风险有所增加，而无力缴付保险费的保险合同。

上述三种方式的共同之处是：①以保单上积存的现金价值为前提；②必须于保险合同有效期内申请；③以当时保单上的现金价值作为趸缴保费（仅限于后两种方式）；④变更或退保时，如有保单贷款或自动垫缴保费贷款均需先扣除贷款本利。

六、保单转让条款

（一）条款内容

长期性人身保险合同都具有现金价值，类似于有价证券，保单持有人可做各种处置。保单转让条款的基本内容是允许保单持有人在需要时转让保单，保单转让时须书面通知保险人，否则不生效，保险人收到转让通知后，即受其约束。在此之前，保险人对转让合同是否生效不负责任。例如，甲贷款 50 万元给乙，同意将保额为50 万元的定期死亡保单转让给乙，双方于 2022 年 5 月 6 日签订转让合同并于同日通知保险人，结果 5 月 8 日被保险人死亡，而保险人于 5 月 9 日才收到转让通知，这时保险人应将保险金支付给保险合同上的原受益人，而不是受让人乙。

保单转让后，受让人享有对保险金的请求权，实际上就是在变更受益人，因此，保单的转让应限于被保险人本人。

（二）保单转让的种类

保单转让通常分两种：

1. 绝对转让

绝对转让指受让人承受了保单的全部权利，成为新的保单持有人。如发生保险事故，全部保险金归受让人。

2. 相对转让

相对转让指受让人仅承受保单的部分权利。在相对转让情况下，受让人于保险事故发生时，收到的只是已转让权益的那部分保险金，其余的仍归原受益人所有。

七、共同灾难条款

共同灾难条款是解决共同灾难发生时受益权归属的依据。

（一）条款产生的原因

共同灾难，是指被保险人和第一受益人同死于共同的意外事故。例如，被保险人与第一受益人同死于一次灾难事故，可能出现下列三种情形：

第一种，明确知道两者死亡的先后顺序；

第二种，明确知道两者为同时死亡；

第三种，无法知道两者死亡的先后顺序。

第一种情况，保险金如何处理，较为明确：如果被保险人先于第一受益人死亡，保险金应归第一受益人；如果相反，保险合同应作为无受益人合同处理，保险金归被保险人，由其他受益人或其继承人领取。

第二、三种情况则较麻烦，容易引起理赔纠纷，需要法律和保险合同中明确。

（二）条款内容

共同灾难条款规定：第一受益人与被保险人同死于一次事故中，无法确定谁先死，谁后死，还是同时死亡，推定第一受益人先死、被保险人后死。保险金不是归第二受益人（保单指定有第二受益人情况下），就是归被保险人，由被保险人的继承人享有。共同灾难条款的产生使问题得以简化，避免了许多无谓的纠纷。

《保险法》第四十二条第二款规定："受益人与被保险人在同一事件中死亡，且不能确定死亡先后顺序的，推定受益人死亡在先。"

八、不可抗辩条款

（一）条款内容

不可抗辩条款又称为两年后不否定条款、不可争条款。其基本内容是：在被保险人生存期间，从保险合同生效之日起满一定时间后（通常为两年），保险人将不得以投保人在投保时违反诚信原则，未如实履行告知义务为理由，主张解除合同。

不可抗辩条款的除外情况一般包括下列几种：

（1）投保人停缴保险费。投保人超过了宽限期未缴付保险费，保险合同效力处于停止状态。

（2）永久完全残疾、丧失工作能力的给付。这是为了防止已残疾者为了获得保险金而投保。

（3）意外死亡加倍给付。如果被保险人在保险合同成为不可抗辩文件后，由于意外事故死亡，保险人只按约定的保险金额给付，加保部分不予给付。

此外，投保人在订立合同时不具备法律要求的基本条件（如投保人与被保险人不存在保险利益），或其他原因（如被保险人被冒名顶替）致使合同从订立开始就无效的，保险人可在任何时间提出该合同是无效的。实际上因为这些合同本身就是无效合同，也就无所谓解除与否的问题，因此不可抗辩条款对上述情况不起作用。

（二）条款产生的原因

不可抗辩条款的规定，是为了防止保险人滥用权利，保护投保人的正当权益。根据最大诚信原则，投保人在投保时应据实告知被保险人有关健康、职业、财务等情况，如果投保人没有履行告知义务，法律赋予保险人解除合同的权利。如果对此权利不加以限制，会损害投保方的正当权益，具体表现在以下两个方面：

首先，如果保险人在订立合同多年后才主张解除合同，这时被保险人可能由于健康状况的变化而成为不可保体，丧失获得保险保障的机会，也可能这时被保险人年龄较大，重新投保需要缴付较多的保险费。

其次，保险事故发生时，保险人有可能以告知不实为借口，故意为难被保险人，拒付保险金，使被保险人失去应有的保障，因此为了保护投保人的正当权益，维持保险人的信誉，制定了此条款。

九、年龄误告条款

（一）条款内容

年龄误告条款是处理被保险人年龄申报错误的依据。条款的基本内容是：如果投保时，误报了被保险人的年龄，保险合同仍然有效，但应予以更正和调整；如果被保险人的真实年龄已不符合保险合同规定的年龄限制，保单生效两年内可解除保险合同，退还现金价值。《保险法》第三十二条规定："投保人申报的被保险人年龄不真实，并且其真实年龄不符合合同约定的年龄限制的，保险人可以解除合同，并按照合同约定退还保险单的现金价值。保险人行使合同解除权，适用本法第十六条第三款、第六款的规定。投保人申报的被保险人年龄不真实，致使投保人支付的保险费少于应付保险费的，保险人有权更正并要求投保人补交保险费，或者在给付保险金时按照实付保险费与应付保险费的比例支付。投保人申报的被保险人年龄不真实，致使投保人支付的保险费多于应付保险费的，保险人应当将多收的保险费退还投保人。"

由此，被保险人的年龄不符合承保年龄限制而订立的保险合同，两年后属于不可抗辩条款的范围。

（二）调整方法

被保险人年龄误报可能出现两种情况：一是年龄报大了，二是年龄报小了。可能导致的结果也有两种：一是实缴保费多于应缴保费，即溢缴保险费，二是实缴保费小于应缴保费。前者如死亡类保险合同的被保险人申报年龄大于真实年龄，后者则是相反的情况。对上述两种情况应分别进行调整：

1. 溢缴保费时的调整

被保险人年龄误报导致溢缴保费时，其调整方法有以下两种：

第一种，在保险事故发生或期满生存给付保险金时，如果发现了误报年龄，保险人一般按真实年龄和实际已缴保费调整给付金额。调整公式为

$$应付保险金 = 约定保险金额 \times \frac{实缴保费}{应缴保费} \qquad (8\text{-}1)$$

公式中的实缴保费指投保人按错报年龄实际已缴纳的保险费，应缴保费指按被保险人真实年龄计算应该缴纳的保险费。

第二种，在保险合同有效期内，如果发现了被保险人的年龄误报，可以退还溢缴保险费。我国保险法规定，溢缴保险费时，应当退还多收的保险费。

2. 保费少缴时的调整

一般分两种情况：

第一，在合同有效期内，可要求投保人补交少缴的保险费；

第二，在保险事故发生时，则只能按实交保费调整给付金额，调整公式如式（8-1）。

十、自杀条款

(一) 条款内容

自杀条款规定保险合同订立后一定时期内（我国保险法规定两年内），被保险人自杀的，保险人不承担赔付保险金责任。超过这个时期，被保险人自杀，保险人承担赔付责任。订立自杀条款的目的是防止道德危险，避免出现被保险人投保时试图在保单生效后自杀，以谋取保险金的情况。

《保险法》第四十四条规定："以被保险人死亡为给付保险金条件的合同，自合同成立或者合同效力恢复之日起二年内，被保险人自杀的，保险人不承担给付保险金的责任，但被保险人自杀时为无民事行为能力人的除外。保险人依照前款规定不承担给付保险金责任的，应当按照合同约定退还保险单的现金价值。"

(二) 条款产生的原因

自杀是故意行为，原则上属于除外责任，原因如下：

第一，保险人承保的风险应该是非本意的，被保险人自杀是人为的故意行为造成的，保险人不能承保这种责任。

第二，自杀是违反自然规律的，是社会不提倡的行为，因此保险人不能为社会所不提倡的行为提供保障。

第三，保险人制定自杀条款的主要原因在于防止有人利用自杀谋得保险金，防止道德风险的发生。

随着保险业务的发展、保险竞争的加剧，以及体现对受益人利益的保障，对被保险人自杀保险人是否承担给付保险金责任，法律上做了时间区分，合同成立开始超过一段时间保险人承担责任。

(三) 自杀条款的限制

自杀条款不适用于被保险人为无行为能力人的保险合同中。这要分两种情况：

（1）订立合同时，被保险人就没有行为能力，这种合同仅限于一些包含死亡责任的险种（如我国开办的中小学生平安险等）。这些险种的死亡给付额受法律限制。

（2）订立合同时，被保险人是有行为能力的人，而在合同持续期间丧失了行为能力（指精神病患者）。第一，无行为能力的人的自杀并非真正含义上的自杀，按《法学词典》的解释，构成自杀必须具备两个条件：一是要有主观愿望，即需要有结束自己生命的愿望；二是要有足以实施结束自己生命的行为。两者缺一不可。显然，无行为能力的人由于其认识能力等各种能力的限制，不能认识到死亡的含义，也不能意识到自己行为的真正后果，缺乏判断是非的能力，即使实施了结束自己生命的行为，其主观愿望也难以成立（如精神病患者跳楼自杀）。第二，保险人规定自杀除外责任的一个重要原因是防止有人利用自杀骗取保险金，如果被保险人为未成年人，就其行为能力而言是不可能有利用自杀谋取保险金的动机的。如果被保险人是精神病患者，则更谈不上谋取保险金的动机了。因此，自杀条款不适用于这类保险合同。

第四节　意外伤害保险

一、意外伤害保险的概念和特征

（一）意外伤害保险的概念

1. 什么是伤害

首先，我们应明确什么是伤害。通常认为，任何一种因素使人的身体遭受到损害以致危害健康甚至引起死亡，就可以称为伤害，按人们习惯的称呼有时也叫损伤。伤害不仅指机械性损伤，也包括烫伤、冻伤、中毒、溃疡、惊悸等。"电气伤害""精神伤害""生物伤害""化学伤害""原子核对人体的辐射"等也可视为伤害。在现代社会，风险日益增多，伤害的种类也不断增多。

但是从法医学的观点来看，伤害仅指客观外因所致的各种伤害，而不包括疾病所致的伤害。下面讨论的伤害和保险公司在实际业务中承保的伤害基本上沿用法医学上所称的伤害，但有时也对其外延加以扩大（如中毒等）。

2. 什么是意外伤害

意外是指伤害发生时被保险人事先没有预见到，或伤害的发生非被保险人的主观愿望，或伤害的发生对被保险人而言是突然出现的，即意外事件的发生必须具备非本意、外来、突然这三个要素。这三个要素缺一不可。现将三要素的含义分别解释如下：

（1）非本意

非本意是指意外事件的发生非被保险人的主观愿望，也不是被保险人所能预见的。例如，一架正常航行的飞机因机械失灵坠毁发生空难，这种结果违背乘客乘坐飞机的主观愿望，也不是乘客在搭乘飞机时能够预见的，故属于意外事件。

特别是有的意外事件，尽管本人能够预见到事件将要发生，也可以采取防范措施加以避免，但基于法律的规范或遵守职业道德不能躲避。例如，银行职工面对持刀抢钱的歹徒，为保护国家财产与歹徒搏斗受伤，仍属于意外事件导致的伤害。

（2）外来

这里所谓的"外来"，强调与前述法医学对"伤害"的定义保持一致，即意外事件是由被保险人身体外部的因素引起的。例如，车祸、摔伤、食物中毒等，只要是人体以外的因素所导致的事件均视为意外。

（3）突然

突然是指事件的发生对被保险人来讲，来不及预防，即指事件发生的原因和结果之间仅具有直接瞬间的联系。例如，爆炸、飞机失事、空中坠落物体等引起的人身伤亡均属于意外。在生产中发生的员工铅中毒和矽肺事件，尽管也属于非本意，是外来的因素所造成的，但由于上述两种情况均属于长期接触有毒物质而形成的职业病，结果和原因之间不具有瞬时联系，故不属于意外事件。

值得注意的是，有些事件造成的结果不一定立即显示，而对人体的损伤是外来剧烈因素所造成的，亦可称为意外事件。例如，发生坠落以致出现内出血，虽然当时没有发现，后来内伤致死也可作为意外事件。

综上所述，意外伤害是指外来的、剧烈的、突然的事故所造成的人身伤害。

3. 什么是意外伤害保险

意外伤害保险，是指被保险人因遭受意外伤害而残疾或死亡时，保险人依照合同规定给付保险金的人身保险。在意外伤害保险中，保险人承保的风险是意外伤害风险，保险人承担责任的条件是被保险人因意外事故而残疾和死亡。

4. 意外伤害保险的分类

意外伤害保险按不同的分类方法可以分成不同的类别，例如：按投保的对象不同，意外伤害保险可分为个人意外伤害保险和团体意外伤害保险；按承保的风险不同，意外伤害保险可分为普通意外伤害保险和特种意外伤害保险；等等。下面对普通意外伤害保险和特种意外伤害保险进行介绍：

（1）普通意外伤害保险

普通意外伤害保险是指在保险期内的各种意外伤害事件。在实际业务中，此类意外伤害保险比较多见，如我国开办的团体意外伤害保险、个人意外伤害保险等。

（2）特种意外伤害保险

特种意外伤害保险是指在特定时间、特定地点，特定原因导致的意外伤害事件。由于"三个特定"，故称之为特种意外伤害保险。例如在游泳池或游乐场所发生的意外伤害等。特种意外伤害保险还包括各种特定公共交通工具意外险，比如乘坐飞机、轮船、高铁、客车等，保险人可以按照年度或一个运输途程承保。

（二）意外伤害保险的特征

意外伤害保险的特征可以从它与人寿保险的比较中得出。意外伤害保险和人寿保险都采取定额保险的形式，即在投保时，由投保人和保险人约定一定数额作为保险金额，当保险事故发生时，由保险人依照保险金额（或约定保险金额的一定比例）承担给付责任。在保险合同主体方面，它们的投保人与被保险人可以是同一人，也可以不是同一人，都可以指定受益人。

它们的区别主要表现在以下几个方面：

第一，就可保风险而言，人寿保险承保的是人的生死，或死亡给付，或养老金的领取，或满期领取等，属人体新陈代谢自然规律，与人的年龄密切相关。而意外伤害保险承保的则是外来的、剧烈的、突然的事故对人体造成的伤残或死亡。对每个人来说，无论年龄如何，意外伤害所承保的风险大体是相同的。

第二，就费率的制定而言，人寿保险在厘定费率时按人的生死概率选择不同的生命表进行计算；而意外伤害保险在厘定费率时根据过去各种意外伤害事件发生概率的经验统计计算，比较注重职业风险。不同的职业，发生意外伤害事故的概率不同，因此，其费率也不同。

第三，就责任准备金的提取来看，人寿保险一般均属长期性业务，保险人收取的保费是按均衡办法计算的。按照这种计算模式，其保费一部分是作为当年死亡给

163

付的风险保费，另一部分则是专门积存起来作为将来的死亡给付或期满给付的储蓄保费。储蓄保费连同其按复利方式所产生的利息构成人寿保险的责任准备金，以保证将来履行保险责任。而意外伤害保险的保险期限通常为一年，属短期性业务，从当年自留保险费中提取未到期责任准备金。

第四，从保险期限看，意外伤害保险是短期险种，多数产品的期限是一年。还有一些产品的时间更短，如乘坐火车、轮船、飞机等各种运输工具的意外险，保险期限为乘坐运输工具的时间；游泳池人身意外伤害保险，其保期可只限定为一个场次对应的时间。

二、意外伤害保险的保险责任及给付方式

（一）意外伤害保险的保险责任

1. 意外伤害保险的责任范围

意外伤害保险的保险责任是指，在保险期内，当被保险人因遭受意外伤害而死亡或残疾，由保险人履行保险金的给付。意外伤害保险的保险责任范围分为两大类：第一类，由意外伤害造成的死亡，所给付的保险金为死亡保险金；第二类，由意外伤害造成的残疾程度，所给付的保险金为残疾保险金。

2. 保险人承担责任的条件

在意外伤害保险中，保险人承担责任的条件包括：

第一，在保险有效期内，被保险人发生意外伤害事故；

第二，在责任期内，被保险人残疾或死亡；

第三，被保险人的残疾或死亡与意外事故之间存在因果关系。

3. 关于责任期限的规定

责任期限是意外伤害保险特有的概念，是指自被保险人遭受意外伤害之日起的一定时间期限（比如180天）。意外伤害保险中有关责任期限的规定，是指被保险人自遭受意外伤害起多长时间内而死亡或残疾才构成保险责任。如被保险人先受到伤害，然后死亡，这种以伤害为直接原因的被保险人死亡，必须发生于受到伤害之日起的180天之内。在这种情况下，即使被保险人的死亡时间已超出保险期限，保险人仍应承担死亡保险的给付。

在意外伤害保险中，意外伤害事件导致被保险人失踪，为了维护投保方的利益，可以在意外伤害保险条款中附失踪条款或在保单中注明有关失踪的特别约定，保险效力应继续到宣告死亡之日，而不受保险期限约束。

对于意外伤害造成的残疾，所谓责任期限实际上是确定残疾程度的时间界限。当被保险人遭受意外伤害后，往往需要经过一段时间的治疗，才能确定是否残疾以及何种程度的残疾。如被保险人在保险期内遭受意外伤害，责任期限尚未结束，治疗过程已终结并被确定为残疾时，保险人应当根据已确定的残疾程度给付残疾保险金。但若被保险人在保险期内遭受意外伤害，责任期限结束时而治疗过程尚未终结，那么无论被保险人的组织残缺或器官机能的丧失程度将来如何，应当推定责任期限

结束时这一时刻，被保险人的残疾程度是永久性的，并据以给付残疾保险金。之后无论被保险人的残疾程度减轻或加重，保险人均不再承担残疾保险金的追偿或给付。

4. 责任免除

责任免除就是保险人不承担赔付的风险责任。意外伤害保险的责任免除分为以下两类：原因除外和期间除外（实务中在保险条款中详细列举）。

举例：某保险公司意外险责任免除条款

（一）原因除外

下列原因导致被保险人身故或伤残的，保险人不承担给付保险金的责任：

（1）投保人对被保险人的故意杀害、故意伤害；

（2）被保险人自致伤害或自杀；

（3）被保险人故意犯罪、拒捕、挑衅或故意行为而导致的打斗、被袭击或被谋杀；

（4）被保险人因妊娠（含宫外孕）、流产（含人工流产）、分娩（含剖宫产）造成的伤害；

（5）被保险人因药物过敏或未遵医嘱，私自使用、涂用、注射药物造成的伤害；

（6）被保险人接受包括美容、整容、整形手术在内的任何医疗行为而造成的伤害；

（7）被保险人主动吸食或注射毒品，醉酒或受管制药物的影响；

（8）疾病（包括但不限于高原反应、中暑），猝死；

（9）非意外伤害导致的细菌或病毒感染；

（10）任何生物、化学、原子能武器，以及原子能或核能装置所造成的爆炸、灼伤、污染或辐射；

（11）战争、军事冲突、武装叛乱或暴乱、恐怖袭击。

（二）期间除外

被保险人在下列期间遭受意外伤害而身故或伤残，保险人不承担给付保险金的责任：

（1）被保险人从事违法、犯罪活动期间或被依法拘留、服刑、在逃期间。

（2）被保险人存在精神和行为障碍（以世界卫生组织颁布的《疾病和有关健康问题的国际统计分类（ICD-10）》为准）期间。

（3）被保险人从事高风险运动、各种车辆表演、车辆竞赛或练习期间。

（4）被保险人酒后驾驶、无有效驾驶证驾驶或驾驶无有效行驶证的机动交通工具期间。

5. 特别约定

意外伤害保险的特别约定是指，许多伤害事件，从保险原理上来讲并不是不能承保，而是保险人考虑到此类意外伤害事件发生时，其保险责任不易确定，或此类意外伤害事件的或然率不易把握，限于保险方的技术原因一般不予以承保。只有经过合同双方对此类意外伤害事件的互相协商，遵循公平、等价有偿的准则，考虑到此类危险的特殊性，有时还要加收保险费，做到权利与义务对等，方能承保。特别约定承保的意外伤害事件分为以下几类：

第一，战争造成的意外伤害；

第二，被保险人在激烈的体育活动或比赛中遭受的意外伤害；

第三，核辐射造成的意外伤害等。

（二）意外伤害保险的给付标准

根据我国保险行业业务发展要求，2014 年原中国保监会发布《人身保险伤残评定标准及代码》（以下简称《标准》）。

《标准》参照世界卫生组织《国际功能、残疾和健康分类》（ICF）有关功能和残疾的分类理论与方法，包括"神经系统的结构和精神功能""眼，耳和有关的结构和功能""发声和言语的结构和功能""心血管，免疫和呼吸系统的结构和功能""消化、代谢和内分泌系统有关的结构和功能""泌尿和生殖系统有关的结构和功能""神经肌肉骨骼和运动有关的结构和功能""皮肤和有关的结构和功能"八大类，共 281 项人身保险伤残条目。

《标准》规定了意外险产品或包括意外责任的保险产品中伤残程度的评定等级以及保险金给付比例的原则和方法，用于评定由于意外伤害因素引起的伤残程度。

1. 死亡保险金的给付

意外伤害保险保单中，均应明确规定死亡保险金的数额，一般以保险金额为准。有的意外伤害保险保单还约定，对搭乘公共交通事故死亡的被保险人，在保险金额基础上额外赔付。比如某人购买了一份意外伤害保险，其保单约定一般意外伤害死亡给付保额，因公共交通意外死亡给付两倍保额。如果保额为 100 万元，如果发生一般意外伤害死亡，保险公司给付 100 万元，如果搭乘公共交通工具死亡，保险公司给付 200 万元。

2. 残疾保险金的给付

《标准》将人身保险伤残程度划分为一至十级，最重为第一级（身体全残），最轻为第十级。与人身保险伤残程度等级相对应的保险金给付比例分为十档：伤残程度第一级对应的保险金给付比例为保险金额的 100%，第二级至第十级对应的保险金给付比例分别为保险金额的 90%、80%、70%、60%、50%、40%、30%、20%、10%，每级相差 10%。

身体全残指下列情形之一：①双目永久完全①失明②；②两上肢腕关节以上或两下肢踝关节以上缺失；③一上肢腕关节以上及一下肢踝关节以上缺失；④一目永久完全失明及一上肢腕关节以上缺失；⑤一目永久完全失明及一下肢踝关节以上缺失；⑥四肢关节机能永久完全丧失③；⑦咀嚼、吞咽机能永久完全丧失④；⑧中枢神经系统机能或胸、腹部脏器机能极度障碍，导致终身不能从事任何工作，为维持生命必要的日常生活活动，全需他人扶助的⑤。

第五节　健康保险

一、健康保险概述

（一）健康保险的定义

根据《健康保险管理办法》的规定：健康保险，是指由保险公司对被保险人因健康原因或者医疗行为的发生给付保险金的保险，主要包括医疗保险、疾病保险、失能收入损失保险、护理保险以及医疗意外保险等。

第一，健康保险是人身保险的一个类别，它所提供的保障事故包括意外伤害和疾病两种。意外伤害和疾病发生的原因和性质是不同的。意外伤害是指突发的、非预期的、身体外部原因造成的；疾病主要是由身体内在原因引起的。

第二，健康保险的责任是意外事故或疾病所致的医疗费用或收入损失。在保险给付处理上，意外事故所致的给付与疾病所致的给付有所不同，前者较后者宽大（比如没有等待期）。这是由于伤害事故的发生较为确定，如四肢残缺、失明、死亡等，甚为明显，且有行业标准；疾病则不然，道德风险因素存在的可能性较大，如带病投保、小疾大医、一人保险全家受益的情况时有发生，因此疾病的保险的给付必须审慎。

（二）健康保险的特征

1. 经营主体所面临的经营风险相对较高

首先，健康保险经营伤病引致的健康风险的影响因素比人寿保险复杂，逆选择和道德风险更严重。其次，由第三方医疗机构提供医疗服务，保险公司对其医疗行为的控制有限。最后，在保单有效期内，保险事故可能发生多次。

此外，发病率的上升和医疗费用的上涨，可能使保险公司经营健康险的赔付率上升。因此，在人身保险各险种中，健康保险的核保条件最严格。

---

① 永久完全指自上述"身体全残"情形发生之日起经过180日的治疗，机能仍完全丧失，但眼球摘除等明显无法复原的情况，不在此限。

② 失明指眼球缺失或摘除，或不能辨别明暗，或仅能辨别眼前手动者，最佳矫正视力低于国际标准视力表0.02，或视野半径小于5度，并由保险公司认可的鉴定机构出具鉴定书。

③ 关节机能的丧失指关节永久完全僵硬、麻痹，或关节不能随意识活动。

④ 咀嚼、吞咽机能的丧失指由牙齿以外的原因引起器质障碍或机能障碍，以致不能做咀嚼、吞咽运动，除流质食物外不能摄取或吞咽的状态。

⑤ 为维持生命必要的日常生活活动，全需他人扶助指食物摄取、大小便始末、穿脱衣服、起居、步行、入浴等，都不能自理，需要他人帮助。

2. 健康风险和保险赔付具有复杂性

人类疾病种类越来越多，医疗技术日益发展，医疗器械和药品也不断更新，这使得健康风险的识别更加复杂。此外，医疗费用支出的影响因素中存在不少人为因素，治疗方案和疾病认定需要专业性。因此，健康保险合同需要更多的技术性定义（医学方面等）。疾病保险合同条款会对每一种疾病进行界定，保险行业对主要的重大疾病认定进行规范。医疗保险产品根据满足需求的不同有不同种类，为了控制风险，每份保单都会对保险公司承担的费用和项目范围做详细的规定。此外，保险条款还会对医疗机构进行限制。

3. 健康保险合同有其特定条款

（1）等待期条款

等待期为保单生效后的一定时间（如90天或180天）。对于等待期内发生的事故，保险人不承担保险责任。《健康保险管理办法》第二十七条规定："疾病保险、医疗保险、护理保险产品的等待期不得超过180天。"不同健康保险险种，等待期不同；同类险种的健康保险产品，不同公司或不同销售渠道，等待期不同。医疗保险等待期相对较短，一般为30天；重疾险为90天或180天。具体的等待期以合同约定为准。

等待期一般只适用于非意外导致健康风险的第一个保单年度，续保年度不再适用等待期条款。合同中止后复效时，保单等待期需视为第一个年度，重新起算；首次投保或非连续投保时，被保险人因意外伤害住院，保险责任无等待期。

等待期对于减少个人投保中的逆选择、控制道德风险，从而控制健康保险的成本与保费水平有着重要作用。

（2）免赔额条款

为了避免小额经常性的医疗费用赔款支出，节省费用，医疗保险一般都有免赔额的规定，即只有被保险人的实际医疗费用超过一定的额度时，保险人才开始给付。医疗费用保险一般采取绝对免赔额的赔款方式。

（3）赔付限额条款

医疗保险的赔偿总限额是合同上约定的保险金额。除此之外，医疗保险对单项医疗费用也规定了限额。其内容主要是：①规定住院津贴的给付限额，包括每天的给付限额和住院天数的限制。②规定外科手术费用的给付限额。对于外科手术费用，在医疗保单中常列表规定各项手术的给付限额，此表称为外科费用表。③规定每次门诊费用的给付限额。医疗费用保险对每次门诊的医疗费用规定给付限额，并规定给付的门诊的次数。大额的医疗费用保险还对保险期内的总的医疗费用和分项给付实行限额控制。④规定各种疾病的给付限额，即对每种疾病的医疗费用（包括门诊、住院、手术等费用）规定一个给付限额。

（4）共保条款

大多数大额医疗费用保险有共保条款。共保条款的内容是，被保险人按一定的比例自负一定的医疗费用，如共保比例为80%，意指被保险人自负20%的医疗费用，其余80%由保险人赔偿。如果同一张保单既有免赔额又有共保比例，一般是超过免赔额部分的医疗费用按共保比例给付。共保条款运用的目的在于促使被保险人在发生意外事故或生病时，只支出必要合理的医疗费用，是保险人控制成本的手段。

（5）认可机构条款

在健康保险中，对于疾病的诊断、鉴定等给付保险金的内容，保险人规定认可的医疗机构范围。如：疾病保险一般需在境内二级以上公立医院开具诊断认可证明，护理保险需有政府认可资质的护理机构出具的鉴定报告等。普通医疗保险，就医和住院范围严格限制在境内二级以上公立医院普通部；高端医疗保险对医疗机构可放宽，但也不是随意的，保单上往往会列出医疗机构的清单。

（6）保费豁免条款

保费豁免是指分期缴费的长期健康保险合同，缴费期内发生特定事项，投保人免交剩余部分保费，保单继续有效。目前疾病保险、护理保险、失能收入损失保险中都可能含有保费豁免条款。阅读保费豁免条款时应注意：①保费豁免的对象和事故，如疾病保险中被保险人罹患轻症或重症，触发相应保费豁免条款。②保费豁免的起点和终点，如护理保险或失能保险中，保费豁免与保险金给付时点一致，都需在观察期后，但若护理或失能状态中断，保费需继续交纳。③保费豁免是否需要单独附加，以重疾险为例，保单一般是包含被保险人保费豁免责任的，但如果投保人与被保险人不是同一人，投保人保费豁免责任需要投保附加险。

（三）健康保险的分类

商业健康保险是我国多层次医疗保障体系的重要组成部分，其需求基础是人们对健康风险保障的市场化补充需要。

健康保险可以从不同角度分类：

1. 从保障内容划分，健康保险可分为医疗保险、疾病保险、失能收入损失保险、护理保险以及医疗意外保险等

医疗保险，是指按照保险合同约定为被保险人的医疗、康复等提供保障的保险。

疾病保险，是指发生保险合同约定的疾病时，为被保险人提供保障的保险。

失能收入损失保险，是指以保险合同约定的疾病或者意外伤害导致工作能力丧失为给付保险金条件，为被保险人在一定时期内收入减少或者中断提供保障的保险。

护理保险，是指按照保险合同约定为被保险人日常生活能力障碍引发护理需要提供保障的保险。

医疗意外保险，是指按照保险合同约定发生不能归责于医疗机构、医护人员责任的医疗损害，为被保险人提供保障的保险。

2. 从保险期限划分，健康保险可分为长期健康保险和短期健康保险

长期健康保险是指保险期间超过一年或者保险期间虽不超过一年但含有保证续保条款①的健康保险。其中，长期医疗保险产品可进行费率调整，但须注明触发条件；长期疾病保险的死亡给付金额不得高于疾病最高给付金额；长期护理保险的保险期间不得低于5年。

---

① 保证续保条款是指在前一保险期间届满前，投保人提出续保申请，保险公司必须按照原条款和约定费率继续承保的合同约定。

短期健康保险是指保险期间为一年以及一年以下且不含有保证续保条款的健康保险。

3. 从投保方式划分，健康保险可分为个人健康保险和团体健康保险

二、医疗保险

（一）医疗保险的定义与给付类型

医疗保险，是指保险人按照保险合同约定为被保险人的医疗、康复等提供保障的健康保险。医疗保险按保险金给付类型的不同可以分为费用补偿型医疗保险和定额给付型医疗保险。

1. 费用补偿型医疗保险（报销型）

它是指根据被保险人实际发生的医疗、康复费用支出，保险人按照保险合同约定的范围和标准确定给付保险金。费用补偿型医疗保险，是人身保险中唯一遵循损失补偿原则的险种，被保险人得到的保险金给付，不得超过实际发生的费用，不能得到额外利益。

费用补偿型医疗保险的给付金额不得超过被保险人实际发生的医疗、康复费用金额[1]。

保险公司设计费用补偿型医疗保险产品，必须区分被保险人是否拥有公费医疗、社会医疗保险、其他费用补偿型医疗保险的不同情况，在保险条款、费率以及赔付金额等方面予以区别对待[2]。

被保险人同时拥有多份有效的费用补偿型医疗保险保险单的，可以自主决定理赔申请顺序[3]。

2. 定额给付型医疗保险（津贴型）

它是指保险人按照保险合同约定的数额给付保险金。一般住院津贴、手术津贴医疗保险采用此给付方式。以住院津贴为例，合同约定每天给付多少金额，按照实际住院天数给付，以多少天为限。

（二）医疗保险的分类

医疗保险种类较多，目前实务中医疗保险分为普通医疗保险、单项医疗保险、特定医疗保险、综合医疗保险等。

1. 普通医疗保险

它是较为常见的医疗保险产品类型，分为住院医疗保险与门诊医疗保险。住院医疗保险为住院费用提供保障，通常可以单独投保，是医疗保险中的基础险种。门诊医疗保险为门诊医疗中的检查费、化验费、医药费等费用提供报销。门诊医疗保险提供单独投保的情况较少，往往以附加险或团体保险的形式提供。

---

[1] 《健康保险管理办法》第五条。
[2] 《健康保险管理办法》第二十四条。
[3] 《健康保险管理办法》第二十五条。

2. 单项医疗保险

它为单项医疗费用提供保障，如手术医疗保险、药品费用医疗保险等。费用补偿型手术医疗保险为手术费用提供报销。手术医疗保险为定额给付型，根据保单中不同手术等级约定，提供手术津贴给付，一般作为一项附加险。药品费用医疗保险为费用补偿型，如恶性肿瘤靶向药医疗保险可以保障医保药品目录不涵盖的药品费用。

3. 特定医疗保险

它为特定医疗费用提供保障，保障内容和形式较为多样。

①以特定行为划分，特定医疗保险可分为意外伤害医疗保险、旅游医疗保险、海外就医医疗保险等。

②以特定疾病划分，特定医疗保险可分为防癌医疗保险、心脑血管疾病医疗保险等。

③以特定人群划分，特定医疗保险可分为留学生医疗保险、孕产医疗保险、老人医疗保险等。

4. 综合医疗保险

它以住院、门诊医疗保障为基础，同时也可对单项或特定医疗费用进行保障，以费用补偿型居多。目前，我国常见的综合医疗保险有百万医疗保险、中端医疗保险、高端医疗保险等，在就医范围、就医行为、保障具体项目等方面存在差异，保费也存在较大差异。

社保医疗保险与常见商业综合医疗保险保障比较见表8-2。

表8-2 社保医疗保险与常见商业综合医疗保险保障比较

类目	社保医疗保险	百万医疗保险	中端医疗保险	高端医疗保险
保险需求	基本医疗保障	大额自费医疗支出	日常医疗支出、就医环境改善	高品质医疗
给付类型	费用补偿型			
就医范围	指定医院	国内二级及二级以上公立医院普通部，部分附加责任可以扩展特需、国际部	国内二级及二级以上公立医院普通部、特需部、国际部、VIP部	可到保单列明的私立医院、昂贵医院就医，甚至有约定的境外或国外医院
就医行为	住院+门诊	住院（有免赔额）	住院（无免赔额）+门诊	住院+门诊+专项
限额	有封顶线	有	有	多数有，个别无
保障项目	报销甲类药、部分乙类药、不报销丙类药	一般不限社保目录，合同约定的进口药、自费药可报销，但具体项目有差异		

（三）医疗保险的主要条款

1. 保险责任

保险人通常在合同中明确规定医疗保险的就医范围和保障项目，投保人在投保时应认真阅读保险责任条款。保险条款明确了其保障的就医范围，如仅限二级以上公立医院普通部等；以及所保障的医疗行为，如门诊、住院、手术等。

对于费用补偿型医疗保险，投保人需要注意保险条款的责任范围：

（1）所保障的费用类型。如某些条款规定诊疗费、手术费、药费、检查费、住院费、护理费等在保障范围，但救护车费、医师费则不在保障范围之内。

（2）所保障的各类费用的具体范围。以药费为例，一些商业医疗保险仅涵盖国家医保目录内的合理用药，而百万医疗和高端医疗一般可以超出国家医保目录。

2. 责任免除

责任免除是医疗保险中重要的风险控制手段之一，在保险合同中要具体列明。例如：

（1）疾病相关责任免除，比如既往症（投保前已经患有的疾病）、遗传性疾病、先天性疾病、艾滋病、职业病、精神类疾病、生育及性功能障碍相关治疗等。

（2）费用相关责任免除，比如部分人工器官材料费、康复类器具费、非处方药费用、鉴定费用等。

（3）治疗行为相关责任免除，比如整形美容、疗养、心理咨询、实验性治疗、医疗事故等。

（4）违法犯罪相关责任免除。

3. 医疗保险的相关期限

与其他人身保险不同，医疗保险的期限有保险期限和责任期限。其中，责任期限是医疗保险合同的特殊条款。

（1）保险期限是指医疗保险责任的起讫期间。保险事故发生于医疗保险期限以外，保险人不承担保险金给付责任。

（2）责任期限是指保险人对医疗保险金给付负责的期间，一般为90天、180天，以保险合同约定为准。责任期限的起点一定在保险期限内，具体包括两种情形。情形一：责任期限的起点与疾病诊断日相同。情形二：疾病诊断发生在保险期限之内，责任期限起始于规定的治疗日，如住院手术保险保单规定，保险责任自手术治疗日开始起算。责任期限的终点可以超出保险期限。

三、疾病保险

（一）疾病保险的定义与分类

疾病保险是指发生保险合同约定的疾病时，为被保险人提供保障的保险。

疾病保险的保障疾病采用列举法，当被保险人符合合同约定的疾病定义时，保险公司按约定金额给付保险金，而不考虑被保险人的实际医疗费用支出。

疾病保险分为重大疾病保险和特定疾病保险，下面介绍重大疾病保险。

（二）重大疾病保险概述

1. 重大疾病的界定

一般来说，重大疾病保险（简称"重疾险"）保障的重大疾病是具有致命威胁，治疗费用高昂，且病后需要长期康复，甚至造成永久不可逆后果的重度疾病。

　　任何一份重疾险合同，都对每一种疾病进行界定，以明确保险人在什么情况下承担保险金给付责任，以及如何计算保险金。

　　根据中国保险行业协会于 2020 年发布的《重大疾病保险的疾病定义使用规范》（修订版）（以下简称《规范》），《规范》中所称"疾病"是指重大疾病保险合同约定的疾病、疾病状态或手术。规范中的疾病定义主要在参考国内外成年人重大疾病保险发展状况并结合现代医学最新进展情况的基础上制定，因此《规范》适用于保险期间主要为成年人（18 周岁及以上）阶段的重大疾病保险。重大疾病保险应至少包含 6 种重度疾病①，除必保疾病外，《规范》还包含 22 种重度疾病。因此，重大疾病保险保障上述 28 种重度疾病和 3 种轻症②（疾病名称和疾病定义必须统一）。

　　2. 重大疾病保险的分类

　　作为目前国内保险市场核心的保障类产品，重大疾病保险经过发展演进，其产品逐渐丰富，功能得到扩展。

　　（1）按照保险人的承保方式分类，重大疾病保险分为独立主险型重疾险和附加险型重疾险。对于前者，投保人可以独立购买，在此基础上选择附加定期寿险、医疗险和意外伤害保险等；后者设计为终身寿险的附加险，寿险保额大于重疾险保额。

　　（2）按照保险期间分类，重大疾病保险分为终身重疾险和定期重疾险。对于前者，保险人承担终身责任；对于后者，保险人承担一定期间（比如 30 年）或年龄（比如至 70 岁或 80 岁）保险责任。

　　（3）按照保险责任的给付次数分类，重大疾病保险分为单次给付和多次给付。单次给付的重疾险保单，重疾发生并认定给付保险金后，保险责任终止。多次给付的重疾险保单，重疾发生并认定给付第一次保险金后，一定间隔期后如果被保险人发生其他重疾，保险人继续承担第二次（或第三次）重疾险责任。一般要求不同重疾才能多次给付，也有对一些特殊重疾同一病种多次给付（比如恶性肿瘤）。

　　（三）重大疾病保险的主要条款

　　1. 承担的疾病数量

　　如上所述，国内市场重疾险保单，28 种重疾、3 种轻症是行业统一标准的病种，各保险公司产品都一样。在此基础上，不同保险公司的产品承担的病种从几十种到一百多种不等。按照保单列举的病种，重疾险病种一般有重疾、中症和轻症三类。

　　2. 重大疾病的认定方式

　　依据保险合同条款对每种重大疾病（含中症、轻症）都有具体界定，概括起来，要求被保险人的重疾初次发生、构成赔付责任的认定方式有三类：①医学检查认定，比如恶性肿瘤（俗称癌症），通过检验报告认定；②重疾发生，手术治疗达到某种程度，比如心脏搭桥、脑部开颅手术等；③重疾发生造成一定的后果程度，比如脑中风后遗症的失能程度。保单对治疗和认定的医疗机构有严格限制，要求二级及以上公立医院。

---

　　① 恶性肿瘤——重度、较重急性心肌梗死，严重脑中风后遗症，重大器官移植术或造血干细胞移植术，冠状动脉搭桥术（或称冠状动脉旁路移植术），严重慢性肾衰竭。

　　② 恶性肿瘤——轻度、较轻急性心肌梗死，轻度脑中风后遗症。

3. 赔付方式和赔付比例

重疾险采用定额赔付：重疾发生，赔付保险金额的 100%；轻症发生，赔付保险金额的 30%；中症发生，赔付保险金额的 40%~60%。中症具体赔付比例，各保险公司的产品存在差异，以合同约定为准。

4. 责任免除

根据《规范》，重大疾病保险的责任免除条款范围不得超出以下 9 条：①投保人对被保险人的故意杀害、故意伤害；②被保险人故意犯罪或抗拒依法采取的刑事强制措施；③被保险人故意自伤或自主险合同成立或者合同效力恢复之日起 2 年内自杀，但被保险人自杀时为无民事行为能力人的除外；④被保险人服用、吸食或注射毒品；⑤被保险人酒后驾驶、无合法有效驾驶证驾驶，或驾驶无有效行驶证的机动车；⑥被保险人感染艾滋病病毒或患艾滋病；⑦战争、军事冲突、暴乱或武装叛乱；⑧核爆炸、核辐射或核污染；⑨遗传性疾病，先天性畸形、变形或染色体异常。

■ 本章关键词

人身保险　人寿保险　健康保险　意外伤害保险　自然保费　均衡保费　现金价值
定期寿险　终身寿险　年金保险　两全保险　传统寿险　新型寿险　分红寿险
万能寿险　投资连结保险　健康保险　医疗保险　保费豁免　疾病保险

■ 复习思考题

1. 什么是人身保险？简述其保额确定的方法。

2. 人身风险具有哪些特点？其对寿险经营的影响如何？

3. 什么是两全保险？其经济性质如何？

4. 什么是年金和年金保险？其特点有哪些？

5. 次健体承保的方法主要有哪些？

6. 什么是万能寿险？有何特点？

7. 比较定期寿险、终身寿险和两全保险。

8. 什么是宽限期、停效及复效？简述申请复效必备的条件。

9. 年龄误告条款的内容是什么？简述其调整方法。

10. 什么是不丧失现金价值任选条款？简述其处理方式。

11. 构成意外伤害事件的三要素是什么？三者的关系如何？

12. 分析意外伤害保险的保险责任及给付方式。

13. 健康保险有哪些特点？

14. 医疗保险有哪些给付类型和种类？

15. 什么是重大疾病保险？有哪些分类方式？

16. 分析重疾险合同的主要条款。

174

第九章
财产保险

章首语:

　　财产是经济主体拥有的金钱、财物以及受法律保护的财产利益的总和，其最典型的特征就是可以用货币来度量其价值。财产保险由于标的价值可量化、标的多元及风险差异性，而与人身保险存在较大的差异。本章主要介绍了财产保险的概念、特征、保险标的损失状态及财产保险基本的赔偿方式；分析了财产保险合同的两个重要的内容——保险价值与保险金额；介绍了财产保险的主要业务种类；并着重对火灾保险、机动车辆保险、责任保险做了介绍。

第一节　财产保险概述

一、财产保险的概念

　　财产最典型的特征就是可以用货币来度量其价值。从广义上来看，财产是金钱、财物以及民事权利义务的总和。按所有权划分，财产可分为国有财产、集体财产和私有财产；按存在形式划分，财产可以分为有形财产和无形财产；按民事权利义务关系划分，财产可以分为积极财产和消极财产。

　　财产保险是以财产及其有关利益为保险标的的保险。投保人根据合同约定，向保险人支付保险费；保险人集合众多面临同质风险的经济单位，当其中部分经济单位的财产及其利益因保险合同约定的灾害事故发生造成损失时，向被保险人赔偿保险金。

　　财产保险的概念可从以下几方面理解：

　　（一）财产保险的保险标的是财产及其有关利益

　　财产保险的保险标的是保险的对象，也是财产保险合同中约定的保险事故发生的本体。财产保险标的存在的形式有两种：有形财产与无形财产。前者是狭义的财产保险标的，它是客观存在的、有形的物质财产，该类保险标的的种类很多，如运输过程中的货物、汽车、轮船、机器设备、房屋等；后者是投保人具有利害关系的某种经济利益，比如基于有形财产的预期收益、民事损害赔偿责任、合同的权利和义务等。

（二）财产保险所承保的风险是各种自然灾害和意外事故

当保单上约定的保险事故发生使保险标的出现损失时，保险人对被保险人所遭受的实际经济损失按照合同约定进行赔偿。

（三）损失分摊机制是财产保险运行的基础

损失分摊机制的实质是保险人通过集合众多同类标的面临同质风险的经济单位，将个别经济单位遭受的经济损失，在全体被保险人中进行分摊，即少数被保险人所遭受的经济损失由全体被保险人共同分摊。

二、财产保险的特征

与人身保险相比，财产保险具有以下特征：

（一）财产保险是补偿性保险

1. 保险标的具有可估价性

财产保险的保险标的的价值是可以确定的。就有形财产而言，其本身就有客观的市场价；就无形财产而言，投保人对其具有的经济利益也必须是确定的、可以用货币来估算的，否则不能作为保险标的。因此，财产保险合同中有一项特殊的内容——保险价值。

2. 保险金额的确定方法

由于财产保险的保险标的本身具有保险价值，因此保险金额是在对保险标的的估价的基础上确定的。保险金额可以按标的的市场价确定，也可以按账面价或重置价确定。

3. 保险金的赔偿方式

基于财产保险标的的性质，财产保险是补偿性保险，保险标的的损失可以用货币来衡量，保险事故发生后，保险人对被保险人的赔偿要遵循损失补偿原则。即在保险金额限度内，按保险合同约定的赔偿方式，损失多少，赔偿多少，被保险人不能获得超过实际损失的额外利益。

（二）财产风险的性质

1. 与人身风险相比，财产保险的风险较集中

首先，财产保险承保了一些高额保险，如飞机保险、人造卫星保险等。其保险金额较高，保险事故一旦发生，保险人要支出巨额的保险赔款。其次，财产保险还承保了一些巨灾风险，如洪水、风暴等。这些风险一旦发生，会使某一区域大量的保险标的同时受损，导致保险人的赔偿金额剧增。由于财产风险具有集中性，为了分散风险，保证保险经营的稳定，保险人往往要借助再保险分散风险。

2. 保险人要准确掌握财产风险的规律性有一定难度

财产风险与人身风险不同。首先，财产风险种类繁多、千差万别。其次，受人们的认识能力和科技水平的限制，人们对一些灾害事故还无法有效地预测和防范。

最后，人们对财产风险的重视程度不够，统计资料不健全。基于以上原因，保险人要准确地掌握财产风险的规律有一定难度，根据所掌握的风险资料制定的保险费率与所承保的财产实际发生的损失之间往往存在一定的偏差。

（三）财产保险一般是短期保险

人身保险，特别是人寿保险，其保险期限较长。由于保险期限长，人身保险具有以下特征：第一，采用年度均衡保险费制，保险费多为按年度分期交纳，长期寿险保单有现金价值；第二，对被保险人而言，既具有保障性，又具有储蓄性；第三，保险人每年都有固定的保险费收入，由此形成的保险基金可供保险人进行中长期投资。

财产保险与人身保险不同，其保险期限一般为一年或一年以内。由于期限短，保险实务中要求投保人投保时一次性缴清保险费，保险费不计利息；其形成的保险基金一般不能作为保险人中长期投资的资金来源；财产保险只具有保障性，不具有储蓄性，保险单没有现金价值。

三、财产保险标的的损失状态

在保险实务中，财产保险标的的损失可以从不同的角度分类：按遭受损失的程度，可分为全部损失和部分损失；按损失的形态，可分为物质损失和费用损失；按损失发生的客体是否是保险标的本身，可分为直接损失和间接损失。

（一）全部损失和部分损失

1. 全部损失

全部损失简称"全损"，是指保险标的因保险事故的发生而遭受的全部损失状态。全部损失可分为实际全损和推定全损。

实际全损是指保险标的遭受保险承保范围内的风险而造成的全部灭失，或受损程度已使其失去原有形体效用，或不能再归被保险人拥有。

推定全损是指保险标的在遭受保险事故后，虽然尚未达到全部灭失、损毁状态，但是全部损失是不可避免的，或估计恢复、修复该标的物所耗费用已达到或超过其实际价值。

2. 部分损失

部分损失是指保险标的的损失未达到全部损失程度的一种损失状态，保险实务中大部分的保险财产损失是这种状态。

（二）物质损失和费用损失

物质损失是指保险事故发生造成的保险标的本身的经济损失；费用损失是指保险标的发生保险事故时，被保险人采取施救、保护、整理措施所产生的必要合理费用，以及保险单上约定的保险人承担的其他费用。

（三）直接损失和间接损失

保险事故发生所造成的保险标的的损失被称为直接损失；保险标的发生保险事故所导致保险标的的损失，并由此造成保险标的以外的其他经济损失是间接损失，如汽车受损后所导致的车辆需要修理，在修理期间停运导致营运收入的丧失，企业财产受损后在停业期间利润的丧失和费用的增加等。保险人一般只承担直接损失的赔偿责任，对间接损失是否承担赔偿责任，要以保险单上的约定为准。

四、财产保险的保险价值和保险金额

（一）保险价值与保险金额的概念

1. 保险价值的概念

保险价值是指保险标的在某一特定时期内（或时点）可以用货币估算的经济价值。财产保险的保险标的具有可估价性，保险价值是财产保险合同的特有概念，它是确定保险金额与计算赔偿金额的依据。人身保险的保险标的是人的寿命和身体，具有不可估价性，因此人身保险合同没有保险价值的概念，保险金额由合同双方当事人约定。

保险价值以什么为标准来确定？财产保险标的有客观的判断标准，这个标准就是市场价（实际价值）。在保险实务中，经保险合同当事人双方约定，保险价值也可以按照保险标的的原始账面价、重置价等方式确定。市场价在保险合同有效期内可能发生涨跌，这样会使投保时依据保险价值确定的保险金额与保险事故发生时的市场价不一致。对有些特殊的保险标的，其价值不易确定或确无市场价可循时，为了明确保险合同当事人的权利与义务，避免保险事故发生后双方因赔款而发生争执，可以以双方约定的价值为标准，即在保险事故发生时，以订立保险合同时约定的价值作为赔偿的依据，不再另行估价。另外，在海上保险中，有法定的计算确定保险价值的标准。由于保险价值的存在，财产保险合同的保险金额的确定、承保方式和赔偿计算方式，都比人身保险合同复杂。

2. 保险金额的概念

保险金额是指保险人在保险合同中承担赔偿或者给付保险金责任的最高限额。财产保险的保险金额是根据保险标的的保险价值来确定的，一般作为保险人对受损标的的最高的赔偿额度，以及施救费用的最高赔偿额度，也是保险人计算保险费的依据。除合同另有约定外，保险金额不是保险人认定的财产价值，也不是保险事故发生时赔偿的等额，而仅是保险人承担赔偿责任的最高限额。

（二）保险价值与保险金额的关系

保险价值是确定保险金额的基础和依据，财产保险合同中确定的保险金额应当与保险价值一致。但在保险实务中，保险标的的市场价的波动或投保时保险金额的确定存在偏差，可能使二者在数量上不相等，会影响赔偿金额的计算结果。

1. 足额保险

足额保险是指财产保险合同的保险金额与保险标的的出险时的保险价值相等。在足额保险中，一般当保险标的的发生保险事故使被保险人遭受损失时，保险人按实际损失对被保险人进行赔偿。

2. 不足额保险

不足额保险是指财产保险合同的保险金额小于保险标的的出险时的保险价值。不足额保险的产生一般有两种情况：一是投保时投保人仅以保险价值的一部分投保，使保险金额小于保险价值；二是投保时保险金额等于保险价值，但在保险合同有效

期内，保险标的市场价上涨，造成出险时保险单上约定的保险金额小于保险价值。在不足额保险中，由于投保人只是以保险标的的价值部分投保，因此，保险事故发生时，除合同另有约定外，保险人按照保险金额与保险价值的比例承担赔偿责任，被保险人要自己承担一部分损失。《保险法》第五十五条第四款规定："保险金额低于保险价值的，除合同另有约定外，保险人按照保险金额与保险价值的比例承担赔偿保险金的责任。"

3. 超额保险

超额保险是指财产保险合同的保险金额大于保险标的的出险时的保险价值。超额保险的产生一般有两种情况：一是投保时投保人以高于保险价值的金额投保，使保险金额大于保险价值；二是投保时保险金额等于保险价值，但在保险合同有效期内，保险标的的市场价下跌，造成出险时保险单上的保险金额大于保险价值。根据损失补偿原则，保险金额超过保险价值的，其超过部分无效。《保险法》第五十五条第三款规定："保险金额不得超过保险价值。超过保险价值的，超过部分无效，保险人应当退还相应的保险费。"

（三）定值保险、不定值保险、重置价值保险和第一危险责任保险

保险价值是确定保险金额的基础和依据，保险金额应当反映保险标的的实际价值。根据保险价值确定的时间及保险价值确定的方式，财产保险的承保方式分为以下四种：

1. 定值保险

定值保险是投保时确定保险价值的承保方式。投保人和保险人签订保险合同时，除根据保险价值确定保险金额外，还要约定保险价值并在合同中载明。保险标的发生保险事故时，不论损失当时该保险标的的市场价是多少，保险人均按保险单上约定的保险金额计算赔偿。如果是全部损失，按保险金额赔偿；如果是部分损失，按损失程度计算赔偿。

财产保险合同中，以定值保险方式承保的主要有两类标的：一类是不易确定价值或无客观市场价的特殊标的，如艺术品，一般由双方约定保险价值，以免事后发生纠纷；另一类是运输中的货物等流动性比较强的标的，由于各地货物价格存在差异，保险事故发生后再来估算实际价值既困难又麻烦，而且易引起赔偿纠纷。此种保险方式实际上是以投保时双方约定的保险价值代替了损失发生时的保险价值。

《保险法》第五十五条第一款规定："投保人和保险人约定保险标的的保险价值并在合同中载明的，保险标的发生损失时，以约定的保险价值为赔偿计算标准。"

2. 不定值保险

不定值保险是与定值保险相对的一种承保方式。投保人和保险人签订保险合同时不在合同中载明保险价值，只是订明保险金额作为赔偿的最高限额。当保险标的发生保险事故出现损失时，再来估计其保险价值并将其作为赔款计算的依据。当保险金额等于或高于保险价值时，按实际损失金额赔偿；当保险金额小于保险价值时，其不足的部分视为被保险人自保，保险人按受损标的的保险金额与保险价值的比例计算赔款。

不定值保险方式在财产保险合同中运用较多，绝大部分险种以不定值保险方式承保。《保险法》第五十五条第二款规定："投保人和保险人未约定保险标的的保险价值的，保险标的发生损失时，以保险事故发生时保险标的的实际价值为赔偿计算标准。"

3. 重置价值保险

重置价值保险是投保人与保险人双方约定按保险标的的重置重建价值确定保险金额的一种特殊承保方式。在财产保险合同中，保险人一般要求投保人按保险标的的实际价值投保，当保险标的因保险事故发生而受损时，保险人按实际损失进行赔偿（或将受损财产修复到损失前的状态）。但是，某些保险标的（如房屋、建筑物、机器设备等）由于使用期限较长，如果按扣除折旧以后的实际价值投保的话，那么在保险标的受损后，被保险人从保险人那里获得的赔偿金额就不充分，不能使被保险人重置重建保险标的以恢复生产经营。因此，为使被保险人获得充分保险保障，保险人对某些标的可以按超过实际价值的重置重建价承保。

重置价值保险的实质是一种超额保险，只不过这种超额保险是经过保险合同双方当事人约定的、保险人认可的超额保险。所以，以这种方式承保的标的受损后，保险人按约定的重置重建价计算赔偿。

4. 第一危险责任保险

该承保方式是指经保险人同意，投保人可以保险标的的实际价值的部分（一次保险事故可能造成的最大损失范围）投保，以此确定保险金额。保险金额一经确定，只要损失金额在保险金额范围内，就视为足额保险，保险人按保险标的的实际损失赔偿。这种方式实质上是一种不足额保险，只不过是保险人认可的不足额保险，保险人对保险金额范围内的损失全额赔偿，而不按保险金额与保险价值的比例进行分摊。这种承保方式之所以叫作第一危险责任保险，是因为它把保险价值分为两个部分：保险金额范围内的部分是第一危险责任部分，该范围内损失由保险人负责赔偿；超出保险金额范围的保险价值部分称为"第二危险"，视为未投保部分，保险人不负赔偿责任。

第一危险责任承保方式是针对某些在一次事故发生时不太可能发生全损的保险标的所采取的一种特殊的承保方式，对被保险人较有利，因此，保险费率相对于其他承保方式要高一些。同时，保险人为了控制风险，在财产保险合同中一般要求保险金额必须达到保险价值的一定比例（比如60%、70%），未达到此比例的仍视为不足额保险，损失金额要按照保险单上的保险金额与应达到保险金额的比例进行分摊。

五、财产保险的基本赔偿方式

财产保险有三种基本的赔偿方式，依据不同的赔偿方式计算的赔偿金额是不相同的，保单条款上要对赔偿方式做具体的规定。

（一）比例责任赔偿方式

这种赔偿方式的特点是按保险标的的保险金额与保险价值的比例计算赔偿金额。

如果保险金额低于保险价值，被保险人的损失金额不能全部得到赔偿。而且，在损失金额一定的情况下，保险金额与保险价值的比例越小，被保险人所得到的赔偿金额越少；保险金额与保险价值的比例越大，被保险人所得到的赔偿金额越多。其计算公式如下：

$$赔偿金额 = 损失金额 \times \frac{保险金额}{保险价值}$$

（注：保险金额不得大于保险价值。）

从以上公式可以看出，当保险金额等于保险价值（足额保险）时，赔偿金额等于损失金额；当保险金额大于保险价值（超额保险）时，赔偿金额不能按此公式计算，赔偿金额仍然等于损失金额。因此，该赔偿方式只在不足额保险中采用，被保险人的未保部分视为自保，保险人只负投保部分的保险责任，体现了权利义务对等的原则。

例如，某一保险财产出险时保险价值为 10 万元，损失金额为 6 万元，由于保险金额的不同会出现以下三种情况：

（1）保险金额为 10 万元，是足额保险，如果保险合同没有其他限制，赔偿金额为 6 万元。

（2）保险金额为 13 万元，是超额保险，如果保险合同上没有其他规定，其超过部分无效，赔偿金额为 6 万元。

（3）保险金额为 8 万元，是不足额保险，依照上面的公式计算，赔偿金额＝6×8÷10＝4.8（万元）。

（二）第一危险责任赔偿方式

这种赔偿方式的特点是在保险金额范围内，赔偿金额等于损失金额。也就是说，被保险人在保险金额范围内的损失，能够全部从保险人处获得赔偿。其计算公式为

$$赔偿金额＝损失金额$$

（注：赔偿金额不得大于保险金额。）

以上例中的（3）为例，如果按照第一危险责任赔偿方式，赔偿金额为 6 万元。

（三）免责限度赔偿方式

这种赔偿方式为：保险合同约定一个免责限度（免赔额或免赔率），在规定免责限度内的损失，保险人不负赔偿责任；只有损失超过免责限度时，保险人才承担赔偿责任。以免赔额为例，又分为相对免赔额和绝对免赔额。

相对免赔额是指损失金额在免赔额以内，保险人不承担赔偿责任。保险标的的损失额超过保险单上规定的免赔额时，保险人按实际损失不做扣除的赔偿。其公式如下：

$$赔偿金额＝损失金额$$

相对免赔额主要用于减少因零星的小额赔款而必须办理的理赔手续，以节省理赔费用。相对免赔在保险实务中较少采用。

绝对免赔额是指当保险标的的损失额超过保险单上规定的免赔额时，保险人仅就超过免赔额的那部分进行赔偿。其公式如下：

赔偿金额＝保险金额×（损失额－免赔额）

绝对免赔额在工程保险合同条款中运用较普遍。另外，绝对免赔额在汽车保险中运用较普遍。保险单上规定被保险人自己承担一定的绝对免赔损失，以利于增强其防灾责任感。

第二节　财产保险的种类

随着现代保险事业的飞速发展，财产保险已经发展成一个内涵非常丰富、外延极为广泛的概念。广义的财产保险包括了人身保险以外的所有险种。按照《保险法》第九十五条对保险公司业务范围的划分，财产保险业务包括财产损失保险、责任保险、信用保险、保证保险等保险业务。随着保险业务的创新，财产保险的新险种不断出现，以下介绍的是财产保险的主要种类。在本章第三、四、五节，将对财产保险中有代表性的险种做介绍。

一、财产损失保险（狭义财产保险）

财产损失保险是指以物质财产为保险标的的保险业务，其种类很多，主要险种包括以下几类：

（一）火灾保险

火灾保险以存放在固定场所并处于相对静止状态的财产及其有关利益为保险标的。其保险人承保火灾、爆炸、雷击及其他灾害事故的发生所造成的损失。我国目前开展的火灾保险主要有企业财产保险、家庭财产保险、财产一切险等（参见本章第三节）。

（二）货物运输保险

货物运输保险以运输过程中的货物为保险标的，承保货物在运输过程中由于自然灾害或意外事故所遭受的经济损失。货物运输保险所承保的货物，主要是指具有商品性质的贸易货物，一般不包括个人行李或随运输所耗的各种供应和储备物品。按运输方式的不同，货物运输保险可分为以下几类：①水上货物运输保险。它承保的保险货物以船舶为载体，承保采取水上运输方式运输所面临的各种风险损失。②陆上货物运输保险。它承保的保险货物以汽车、货车等机动车为载体，承保采取陆上运输方式运输所面临的各种风险损失。③航空货物运输保险。它承保的保险货物以飞机为载体，承保采取空中运输方式运输所面临的各种风险损失。④邮包保险。它承保通过水、陆、空等运输方式运输的邮包在运输过程中所面临的各种风险损失。⑤联合运输保险。它承保通过两种或两种以上运输方式运输的保险货物在运输过程中所面临的各种风险损失。按适用范围的不同，货物运输保险可以分为国内货物运输保险和涉外货物运输保险两大类。

（三）运输工具保险

保险人承保灾害事故发生所造成的运输工具本身的损失及第三者责任，也可承保各种附加险。我国的运输工具保险主要有机动车辆保险、船舶保险、飞机保险等（本章第四节将介绍机动车辆保险）。

（四）工程保险

保险人承保建筑工程和安装工程等在建设和施工过程中，灾害事故发生所造成的损失，以及由此造成的费用和责任。工程保险是一种包括财产损失保险和责任保险在内的综合性保险，它分为建筑工程保险、安装工程保险等。建筑工程保险主要承保在整个土木工程建设期间，保险事故发生所造成的被保险工程项目的物质损失、列明费用损失，以及被保险人对第三者人身伤害或财产损失引起的经济赔偿责任。安装工程保险承保新建、扩建或改造的工矿企业的机器设备或钢结构建筑物在整个安装、调试期间，保险责任内的风险所造成的保险财产的物质损失、列明费用损失，以及安装期间造成的第三者财产损失或人身伤亡引起的经济赔偿责任。

（五）农业保险

保险人承保种植业、养殖业标的因灾害事故的发生而受损所造成的经济损失。它分为种植业保险和养殖业保险两类。种植业保险是各种农作物保险、林木保险的总称，它以农牧场、林场和个人为保险对象，以其生产经营的各种农作物、林木为保险标的，承担保险事故所致的农作物、林木的损失。养殖业保险是畜牧保险、水产养殖保险等险种的总称。它以不同形式的农牧场和农牧民个人、渔业及渔民为保险对象，承担其在养殖业生产过程中灾害事故或疾病所造成的保险标的损失。

农业保险承保的标的大多数是有生命的植物或者动物。由于农业自然风险的系统性特征，尤其是在我国地域广阔、各地的自然环境差异大、农户比较分散的情况下，农业保险经营存在严重的信息不对称。农业保险所面临的逆向选择和道德风险比其他的财产保险大。农业是国民经济的基础，国家会为了稳定和促进农业生产的发展，对农业保险采取政策性保险方式来开办。政府通过实行减免税政策，以及采取政府分保、承担部分费用支出、超额补偿、保费补贴等方式来对部分农业保险的险种实施强制保险，以体现对农业保险的扶持。这些措施的实施，促进了农业保险的良性循环。农业保险的经营以收支平衡为经营目标。

二、责任保险

责任保险以被保险人依法应承担的民事损害赔偿责任或经过特别约定的合同责任为保险标的。保险人承保经济单位和个人在进行各项生产经营活动、业务活动或在日常生活中，因疏忽、过失等行为造成他人的财产损失或人身伤亡，依法应承担的经济赔偿责任。

责任保险的承保方式有两种：一种是作为各种财产损失保险合同的组成部分或作为附加险承保，不签发单独的责任保险保险单；另一种是签发保险单单独承保的责任保险，包括公众责任保险、雇主责任保险、产品责任保险、职业责任保险等（参见本章第五节）。

三、信用保险与保证保险

信用保险是指权利人向保险人投保义务人信用的保险。具体来讲，它是权利人投保义务人不履行义务而对其造成损失的保险。在信用保险业务运作过程中存在着相互关联的两种责任关系：一种是义务人对权利人履行义务的责任；另一种是保险人根据上述义务人的全部或部分责任，由保险合同设定的向权利人进行赔偿的责任，即当义务人不按照合同中关于其责任的约定作为或不作为时，保险人将负责赔偿义务人对权利人造成的损失，其后保险人从权利人处取得代位求偿权，可就已向权利人赔偿的金额向义务人追偿。信用保险的主要险种有出口信用保险、商业信用保险、投资保险等。

保证保险实质上是一种担保行为，是被保证人（义务人）借保险人的信用向权利人提供担保。本书将保证保险定义为保险人为被保证人（或义务人或投保人）向权利人提供担保，当权利人由于被保证人的作为或不作为遭受经济损失时，保险人承担赔偿责任的一种保险。保证保险有两大类险种：诚实保证保险和确实保证保险。

第三节　火灾保险

一、火灾保险的保险标的和保险风险

火灾保险，是指以存放在固定场所并处于相对静止状态的财产及其有关利益为保险标的，由保险人承担被保险财产因保险事故发生而承担经济赔偿责任的一种财产损失保险。我国的火灾保险业务按照投保主体的不同分为企业财产保险与家庭财产保险。企业财产保险以团体为投保对象，因而它又可以称为团体火灾保险；而家庭财产保险则以城乡居民个人及其家庭为投保对象。

（一）火灾保险的保险标的

火灾保险的标的主要是各种不动产和动产。不动产是指不能移动或移动后会引起性质、形状改变的财产，包括土地及土地的附着物。保险人对土地一般不承保，所以，火灾保险承保的主要是土地附着物，以房屋为主，还包括其他建筑物及附属设备。动产则是指能自由移动且不改变其性质、形态的财产。火灾保险承保的动产范围很广，包括各种生产资料、生活资料及其他商品，如机器设备、原材料等生产资料，家用电器、家具、服装等生活资料，商店里准备出售的各种商品等。无论是何种财产，在保险单上都要注明具体的坐落地点。

（二）火灾保险所承保的主要风险

火灾保险承保的基本风险是火灾、雷击、爆炸，此外，还承保一系列自然灾害和意外事故。下面根据我国现行的火灾保险条款及条款解释，对火灾保险承保的主要风险予以说明。

1. 火灾

火灾是指在时间或空间上失去控制的燃烧所引发的灾害。构成火灾责任必须同时具备三个条件：①有燃烧现象，即有热有光有火焰；②偶然、意外发生的燃烧；③燃烧失去控制并有蔓延扩大的趋势。

2. 雷击

雷击是指雷电造成的灾害。雷击的破坏形式分为两种：①直接雷击，即雷电直接击中保险标的所造成的损失；②感应雷击，即雷击产生的静电感应或电磁感应使屋内的绝缘金属物体产生高电位放出火花引起的火灾，导致电器本身损毁，或雷电的高电压感应致使电器部件损毁。

3. 爆炸

爆炸有两种形式：①物理性爆炸，指由于液体变为蒸气或气体膨胀，压力急剧增加并大大超过容器所能承受的极限压力而发生的爆炸，如锅炉、液化气罐爆炸等。此类爆炸事故的鉴别，以劳动部门出具的鉴定为准。②化学性爆炸，指物体在瞬息分解或燃烧时放出大量的热和气体，并以很大的压力向四周扩散的现象，如火药爆炸。物体本身的瑕疵、使用损耗或产品质量低劣以及由于容器内部承受"负压"（内压比外压小）所造成的损失，不属于爆炸责任。

4. 暴雨

暴雨指每小时降雨量在 16 毫米以上，或连续 12 小时降雨量在 30 毫米以上，或连续 24 小时降雨量在 50 毫米以上。

5. 洪水

山洪暴发、江河泛滥、潮水上岸及倒灌致使保险标的遭受浸泡、冲散、冲毁而出现的损失都属洪水责任。规律性的涨潮、自动灭火设施漏水，以及在常年水位以下或地下渗水、水管爆裂所造成的保险标的的损毁，不属于洪水责任。

6. 台风

台风指中心附近最大平均风力 12 级或以上，即风速在 32.6 米/秒以上的热带气旋。是否构成台风应以当地气象站的认定为准。

7. 暴风

暴风指风速在 28.3 米/秒，即风力等级表中的 11 级风。我国保险条款的暴风责任通常扩大至 8 级风，也就是风速在 17.2 米/秒以上即构成暴风责任。

8. 龙卷风

这是一种范围小而时间短的猛烈旋风。陆地上平均最大风速一般为 79 米/秒~103 米/秒，极端最大风速一般在 100 米/秒以上。是否构成龙卷风以当地气象站的认定为准。

9. 雪灾

雪灾指每平方米雪压超过建筑结构荷载规范规定的荷载标准，以致压塌房屋、建筑物造成损失。

10. 雹灾

雹灾指冰雹降落造成的灾害。

11. 冰凌

冰凌即气象部门所说的凌汛。春季江河解冻时期，冰块飘浮遇阻，堆积成坝，堵塞江道，造成水位急剧上升，以致冰凌、江水溢出江道，蔓延成灾。在陆上有些地区，如山谷风口处，雨雪在物体上结成冰块，呈下垂状，越结越厚，重量增加，下垂的拉力致使物体毁坏。

12. 泥石流

泥石流指山地大量泥沙、石块随大暴雨或大量冰水流出。

13. 崖崩

崖崩指石崖、土崖受自然风化、雨蚀而崖崩下塌或山上岩石滚下，或大雨使山上沙土透湿而崩塌。

14. 突发性滑坡

突发性滑坡指斜坡上不稳的岩体、土体或人为堆积物在重力作用下突然整体向下滑动。

15. 地面突然塌陷

地面突然塌陷指地壳的自然变异使地层收缩而发生突然塌陷。此外，海潮、河流、大雨侵蚀，或在建筑房屋前没有掌握地层情况（地下有孔穴、矿穴），以致地面突然塌陷所造成的保险标的的损失，在该保险责任范围以内。而地基不固或未按建筑施工要求导致建筑地基下沉、裂缝、倒塌所产生的损失，不在保险责任范围以内。

16. 飞行物体及其他空中运行物体坠落

凡是空中飞行或运行物体的坠落，如空中飞行器、人造卫星、陨石坠落，吊车、行车在运行时发生的物体坠落，都属于该保险责任。在施工过程中，人工开凿或爆炸使石方、石块、土方飞射、塌下而造成保险标的损毁，保险人可以先给予赔偿，然后向负有责任的第三者追偿。建筑物倒塌、倒落、倾倒造成保险标的损毁，视同空中运行物体坠落责任负责。如果涉及第三者责任，可以先赔后追。但是，对建筑物本身的损失，不论是否属于保险标的，都不负责赔偿。

二、企业财产保险

企业财产保险是由传统的火灾保险演变而来的，主要承保火灾以及其他自然灾害和意外事故造成的保险财产的直接损失。企业财产保险分为基本险和综合险，两个险种除保险责任范围不同外，保险合同的其他内容都相同。

（一）企业财产保险的保险标的

1. 可保财产

这类财产既可以用会计科目来反映，如固定资产、流动资产、账外财产等；也可以用企业财产项目类别来反映，如房屋、建筑物、机器设备、原材料、商品物资等。被保险人应对可保财产的保险标的具有保险利益。

2. 特约承保财产

下列财产须经被保险人与保险人特别约定，并在保险单上载明，才可作为保险标的：①金银、珠宝、钻石、玉器、首饰、古币、古玩、古书、古画、邮票、艺术品、稀有金属等珍贵财物；②堤堰、水闸、铁路、道路、涵洞、桥梁、码头；③矿井、矿坑内的设备和物资。

3. 不保财产

下列财产不可作为保险标的：①土地、矿藏、矿井、矿坑、森林、水产资源，以及未经收割或收割后尚未入库的农作物；②货币、票证、有价证券、文件、账册、图表、技术资料、电脑资料、枪支弹药，以及无法鉴定价值的财产；③违章建筑、危险建筑、非法占用的财产；④在运输过程中的物资；⑤领取执照并正常运行的机动车；⑥牲畜、禽类和其他饲养动物。

（二）企业财产保险基本险和综合险的保险责任

1. 基本险的保险责任

基本险的保险责任包括：①火灾；②雷击；③爆炸；④飞行物体及其他空中运行物体坠落。

下列原因导致保险标的损毁，保险人也应负责赔偿：①被保险人拥有财产所有权的自用的供电、供水、供气设备因保险事故遭受损坏，引起停电、停水、停气以致造成保险标的的直接损毁；②在发生保险事故时，为抢救保险标的或防止灾害蔓延，采取合理的必要的措施而造成保险标的的损失。

保险事故发生后，被保险人为防止或者减少损失所支付的必要的合理的费用由保险人承担。

2. 综合险的保险责任

综合险的保险责任包括：①火灾、爆炸；②雷击、暴雨、洪水、台风、暴风、龙卷风、雪灾、雹灾、冰凌、泥石流、崖崩、突发性滑坡、地面突然塌陷；③飞行物体及其他空中运行物体坠落。

下列原因导致保险标的损毁，保险人也负责赔偿：

①被保险人拥有财产所有权的自用的供电、供水、供气设备因保险事故遭受损坏，引起停电、停水、停气以致保险标的的直接损毁。②在发生保险事故时，为抢救保险标的或防止灾害蔓延，采取合理的必要的措施而造成保险标的的损毁。③保险事故发生后，被保险人为防止或者减少损失所支付的必要的、合理的费用由保险人承担。

（三）企业财产保险基本险和综合险的责任免除

1. 基本险的责任免除

下列原因造成保险标的的损毁，保险人不负责赔偿：①战争、敌对行为、军事行动、武装冲突、罢工、暴动；②被保险人及其代表的故意行为或纵容所致；③核反应、核子辐射和放射性污染；④地震、暴雨、洪水、台风、暴风、龙卷风、雪灾、雹灾、冰凌、泥石流、崖崩、滑坡、水暖管爆裂、抢劫、盗窃。

保险人对下列损失也不负责赔偿：①保险标的遭受保险事故引起的各种间接损失；②保险标的本身有缺陷或保管不善所致的损失，保险标的的变质、霉烂、受潮、虫咬、自然磨损、自然损耗、自燃所造成的损失；③行政行为或执法行为所致的损失；④其他不属于保险责任范围内的损失和费用。

2. 综合险的责任免除

下列原因造成保险标的的损毁，保险人不负责赔偿：①战争、敌对行为、军事行动、武装冲突、罢工、暴动；②被保险人及其代表的故意行为或纵容所致；③核反应、核子辐射和放射性污染。

保险人对下列损失也不负责赔偿：①保险标的遭受保险事故引起的各种间接损失；②地震所造成的一切损失；③保险标的本身有缺陷或保管不善导致的损失；保险标的变质、霉烂、受潮、虫咬、自然磨损、自然损耗、自燃、烘焙所造成的损失；④堆放在露天或罩棚下的保险标的以及罩棚，由于暴风、暴雨而产生的损失；⑤行政行为或执法行为所致的损失；⑥其他不属于保险责任范围内的损失和费用。

（四）保险价值、保险金额与免赔额（率）

保险标的的保险价值可以为出险时的重置价值、出险时的账面余额、出险时的市场价值或其他价值，由投保人与保险人协商确定，并在保险合同中载明。

保险金额由投保人参照保险价值自行确定，并在保险合同中载明。保险金额不得超过保险价值。超过保险价值的，超过部分无效，保险人应当退还相应的保险费。

（五）企业财产保险的赔偿处理[①]

（1）保险事故发生时，被保险人对保险标的不具有保险利益的，不得向保险人请求赔偿保险金。

（2）保险标的发生保险责任范围内的损失，保险人有权选择下列方式赔偿：

①货币赔偿：保险人以支付保险金的方式赔偿。

②实物赔偿：保险人以实物替换受损标的，该实物应具有保险标的出险前同等的类型、结构、状态和性能。

③实际修复：保险人自行或委托他人修理修复受损标的。对保险标的在修复或替换过程中，被保险人进行的任何变更、性能增加或改进所产生的额外费用，保险人不负责赔偿。

（3）保险标的遭受损失后，如果有残余价值，应由双方协商处理；如折归被保险人，由双方协商确定其价值，并在保险赔款中扣除。

（4）保险标的发生保险责任范围内的损失，保险人按以下方式计算赔偿：

①保险金额等于或高于保险价值时，按实际损失计算赔偿，最高不超过保险价值；②保险金额低于保险价值时，按保险金额与保险价值的比例乘以实际损失计算赔偿，最高不超过保险金额；③若本保险合同所列标的不止一项时，应分项按照本条约定处理。

（5）保险标的的保险金额大于或等于其保险价值时，被保险人为防止或减少保险标的的损失所支付的必要的、合理的费用，在保险标的的损失赔偿金额之外另行计算，最高不超过被施救保险标的的保险价值。保险标的的保险金额小于其保险价值时，上述费用按被施救保险标的的保险金额与其保险价值的比例在保险标的的损失赔偿金额之外另行计算，最高不超过被施救保险标的的保险金额。被施救的财产中，含有本保险合同未承保财产的，按被施救保险标的的保险价值与全部被施救财产价值的比例分摊施救费用。

---

① 以某保险公司的条款为例。

（6）保险事故发生时，如果存在重复保险，保险人按照本保险合同的相应保险金额与其他保险合同及本保险合同相应保险金额总和的比例承担赔偿责任。其他保险人应承担的赔偿金额，本保险人不负责垫付。若被保险人未如实告知导致保险人多支付赔偿金的，保险人有权向被保险人追回多支付的部分。

（7）保险标的发生部分损失，保险人履行赔偿义务后，本保险合同的保险金额自损失发生之日起按保险人的赔偿金额相应减少，保险人不退还保险金额减少部分的保险费。如投保人请求恢复至原保险金额，应按原约定的保险费率另行支付恢复部分从投保人请求的恢复日期起至保险期间届满之日止按日比例计算的保险费。

（8）发生保险责任范围内的损失，应由有关责任方负责赔偿的，保险人自向被保险人赔偿保险金之日起，在赔偿金额范围内代位行使被保险人对有关责任方请求赔偿的权利，被保险人应当向保险人提供必要的文件和所知道的有关情况。被保险人已经从有关责任方取得赔偿的，保险人赔偿保险金时，可以相应扣减被保险人已从有关责任方取得的赔偿金额。

保险事故发生后，在保险人未赔偿保险金之前，被保险人放弃对有关责任方请求赔偿权利的，保险人不承担赔偿责任；保险人向被保险人赔偿保险金后，被保险人未经保险人同意放弃对有关责任方请求赔偿权利的，该行为无效；被保险人故意或者重大过失致使保险人不能行使代位请求赔偿的权利的，保险人可以扣减或者要求返还相应的保险金。

（9）被保险人向保险人请求赔偿保险金的诉讼时效期间为二年，自其知道或者应当知道保险事故发生之日起计算。

（六）厘定费率的主要因素

保险费率根据保险标的的风险程度、损失概率、责任范围、保险期限和经营管理费用等确定。

在厘定企业财产保险的费率时，保险人主要应考虑以下因素：建筑结构及建筑等级、占用性质、承保风险的种类、地理位置。此外，保险人还应在具体确定保险费率时考虑被保险人的防火设备、保险标的所处环境、交通状况等因素的影响。在实际工作中，一般以表定费率为基础，根据具体风险情况等因素，在一定的浮动范围内确定费率。

企业财产保险一般以一年为期，标准费率表是年费率表。如果保险期限不足一年，应按短期费率表（如表9-1所示）计收保费。如中途退保，亦适用于短期费率，保险期不足一个月的，按一个月收费。

表9-1　企业财产保险短期费率表

保险期间	一个月	二个月	三个月	四个月	五个月	六个月	七个月	八个月	九个月	十个月	十一个月	十二个月
年费率/%	10	20	30	40	50	60	70	80	85	90	95	100

注：不足一个月的部分按一个月计收。

三、家庭财产保险

家庭财产保险是指以我国城乡居民的家庭财产为保险标的，由保险人承担火灾及有关自然灾害、意外事故所致损失的赔偿责任的保险。

（一）普通家庭财产综合保险

普通家庭财产综合保险的承保范围由房屋及附属设备、室内装潢和室内财产三大部分组成，投保人可以自由选择投保。房屋及附属设备和室内装潢的保险金额由投保人根据购置价和市场价自行确定。室内财产的保险金额以各项财产的实际价值自行确定。

1. 保险标的的范围

（1）可以承保的家庭财产

凡是被保险人自有的，坐落于保险单所载明地址内的下列家庭财产，在保险标的范围以内：①房屋及其室内附属设备（如固定装置的水暖、气暖、卫生、供水、管道煤气及供电设备、厨房配套的设备等）；②室内装潢；③室内财产，包括家用电器和文体娱乐用品、衣物和床上用品、家具及其他生活用具。以上被保险人可自由选择投保。

（2）特约承保的家庭财产

下列财产经被保险人与保险人特别约定，并在保险单上载明，可列入保险标的范围以内：①属于被保险人代他人保管或者与他人共有而由被保险人负责的第一条载明的财产；②存放于院内、室内的非机动农机具、农用工具及存放于室内的粮食及农副产品；③经保险人同意的其他财产。

（3）不可承保的财产

下列家庭财产不在保险标的范围以内：①金银、珠宝、钻石及制品，玉器、首饰、古币、古玩、字画、邮票、艺术品、稀有金属等珍贵财物；②货币、票证、有价证券、文件、书籍、账册、图表、技术资料、电脑软件及资料，以及无法鉴定价值的财产；③日用消耗品、各种交通工具、养殖及种植物；④用于从事工商业生产、经营活动的财产和出租用作工商业的房屋；⑤无线通信工具、笔、打火机、手表，各种磁带、磁盘、影音激光盘；⑥用芦席、稻草、油毛毡、麦秆、芦苇、竹竿、帆布、塑料布、纸板等作为外墙、屋顶的简陋屋棚，柴房、禽畜棚、与保险房屋不成一体的厕所、围墙、无人居住的房屋以及存放在里面的财产；⑦政府有关部门征用、占用的房屋，违章建筑、危险建筑、非法占用的财产、处于危险状态的财产。

2. 保险责任

只有对于在保险单载明的地址内，保险财产遭受保险责任范围内的灾害事故而产生的损失，保险人才负赔偿责任。保险责任包括：①火灾、爆炸；②雷击、台风、龙卷风、暴风、暴雨、洪水、雪灾、雹灾、冰凌、泥石流、崖崩、突发性滑坡、地面突然下陷；③飞行物体及其他空中运行物体坠落，外来不属于被保险人所有或使用的建筑物和其他固定物体的倒塌；④发生保险事故时，为抢救保险标的或防止灾害蔓延，采取合理的、必要的措施而造成保险标的的损失；⑤保险事故发生后，被保险人为防止灾害蔓延或者减少损失所支付的必要的、合理的费用。

3. 责任免除

（1）事故原因的除外

①战争、敌对行为、军事行动、武装冲突、罢工、暴动、盗抢。

②核反应、核子辐射和放射性污染。

③被保险人及其家庭成员、寄居人、雇佣人员的违法、犯罪或故意行为。

④因计算机 2000 年问题造成的直接或间接损失。

（2）损失、费用的除外

①保险标的遭受保险事故引起的各种间接损失。

②地震及其次生灾害所造成的一切损失。

③家用电器因使用过度、超电压、短路、断路、漏电、自身发热、烘烤等造成的本身的损毁。

④坐落在蓄洪区、行洪区，或在江河岸边、低洼地区以及防洪堤以外当地常年警戒水位线以下的家庭财产，由于洪水所产生的一切损失。

⑤保险标的本身有缺陷或保管不善导致的损毁；保险标的变质、霉烂、受潮、虫咬、自然磨损、自然损耗、自燃、烘焙所造成的本身的损失。

⑥行政、执法行为引起的损失和费用。

⑦其他不属于保险责任范围内的损失和费用。

4. 保险金额与保险价值

房屋及室内附属设备、室内装潢的保险金额由被保险人根据购置价或市场价自行确定。房屋及室内附属设备、室内装潢的保险价值为出险时的重置价值。

室内财产的保险金额由被保险人根据当时实际价值分项目自行确定。不分项目的，按各大类财产在保险金额中所占比例确定，如规定室内财产中的家用电器及文体娱乐用品、衣物及床上用品、家具及其他生活用具、农村农机具等在保险金额中的比例。特约财产的保险金额由被保险人和保险人双方约定。

5. 赔偿处理

保险事故发生时，被保险人对保险财产应当具有保险利益，否则，不得向保险人请求赔偿保险金。

保险事故发生后，保险人按照下列方式计算赔偿：

（1）房屋及室内附属设备、室内装潢的赔偿计算

①全部损失的赔偿计算。保险金额等于或高于保险价值时，其赔偿金额以不超过保险价值为限；保险金额低于保险价值时，按保险金额赔偿。

②部分损失的赔偿计算。保险金额等于或高于保险价值时，按实际损失计算赔偿金额；保险金额低于保险价值时，应根据实际损失或恢复原状所需修复费用乘以保险金额与保险价值的比例计算赔偿金额。

（2）室内财产的赔偿计算

在分项目保险金额内，按实际损失赔付，即室内财产的损失采用第一危险责任赔偿方式，按实际损失赔偿，而不是按责任比例分摊损失，但最高赔偿金额不得超

过保险金额。

（3）其他费用

被保险人所支付的必要、合理的施救费用，按实际支出另行计算，最高不超过受损标的的保险金额。若该保险标的按比例赔偿，则该项费用也按相同的比例赔偿。

（二）家庭财产保险附加险

普通家庭财产保险开办了多个附加险，如附加盗抢保险、附加家用电器用电安全保险、附加管道爆裂及水渍保险、附加现金、首饰盗抢保险、附加第三者责任保险、附加自行车盗窃保险等。其中附加盗抢险是最普遍的一种附加险。

1. 保险责任

保险房屋及其室内附属设备和存放于保险单所载明地址室内的保险标的，遭受外来人员撬、砸门窗，翻墙掘壁，持械抢劫，并有明显现场痕迹，经公安部门确认为盗抢行为所致丢失、损毁的直接损失，且三个月以内未能破案，保险人负责赔偿。

2. 责任免除

下列原因造成的损失，保险人不负赔偿责任：①保险标的因外人无明显盗窃痕迹、窗外钩物行为而损毁；②保险标的因门窗未锁而遭盗窃所产生的损失；③保险标的因被保险人的雇佣人员、同住人、寄宿人盗窃所产生的损失。

3. 保险金额

保险金额以家庭财产综合保险的保险金额为限，对便携式用品（手提电脑、电子记事本、摄像机、照相器材、收音机、录音机、CD 机、VCD 机）规定了最高保险金额，且列明清单。

4. 赔偿处理

第一，保险标的发生盗抢事故后，被保险人应立即向当地公安部门如实报案，同时通知保险人，否则保险人有权拒赔。

第二，盗抢责任损失赔偿后，被保险人应将权益转让给保险人，破案追回的保险标的应归保险人所有，被保险人如愿意收回被追回的保险标的，其已领取的赔款必须退还给保险人，保险人对被追回保险标的的损毁部分按照实际损失给予补偿。

第三，被保险人向保险人报案后，从案发时起三个月后，被盗抢的保险标的仍未查获，方可办理赔偿手续。

第四，附加盗抢保险一般有绝对免赔额的规定。

第四节　机动车辆保险

一、机动车辆保险及其特点

机动车辆保险是以机动车辆本身及其相关利益为保险标的的一种财产保险。各国开办的机动车辆保险（国外一般称为汽车保险）品种繁多，千差万别，保险分类也各不相同。我国的机动车辆保险在《机动车交通事故责任强制保险条例》（以下简称《交强险条例》）出台以前，通常分为基本险（包括机动车辆损失保险和第三者责任保险）和附加险。随着《交强险条例》的实施（2006年7月1日），由于这一划分方法具有一定的局限性，因此将机动车辆保险首先划分为机动车辆交通事故责任强制保险（简称"交强险"）和机动车辆商业保险。其次，机动车辆商业保险又可以分为机动车辆损失保险、第三者责任保险、其他主险和附加险等。

基于保险标的的特点，相对于非车险业务，机动车辆保险的基本特征可以概括为以下几点：

（一）保险标的的出险概率较高

汽车是陆地上的主要交通工具，经常处于运动状态，它总是载着人或货物不断地从一个地方开往另一个地方，很容易发生碰撞及其他意外事故，造成财产损失和人身伤亡。由于车辆数量的迅速增加，而一些地区的交通设施及管理水平跟不上车辆的发展速度，再加上驾驶员的疏忽、过失等人为原因，因此交通事故发生频繁，汽车出险概率较高。

（二）业务量大，投保率高

我国各地机动车辆的存量和增量都很大，而且还会随着社会经济的持续发展而增长，数以千万辆计的机动车辆构成了业务量极大的保险市场；对机动车辆第三者责任的强制性承保使得这一市场能够得到充分发掘。因此，机动车辆保险的投保与承保率相对于其他财产保险是很高的。

（三）被保险人自负责任与无赔款优待

为了促使被保险人注意维护、养护汽车，使其保持安全行驶状态，并督促驾驶员注意安全行车，以减少事故的发生，机动车辆保险合同一般规定：根据驾驶员在交通事故中所负责任，商业车险一般在符合赔偿规定的金额内实行绝对免赔率。此外，如保险车辆在一年保险期限内无赔款，第二年（或连续三年）续保时可以按保险费的一定比例享无赔款优待；反之，一年内有赔款发生，续保时保费上浮。以上两项规定，虽然分别是对被保险人的惩罚和优待，但所要达到的目的是一致的。

（四）机动车辆损失赔偿的特殊性

在机动车辆保险单保险期限内，不论保险责任范围内的车辆损失索赔发生了几次，只要保险人核定的赔偿额在保险单规定的保险金额内，保险责任继续有效至保险期限结束。但是，只要一次事故的赔偿额达到或超过保险金额，则保险责任终止。

二、机动车辆第三者责任强制保险

机动车辆第三者责任强制保险是针对机动车辆第三者责任（这里的"第三者"通常是指保险机动车辆发生意外事故的受害人，但不包括保险机动车本车上人员、被保险人）的基本保障，它有利于保护交通事故中受害者的权益，保证其及时得到应有的经济补偿，并能减轻事故责任者的经济赔偿压力，减少事故双方的矛盾和纠纷，同时也有利于交通安全的综合治理，促进社会安定和公共安全。

2006年开始实施的交强险是国内第一个强制保险。《交强险条例》的实施和完善标志着机动车辆强制保险制度在我国建立，并全面开展起来。

《交强险条例》第三条规定："本条例所称机动车交通事故责任强制保险，是指由保险公司对被保险机动车发生道路交通事故造成本车人员、被保险人以外的受害人的人身伤亡、财产损失，在责任限额内予以赔偿的强制性责任保险。"

交强险与商业第三者责任保险有着本质的不同，主要表现在强制性、赔偿原则、产品供给的主体、责任限额、保障范围、经营原则以及条款与基础费率等几个方面。

（一）强制性

我国交强险的强制性具体表现在：

（1）具有经营交强险资格的保险公司，不能拒绝承保、不得拖延承保交强险业务，不能随意解除保险合同。

（2）无交强险的机动车不得上路行驶。在中华人民共和国境内道路上行驶的机动车所有人或者管理人应当投保交强险，未投保交强险的机动车不得上道路行驶。否则将由交警依法扣留机动车，通知机动车所有人、管理人依照规定投保，处依照规定投保最低责任限额应缴纳的保险费的两倍罚款。

（3）保险公司垫付抢救费用。为了确保交通事故受害人能得到及时有效的救治，对于驾驶人未取得驾驶资格或者醉酒、被保险机动车被盗抢期间以及被保险人故意制造道路交通事故等情况下发生道路交通事故，造成受害人人身伤亡的，由保险公司垫付抢救费用。垫付金额不超过交强险相应的医疗费用赔偿限额，并且垫付金额为抢救受伤人员所必须支付的相关医疗费用。保险公司有权就垫付的抢救费用向致害人追偿。

（二）赔偿原则

在机动车商业第三者责任保险中，保险公司赔偿的前提是被保险人过失造成交通事故的发生。也就是说，保险公司是根据被保险人在交通事故中应负的责任比例来确定赔偿责任。交强险推行的是"无过错"归责赔偿原则，即使被保险人对交通事故的发生不负任何责任，只要交通事故给受害人的人身或财产造成了侵害（道路交通事故的损失是由受害人故意造成的除外），保险公司就必须无条件地在交强险责任限额范围内予以赔偿。但根据驾驶员在交通事故中是否有责，赔偿的责任限额不同。另外，保险公司可以向被保险人赔偿保险金，也可以直接向受害人赔偿保险金。但是，因抢救受伤人员需要保险公司支付或者垫付抢救费用的，保险公司在接到公安机关交通管理部门通知后，经核对应当及时向医疗机构支付或者垫付抢救费用。

（三）产品供给主体

因交强险具有强制性、政策性的属性，所以这一产品只能由中资保险公司（经中国保险监管机构批准）来提供，保险监管机构应当将具备从事机动车交强险业务资格的保险公司向社会公示。而商业第三者责任险没有限制，所有内资和外资的财产保险公司都可以经营。

（四）责任限额和项目

交强险在全国范围内实行统一的责任限额。同时，交强险实行分项责任限额，具体分为死亡伤残赔偿限额、医疗费用赔偿限额、财产损失赔偿限额，以及被保险人在道路交通事故中无责任的赔偿限额。交强险责任限额由保险监管机构会同国务院公安部门、国务院卫生主管部门、国务院农业主管部门规定。

表 9-2 是 2008 年 2 月 1 日零时起实行的交强险赔偿限额。2020 年交强险赔偿限额进行调整，表 9-3 是 2020 年 9 月 19 日零时起实行的交强险赔偿限额。

表 9-2　交强险赔偿限额（2008 年 2 月 1 日零时起实行）

机动车在道路交通事故中有责任的赔偿限额		机动车在道路交通事故中无责任的赔偿限额	
死亡伤残赔偿限额	110 000 元	死亡伤残赔偿限额	11 000 元
医疗费用赔偿限额	10 000 元	医疗费用赔偿限额	1 000 元
财产损失赔偿限额	2 000 元	财产损失赔偿限额	100 元
合计	122 000 元	合计	12 100 元

表 9-3　交强险赔偿限额（2020 年 9 月 19 日零时起实行）

机动车在道路交通事故中有责任的赔偿限额		机动车在道路交通事故中无责任的赔偿限额	
死亡伤残赔偿限额	180 000 元	死亡伤残赔偿限额	18 000 元
医疗费用赔偿限额	18 000 元	医疗费用赔偿限额	1 800 元
财产损失赔偿限额	2 000 元	财产损失赔偿限额	100 元
合计	200 000 元	合计	19 900 元

对于人身伤害赔偿责任，分为死亡伤残赔偿项目和医疗费用赔偿项目。

死亡伤残赔偿项目包括丧葬费、死亡补偿费、受害人亲属办理丧葬事宜支出的交通费用、残疾赔偿金、残疾辅助器具费、护理费、康复费、交通费、被扶养人生活费、住宿费、误工费，以及被保险人依照法院判决或者调解承担的精神损害抚慰金（按法院判决或调解）等。

医疗费用赔偿项目包括医药费、诊疗费、住院费、住院伙食补助费，以及必要的、合理的后续治疗费、整容费、营养费等。

（五）其他特点

从投保的目的上看，交强险是国家强制要求所有机动车都必须投保、统一的责任限额，其目的是保护社会上不特定主体，即交通事故中受害人的利益。商业第三者责任险自愿投保，购买责任限额①由投保人决定。

从经营原则看，商业第三者责任险以营利为目的，属于商业性保险业务。交强险业务总体上以不盈利不亏损为原则，各公司从事交强险业务实行与其他商业保险

---

① 责任限额范围为 10 万元~1 000 万元。

业务分开管理、单独核算，无论盈亏，均不参与公司的利益分配。

从保障范围上看，因赔偿原则的不同，交强险保障的范围要大得多，除了《交强险条例》规定的个别事项外，交强险的赔偿范围几乎涵盖了所有道路交通责任风险。而商业第三者责任险中，保险公司不同程度地规定有具体的责任免除事项。

从条款与基础费率拟定看，交强险实行全国统一的保险条款和基础费率，保险监管机构按照交强险业务总体上"不盈利不亏损"的原则审批费率。

三、机动车商业保险

机动车商业保险，分为主险、附加险。主险包括机动车损失保险、机动车第三者责任保险、机动车车上人员责任保险共三个独立的险种。投保人可以选择投保全部险种，也可以选择投保其中部分险种。保险人依照保险合同的约定，按照承保险种分别承担保险责任。投保主险才能投保对应的附加险，即附加险不能独立投保。附加险条款与主险条款相抵触的，以附加险条款为准，附加险条款未尽之处，以主险条款为准。

以中国保险行业协会机动车商业保险示范条款（2020 版）为例，机动车商业保险产品结构如表 9-4 所示。

表 9-4　机动车商业保险产品结构

主险	附加险	
机动车损失保险	附加绝对免赔率特约条款、 附加车轮单独损失险、 附加新增加设备损失险、 附加车身划痕损失险、 附加修理期间费用补偿险、 附加发动机进水损坏除外特约条款、 附加机动车增值服务特约条款	
机动车第三者责任保险	附加车上货物责任险、 附加法定节假日限额翻倍险	附加精神损害抚慰金责任险、 附加医保外医疗费用责任险
机动车车上人员责任保险		

（一）机动车损失保险

机动车损失保险以机动车辆本身为保险标的。保险合同中的被保险机动车是指在中华人民共和国境内（不含港、澳、台地区）行驶，以动力装置驱动或者牵引，上道路行驶的供人员乘用或者用于运送物品以及进行专项作业的轮式车辆（含挂车）、履带式车辆和其他运载工具，但不包括摩托车、拖拉机、特种车。

1. 保险责任

该险种保险责任有三条，采用一切险方式保障车损责任。

（1）保险期间内，被保险人或被保险机动车驾驶人（以下简称"驾驶人"）

在使用被保险机动车过程中①，因意外事故②或自然灾害③造成被保险机动车直接损失，且不属于免除保险人责任的范围，保险人依照保险合同的约定负责赔偿。

（2）保险期间内，被保险机动车被盗窃、抢劫、抢夺，经出险地县级以上公安刑侦部门立案证明，满 60 天未查明下落的全车损失，以及因被盗窃、抢劫、抢夺受到损坏造成直接损失，且不属于免除保险人责任的范围，保险人依照保险合同的约定负责赔偿。

（3）发生保险事故时，被保险人或驾驶人为防止或者减少被保险机动车的损失所支付的必要的、合理的施救费用，由保险人承担；施救费用数额在被保险机动车损失赔偿金额以外另行计算，最高不超过保险金额。

2. 责任免除

上述保险责任范围内，下列情况下，不论任何原因造成被保险机动车的任何损失和费用，保险人均不负责赔偿：

（1）事故发生后，被保险人或驾驶人故意破坏、伪造现场，毁灭证据；

（2）驾驶人有下列情形之一者：

①交通肇事逃逸④；

②饮酒⑤、吸食或注射毒品、服用国家管制的精神药品或者麻醉药品；

③无驾驶证，驾驶证被依法扣留、暂扣、吊销、注销期间；驾驶与驾驶证载明的准驾车型不相符合的机动车。

（3）被保险机动车有下列情形之一者：

①发生保险事故时被保险机动车行驶证、号牌被注销；

②被扣留、收缴、没收期间；

③竞赛、测试期间，在营业性场所维修、保养、改装期间；

④被保险人或驾驶人故意或重大过失，导致被保险机动车被利用从事犯罪行为。

下列原因导致的被保险机动车的损失和费用，保险人不负责赔偿：

（1）战争、军事冲突、恐怖活动、暴乱、污染（含放射性污染）、核反应、核辐射；

（2）违反安全装载规定；

（3）被保险机动车被转让、改装、加装或改变使用性质等，导致被保险机动车危险程度显著增加，且未及时通知保险人，因危险程度显著增加而发生保险事故的；

---

① 指被保险机动车作为一种工具被使用的整个过程，包括行驶、停放及作业，但不包括在营业场所被维修养护期间、被营业单位拖带或被吊装等施救期间。

② 指被保险人不可预料、无法控制的突发性事件，但不包括战争、军事冲突、恐怖活动、暴乱、污染（含放射性污染）、核反应、核辐射等。

③ 指对人类以及人类赖以生存的环境造成破坏性影响的自然现象，包括雷击、暴风、暴雨、洪水、龙卷风、冰雹、台风、热带风暴、地陷、崖崩、滑坡、泥石流、雪崩、暴雪、冰凌、沙尘暴、地震及其次生灾害等。

④ 指发生道路交通事故后，当事人为逃避法律责任，驾驶或者遗弃车辆逃离道路交通事故现场以及潜逃藏匿的行为。

⑤ 指驾驶人饮用含有酒精的饮料，驾驶机动车时血液中的酒精含量大于等于 20 mg/100 mL 的。

（4）投保人、被保险人或驾驶人故意制造保险事故。

下列损失和费用，保险人不负责赔偿：

（1）因市场价格变动造成的贬值、修理后因价值降低引起的减值损失；

（2）自然磨损、朽蚀、腐蚀、故障、本身质量缺陷；

（3）投保人、被保险人或驾驶人知道保险事故发生后，故意或者因重大过失未及时通知，致使保险事故的性质、原因、损失程度等难以确定的，保险人对无法确定的部分，不承担赔偿责任，但保险人通过其他途径已经知道或者应当及时知道保险事故发生的除外；

（4）被保险人违反有关条款约定[①]，导致无法确定的损失；

（5）车轮单独损失[②]，无明显碰撞痕迹的车身划痕，以及新增加设备的损失；

（6）非全车盗抢、仅车上零部件或附属设备被盗窃。

3. 免赔额

对于投保人与保险人在投保时协商确定绝对免赔额的，保险人在依据保险合同约定计算赔款的基础上，增加每次事故绝对免赔额。

4. 保险金额

保险金额按投保时被保险机动车的实际价值确定。投保时被保险机动车的实际价值由投保人与保险人根据投保时的新车购置价[③]减去折旧金额后的价格协商确定或根据其他市场公允价值[④]协商确定。折旧金额可根据保险合同列明的参考折旧系数表（见表9-5）确定。

表9-5　参考折旧系数表

车辆种类	月折旧系数/%			
	家庭自用	非营业	营业	
			出租	其他
9座以下客车	0.60	0.60	1.10	0.90
10座以上客车	0.90	0.90	1.10	0.90
微型载货汽车	—	0.90	1.10	1.10
带拖挂的载货汽车	—	0.90	1.10	1.10
低速货车和三轮汽车	—	1.10	1.40	1.40
其他车辆	—	0.90	1.10	0.90

① 因保险事故损坏的被保险机动车，修理前被保险人应当会同保险人检验，协商确定维修机构、修理项目、方式和费用。无法协商确定的，双方委托共同认可的有资质的第三方进行评估。

② 指未发生被保险机动车其他部位的损失，因自然灾害、意外事故，仅发生轮胎、轮毂、轮毂罩的分别单独损失，或上述三者之中任意二者的共同损失，或三者的共同损失。

③ 指保险合同签订地购置与被保险机动车同类型新车的价格，无同类型新车市场销售价格的，由投保人与保险人协商确定。

④ 指熟悉市场情况的买卖双方在公平交易的条件下和自愿的情况下所确定的价格，或无关联的双方在公平交易的条件下一项资产可以被买卖或者一项负债可以被清偿的成交价格。

折旧按月计算，不足一个月的部分，不计折旧。最高折旧金额不超过投保时被保险机动车新车购置价的80%。折旧金额的计算公式为

折旧金额＝新车购置价×被保险机动车已使用月数×月折旧系数

5. 赔偿处理

（1）发生保险事故后，保险人依据条款约定在保险责任范围内承担赔偿责任。赔偿方式由保险人与被保险人协商确定。

（2）因保险事故损坏的被保险机动车，修理前被保险人应当会同保险人检验，协商确定维修机构、修理项目、方式和费用。无法协商确定的，双方委托共同认可的有资质的第三方进行评估。

（3）被保险机动车遭受损失后的残余部分由保险人、被保险人协商处理。如折归被保险人的，由双方协商确定其价值并在赔款中扣除。

（4）因第三方对被保险机动车的损害而造成保险事故，被保险人向第三方索赔的，保险人应积极协助；被保险人也可以直接向保险人索赔，保险人在保险金额内先行赔付被保险人，并在赔偿金额内代位行使被保险人对第三方请求赔偿的权利。

被保险人已经从第三方取得损害赔偿的，保险人进行赔偿时，相应扣减被保险人从第三方已取得的赔偿金额。

保险人未赔偿之前，被保险人放弃对第三方请求赔偿的权利的，保险人不承担赔偿责任。

被保险人故意或者因重大过失致使保险人不能行使代位请求赔偿的权利的，保险人可以扣减或者要求返还相应的赔款。

保险人向被保险人先行赔付的，保险人向第三方行使代位请求赔偿的权利时，被保险人应当向保险人提供必要的文件和所知道的有关情况。

（5）机动车损失赔款按以下方法计算：

①针对全部损失，赔款的计算公式为

赔款＝保险金额－被保险人已从第三方获得的赔偿金额－绝对免赔额

②被保险机动车发生部分损失，保险人按实际修复费用在保险金额内计算赔偿：

赔款＝实际修复费用－被保险人已从第三方获得的赔偿金额－绝对免赔额

③施救费。施救的财产中，含有保险合同之外的财产，应按保险合同中保险财产的实际价值占总施救财产的实际价值的比例分摊施救费用。

（6）被保险机动车发生保险事故，导致全部损失，或一次赔款金额与免赔金额之和（不含施救费）达到保险金额，保险人按保险合同约定支付赔款后，保险合同的保险责任终止，保险人不退还机动车损失保险及其附加险的保险费。

（二）机动车其他主险

1. 机动车第三者责任保险

保险合同中的第三者是指因被保险机动车发生意外事故遭受人身伤亡或者财产损失的人，但不包括被保险机动车本车车上人员、被保险人。

（1）保险期间内，被保险人或其允许的驾驶人在使用被保险机动车过程中发生意外事故，致使第三者遭受人身伤亡或财产直接损毁，依法应当对第三者承担的损

害赔偿责任，且不属于免除保险人责任的范围，保险人依照保险合同的约定，对于超过机动车交通事故责任强制保险各分项赔偿限额的部分负责赔偿。

（2）保险人依据被保险机动车一方在事故中所负的事故责任比例，承担相应的赔偿责任。被保险人或被保险机动车一方根据有关法律法规选择自行协商或由公安机关交通管理部门处理事故，但未确定事故责任比例的，按照下列规定确定事故责任比例：

①被保险机动车一方负主要事故责任的，事故责任比例为70%；

②被保险机动车一方负同等事故责任的，事故责任比例为50%；

③被保险机动车一方负次要事故责任的，事故责任比例为30%。

涉及司法或仲裁程序的，以法院或仲裁机构最终生效的法律文书为准。

2. 机动车车上人员责任保险

保险合同中的车上人员是指发生意外事故的瞬间，在被保险机动车车体内或车体上的人员，包括正在上下车的人员。保险合同中的各方权利和义务，由保险人、投保人遵循公平原则协商确定。保险人、投保人自愿订立保险合同。

（1）保险期间内，被保险人或其允许的驾驶人在使用被保险机动车过程中发生意外事故，致使车上人员遭受人身伤亡，且不属于免除保险人责任的范围，依法应当对车上人员承担的损害赔偿责任，保险人依照保险合同的约定负责赔偿。

（2）保险人依据被保险机动车一方在事故中所负的事故责任比例，承担相应的赔偿责任。被保险人或被保险机动车一方根据有关法律法规选择自行协商或由公安机关交通管理部门处理事故，但未确定事故责任比例的，按照下列规定确定事故责任比例：

①被保险机动车一方负主要事故责任的，事故责任比例为70%；

②被保险机动车一方负同等事故责任的，事故责任比例为50%；

③被保险机动车一方负次要事故责任的，事故责任比例为30%。

涉及司法或仲裁程序的，以法院或仲裁机构最终生效的法律文书为准。

第五节　责任保险

一、责任保险的概念

在现代社会中，责任风险的客观存在及其对经济单位和个人所带来的威胁，使人们对所面临的责任风险产生忧虑并寻求转嫁此类风险的途径，这是责任保险产生的自然基础。责任风险是指企业、团体、家庭和个人在从事各项活动中，因疏忽、过失等造成他人的人身伤亡或财产损失，而依法对受害人承担的经济赔偿责任的可能性。随着社会经济的发展，从责任风险发生的趋势和其对经济单位和个人带来的损失程度看，这一风险越来越受到人们的关注。分析其中的原因，有以下几个方面：

第一，人们在遭受他人的侵权损害时，可借助法律手段来保护自己，使责任方承担对损害的赔偿。

第二，科学技术的进步在给人们带来生产发展和生活方便的同时，也使责任风险发生的概率增加，损失后果严重化。

第三，人们生活水平的提高以及物价水平的上升，导致受害人的损害赔偿数额日趋升高。对致害人而言，责任风险事故一旦发生，要依法承担损害赔偿责任，会使现有利益受损，甚至要承担巨额的赔偿，危及正常的生活，严重的可能导致生产中断，甚至经营破产。因此，经济单位和个人有转嫁责任风险的需要。

责任保险以被保险人依法应承担的民事损害赔偿责任或经过特别约定的合同责任为保险标的。保险人主要承担各经济单位和个人在进行各项生产经营活动、业务活动或在日常生活中，由于疏忽、过失等行为而造成他人的人身伤亡或财产损失，以及按合同约定应承担的经济赔偿责任。例如，汽车肇事造成他人的人身伤亡或财产损失，医生误诊造成病人的伤亡，产品缺陷造成用户或消费者的人身伤亡或财产损失等，致害人必须依照有关法律规定对受害人承担经济赔偿责任。如果致害人投保了相关的责任保险，就把责任风险转嫁给了保险人，一旦保险责任事故发生，就由保险人承担致害人（被保险人）应向受害人承担的经济赔偿责任。

二、责任保险的保险标的

财产损失保险的保险标的是有形财产，保险事故的发生会直接造成财产的损失，表现为财产的全部损失或部分损失。责任保险的保险标的为被保险人的民事损害赔偿责任，这种保险标的是无形标的，保险人承保的是被保险人的侵权责任和违约责任（特别约定）。

责任保险以被保险人在保险期内可能造成他人人身伤害或财产损失的风险为承保基础，责任保险承保的是被保险人在保险期内因疏忽、过失等行为造成他人的人身伤害或财产损失，依法律、法规或经合同特别约定由被保险人承担的赔偿责任。

（一）民事责任及其构成条件

民事责任是民事法律责任的简称，它是民事主体侵害他人的民事权利或违反民事义务（包括合同或其他义务）所应承担的法律后果。但并非所有侵害他人的民事权利或违反民事义务的行为都须承担民事责任，构成民事责任一般还须具备以下四个条件：

1. 行为必须具有违法性

这是构成民事责任的决定性要件。行为不违法，除法律有特别规定外，对其所造成的损害不承担民事责任。所谓行为，即人们有意识的活动。

违法行为包括两种：一种是违法的"作为"，属于法律所禁止的行为，如酒后驾车伤人；另一种是违法的"不作为"，属于法律所规定的义务不履行的行为。

2. 必须有造成损害的事实存在

这是构成民事责任的必要条件。侵害民事权利、违反民事义务的违法行为，在许多情况下，会造成他人人身或财产上的损害。只有行为人对他人的人身或财产造成事实上的损害时，才要依法承担民事责任。

3. 违法行为与损害后果之间必须存在因果关系

法律只规定违法行为人对其违法行为所造成的损害后果承担民事责任，也就是说行为人的违法行为必须与损害后果存在因果关系，行为人才承担民事责任。如果损害后果的发生与违法行为无因果关系，行为人就不必承担民事责任。

4. 违法行为人必须有过错

所谓过错，就是行为人对自己的行为及其后果的心理状态，它分为故意和过失两种形式。故意是指行为人明知自己的行为的不良后果，而希望或放任其发生的心理；过失是指行为人应当预见自己的行为可能产生的不良后果而没有预见，或者已经预见而轻信其不会发生的心理。

（二）侵权的民事责任

侵权的民事责任，又称侵权损害的民事责任。它是侵权行为产生的法律后果，即由民法规定的侵权行为造成他人的财产或人身权利损害所应承担的法律责任。侵权行为，通常被认为是因故意或过失侵害他人权利的不法行为。根据侵权行为成立条件和表现形式的不同，其可分为一般侵权行为和特殊侵权行为。一般侵权行为，又称直接侵权行为，是指直接因行为人的故意或过失侵害他人权利的不法行为，这种侵权行为只有行为人主观上有过错（故意或过失）才成立；特殊侵权行为又称间接侵权行为，是指基于法律特别规定的有特殊行为或行为以外的事实，对他人权利的不法侵害。特殊侵权行为适用于"结果责任"或"无过错责任"，依法律规定，只要造成的损害后果与一定人所从事的业务的危险性质或其管属的人、物及其他事项间有因果关系，此人即应对损害负赔偿责任。

责任保险合同主要承保过失责任，同时承保一些无过失责任以及经特别约定的其他责任，而不承保故意行为所致的民事责任。

（三）违约责任

违约责任是违反合同行为所引起的法律后果，是指合同当事人因过错不履行合同义务，或者履行合同义务不符合约定条件的行为。例如，不按合同交付货物、不按合同完成工作、交付成果，不按合同提供劳务，以及不按合同交付价款或报酬等。

责任保险一般不承保违约责任，除非这种责任经过特别约定。责任保险合同特约承保的违约责任包括直接责任和间接责任：前者是指合同一方违反合同的义务造成另一方的损害所应承担的法律赔偿责任，后者是指合同一方根据合同规定对另一方造成第三者的损害应承担的法律赔偿责任。

三、责任保险的特点

责任保险属于广义的财产保险范畴，要遵循财产保险合同的基本原则，如损失补偿原则、代位原则和分摊原则。但由于责任保险的承保对象具有特殊性，与其他财产保险相比，它在产生与发展的基础、保障对象、保险人责任范围、赔偿处理方式等方面有其特点。

（一）产生与发展的基础——民事法律制度的建立与完善

在现代社会中，责任风险的客观存在及其对经济单位和个人所带来的威胁，使人们对所面临的责任风险产生忧虑并寻求转嫁此类风险的途径，这是责任保险产生的自然基础。人们之所以面临责任风险（各种民事法律风险），是由于法律制度的不断完善，特别是民事法律制度的建立与完善。正是因为人们在社会经济活动中的行为都在法律制度的某种程度规范之内，才有可能因违反法律而造成他人的财产损失和人身伤害，并依法应承担赔偿责任，人们才有转嫁责任风险的必要，责任保险才会被人们接受。所以，民事法律制度的建立与完善是责任保险产生与发展的基础。事实上，当今世界责任保险发达的国家和地区，必然是民事法律制度较完善的国家和地区。

（二）责任保险的保障对象——保障了致害人（被保险人）和受害人的利益

一般财产保险合同中，被保险人因保险事故发生造成经济损失时，保险人要对被保险人的经济损失进行补偿，将保险金直接支付给被保险人。而在责任保险合同中，保险人承保的是被保险人依法对他人应承担的民事损害赔偿责任，当保险事故发生时，保险人代替致害人向受害人进行赔偿，保险人支付的保险金最终要落实到受害人手中。这样，既使被保险人避免了经济损失，也使受害人获得补偿与慰藉。因此，责任保险合同在保障被保险人利益的同时，也保障了受害人的合法利益。

（三）保险人赔偿范围的确定——赔偿限额

财产损失保险合同的保险标的是物质财产，该类保险标的具有可估价性。保险人在对保险标的估价的基础上确定保险金额。在责任保险合同中，保险人承保的是一种特殊的无形标的，由于这种标的无客观价值，无法估价，所以合同中无法确定保险金额。但为了限制保险人承担赔偿责任的范围，避免赔偿时合同双方发生争议，我国现行的责任保险合同一般要载明赔偿限额，以此作为保险人承担赔偿责任的最高额度和计算保险费的依据。赔偿限额的大小根据被保险人可能面临的损失规模的大小和支付保险费的能力的高低来确定。比如，我国的机动车辆保险第三者责任险的赔偿限额分为不同档次，由投保人选择。同一险种赔偿限额越高，投保人缴纳的保险费越多。

（四）赔偿处理方式的特殊性

与其他财产保险合同相比，责任保险合同的赔偿处理涉及的关系方较复杂、受制因素较多。

1. 责任保险赔案的处理涉及第三者（受害人）

责任保险合同赔案的发生，以被保险人对第三者造成损害并依法应承担的经济赔偿责任为前提，因而责任保险的赔偿必然涉及第三者受害方，且按照损失补偿原则，受害人应向被保险人（致害人）索赔，被保险人才能向保险人索赔。如果受害人未向被保险人索赔，被保险人也就不具备向保险人索赔的条件。但由于责任保险合同的当事人是保险人与被保险人，受害人不是责任保险合同的当事人，因此，受害人无权直接向保险人索赔。但保险人可以将保险金支付给受害人。《保险法》第六十五条第一款规定："保险人对责任保险的被保险人给第三者造成的损害，可以依照法律的规定或合同的约定，直接向该第三者赔偿保险金。"

2. 责任保险的赔偿受制因素复杂

一般的财产保险合同赔案的处理仅涉及保险人与被保险人，当保险事故发生后，保险人根据保险标的的损失状况，按保险单规定的计算方式计算赔款。如果保险事故由第三者责任方造成，保险人向被保险人赔偿后，依法或按合同约定取得向第三者责任方进行追偿的权利。

由于责任保险承保的标的是被保险人依法对第三者应承担的民事损害赔偿责任，赔案的处理往往要以法院的判决或执法部门的裁决为依据，保险人在此基础上，再根据保险合同的规定计算赔款。因此，责任保险的赔偿受制因素复杂，除保险合同的规定外，国家的立法、司法制度对它都有影响，保险人经营该险种所面临的风险较大。

四、责任保险的种类和责任保险合同的主要条款

(一) 责任保险的种类

责任保险有两种承保方式：一种是作为各种财产保险合同的组成部分或作为附加险承保，如机动车辆保险第三者责任险、建筑或安装工程保险第三者责任险等；另一种是单独承保，由保险人签发单独的责任保险合同。

单独承保的责任保险一般分为以下四类：

1. 公众责任保险

公众责任保险承保被保险人在固定场所或地点进行生产经营活动或进行其他活动时，因意外事故发生造成第三者遭受人身伤害或财产损失，依法应由被保险人承担的经济赔偿责任。

2. 产品责任保险

产品责任保险承保产品的制造商、销售商、修理商因其制造、销售、修理的产品有缺陷而造成用户、消费者或公众遭受人身伤亡或财产损失，依法应由被保险人承担的经济赔偿责任。

3. 雇主责任保险

雇主责任保险承保雇主对所雇员工在受雇期间，因发生意外事故或因职业病而遭受人身伤害或死亡时，依法或按合同约定应由雇主承担的经济赔偿责任。

4. 职业责任保险

职业责任保险承保各种专业技术人员因工作疏忽或过失造成对第三者的损害而依法应承担的经济赔偿责任。这里所指的专业技术人员包括律师、设计师、医生、会计师、美容师等。

责任保险具有保险人代替致害人向受害人承担经济赔偿责任的特征，是为无辜受害者提供经济保障的一种手段。为了保障社会公众利益，对某些涉及面广的损害赔偿责任，如汽车第三者责任保险、雇主责任保险等，许多国家实行了强制保险。

(二) 责任保险合同的主要条款

以上各种责任保险合同一般有以下主要条款：

1. 保险责任范围

责任保险合同承担的保险责任一般有两项：①被保险人依法应对第三者的人身伤亡或财产损失承担的经济赔偿责任（雇主责任保险仅对雇员的人身伤亡承担经济赔偿责任），以及被保险人按照合同规定应承担的违约责任；②因赔偿纠纷引起的诉讼、律师费用及其他事先经保险人同意支付的费用。

2. 除外责任

责任保险合同通常规定有若干除外责任条款，对被保险人由于下列原因引起的赔偿责任，保险人可不予赔偿：①战争、罢工；②核风险（核责任保险除外）；③被保险人的故意行为；④被保险人的家属、雇员的财产损失或人身伤害（雇主责任保险除外）；⑤被保险人的违约责任（保险合同有特别约定除外）；⑥被保险人所有或由其控制、照管的财产。

3. 赔偿限额与免赔额

由于责任保险合同的保险标的无客观价值，因此保险单上均无保险金额而仅规定赔偿限额，作为保险人承担责任的最高限额。被保险人根据法院裁决、有关执法当局裁定或经保险公司同意，与受害方商定应对受害人支付的赔款。该赔款如果在赔偿限额内由保险人承担；如果超出赔偿限额，保险人仅在赔偿限额内承担赔偿责任，超出赔偿限额部分由被保险人自己承担。保险单规定的赔偿限额通常有两项：一是每次事故或同一原因引起的一系列事故的赔偿限额，二是保险期内累计的赔偿限额。这两种限额，保险单上可以只规定一种，也可以同时规定。

为了使被保险人尽职尽责、防范事故发生和减少小额零星赔偿，加强被保险人的风险防范意识，除赔偿限额外，保险单上一般还有免赔额的规定。免赔额一般以金额表示，也可以规定为赔偿金额的一定比例。责任保险的免赔额通常为绝对免赔额。

■ 本章关键词

财产保险　保险金额　保险价值　定值保险　不定值保险　足额保险
不足额保险　超额保险　实际全损　推定全损　火灾保险　货物运输保险
机动车辆保险　工程保险　农业保险　信用保险　保证保险

■ 复习思考题

1. 什么是财产保险？它有哪些特点？
2. 分析财产保险的保险价值和保险金额的关系。
3. 定值保险和不定值保险有什么不同？
4. 财产保险的基本赔偿方式有哪些？
5. 广义的财产保险包括哪三大类业务？
6. 简述火灾保险的保险标的和保险风险。
7. 简述企业财产保险的保险金额确定方式与赔款计算方式。
8. 简述机动车辆保险的特点。
9. 分析交强险与机动车商业第三者责任保险的区别。
10. 什么是责任保险？责任保险有哪些特点？
11. 简述责任保险的种类和责任保险合同的主要条款。

第十章
个人保险规划基础[①]

章首语:

　　保险市场恢复国内业务后,经过40多年的发展,保险产品已经进入千家万户。本章在对个人及其家庭风险进行识别的基础上,分析了保险的特点和功能优势,对保险规划的原理、原则做了介绍,并结合保险市场产品实例分析,提出了建立个人风险保障基础规划的建议。通过本章学习,读者能系统认识家庭风险,特别是人身风险的类别,理解保险规划的基本原理、原则,并在此基础上,通过对保险市场上相关保险产品要素的了解,初步掌握制订个人风险保障规划的基础和思路。

第一节　个人及其家庭风险识别

　　风险是家庭保险需求的自然基础,风险识别是保险规划的前提。风险是未来损害发生的不确定性,发生概率介于0和1之间,一旦发生,可能造成严重经济损失后果,使个人及家庭陷入严重的财务危机。保险规划的前提是风险的客观存在给人们心理上带来了困扰,以及风险发生对个人及家庭的财务影响。要进行家庭保险规划,首先要对风险进行系统识别。风险识别可以从两个角度——风险分布和风险等级进行。

一、家庭风险的分布

　　从家庭风险的分布划分看,家庭风险可以分为人身风险、财产损失风险、责任风险和财富管理风险等(见表10-1)。

---

　　① 从购买主体划分,保险业务分为个人保险和团体保险,本章分析的是个人保险,主要是人身保险,即投保人、被保险人、受益人是自然人。自然人购买人身保险产品,可以为自己购买,也可以为具有保险利益的家庭其他成员购买。婚后家庭财产属于夫妻共同财产,夫妻双方可以为家庭财产购买财产和责任保险。本章在分析问题时对"个人保险"和"家庭保险"不做区分。

表 10-1　家庭风险的分布

风险分布	风险表现	财务影响
人身风险	早逝、疾病、伤残等	收入减少、停止或支出增加
	长寿风险	收入减少、养老金不足
财产损失风险	已有财产损失	直接和间接经济损失
责任风险	导致第三方损害	依法承担向第三方赔偿责任
财富管理风险	投资风险	财富损失
	财富保全风险	
	财富传承风险	

（一）人身风险

人身风险是指家庭成员因生、老、病、死、残等，影响家庭整体财务目标实现的风险。人身风险主要表现为早逝、疾病、伤残，以及长寿风险等，对家庭财务的影响表现为收入减少、停止或者支出增加。人身风险的识别和管理是本章的核心内容。本章第二节和第三节的内容都是围绕人身风险进行分析。

（二）财产损失风险

财产损失风险是指已有财产损失的风险。房屋、车辆等家庭财产会因为自然灾害和意外事故遭受损失，对财产所有人的财务影响表现为在经济上的直接损失和间接损失。个人可以通过购买家庭财产保险相关险种，支付一定的保费对未来不确定的风险进行转移。

（三）责任风险

责任风险是指个人在日常生活中，或从事职业和经营活动中，因疏忽、过失等造成第三者的人身伤害或财产损失，而依法应对受害人承担经济赔偿责任的可能性。在责任风险发生时，受害人可能要求赔偿，使责任方承担相应的法律责任。这可能使致害人家庭面临法律诉讼、赔偿金支付等后果，造成家庭财务困扰甚至经营破产。以拥有私家车的家庭为例，除面临车辆本身损失的风险、驾驶员和车上人员人身伤害风险外，最大的风险就是第三者责任，即开车导致第三者死亡或重残，责任方可能面临高额的损害赔偿责任。因此，除交强险外，拥有车辆的人购买足额的第三者责任保险进行风险转移非常重要。

（四）财富管理风险

财富管理风险主要包括投资风险、财富保全风险、财富传承风险等。投资风险管理不当，投资结构不合理，高风险投资比例过高，风险控制不严，可能会导致投资金额的损失甚至血本无归。在财富管理中，保险是一种重要的财富管理配置工具，保险具有长期理财优势，保险合同主体（投保人、被保险人、受益人）通过合理设计，保单持有人可以实现控制财产、保全财产，以及指向性明确的财产传承等目的。

二、家庭风险的等级

在家庭风险分布的基础上，我们进一步对家庭风险进行等级划分（见表10-2）。

表 10-2　家庭风险的等级

风险等级	风险特点	具体事项列举
一级风险：恶性风险	不可预知、不可控制	早逝、重疾、人身意外伤害等
二级风险：良性风险	可预知、不可控制	孩子教育金、自己养老金等未来刚需，以及其他理财目标的实现
三级风险：财富管理风险	不可预知、相对可控	投资、税收、传承、资产隔离等

家庭风险等级的划分主要从以下几个方面考虑：一是基于风险特点，即是否是可预知和可控制的风险；二是基于风险对家庭财务的短期显性冲击或长期影响情况；三是基于保险规划的顺序和事项的轻重缓急。建立风险保障是保险规划的基础，在此基础上，投保人再考虑教育规划和养老规划等中长期规划。财富管理规划更适用于富裕家庭或高净值家庭。

（一）一级风险

一级风险，可称为恶性风险；风险特点是不可预知和不可控制；其财务影响是导致家庭收入减少、停止或支出增加，或收入减少同时支出增加。人身风险的早逝、伤残、重疾等属于此类风险。此类风险一旦发生，损害的经济后果往往是家庭难以承受的，可能会使个人及家庭陷入严重的财务危机。

1. 死亡风险（早逝）

死亡是每个人和每个家庭都要面对的。对一般家庭而言，未成年人和老人的死亡对其他家庭成员带来的更多是情感伤害，而不一定是经济影响。"早逝"通常指的是一个人在年龄相对较小的时候去世，这个词通常用来形容意外、疾病或其他不可抗力因素导致的过早死亡，没有一个很严格的年龄标准。从对家庭财务影响的角度，早逝是指家庭主要收入者在生计责任重（比如30~60岁）的阶段去世，这个时期往往上有老下有小，会给家庭其他成员生存带来严重财务影响。

不同家庭对死亡风险的关注点不同。普通家庭的关注点是剩余家庭成员维持现有生活水平将出现的缺口，比如家庭原有购房按揭、子女教育等支出将出现的缺口，家庭原定理财目标实现将出现的缺口等。高净值家庭的关注点是预期的高额收入目标无法实现。

2. 重大疾病风险和伤残风险

生活环境和生活方式的改变，使恶性肿瘤、心脑血管疾病等成为现代具有致命威胁的重大疾病。同时，重大疾病的治疗费用相对高昂，加之病人长期不能工作，重大疾病带来的生存风险逐渐暴露出来。

对家庭主要收入者而言，重大疾病风险和伤残风险会造成家庭收入减少或收入减少和支出增加同时发生，如：因患重大疾病长期不能工作，收入减少同时医疗支出和护理费用增加；因伤残而失能，无法胜任以前的工作，收入减少同时护理支出增多。家庭主要收入者患重大疾病或伤残，对家庭财务的打击往往是双重的；对家庭其他成员而言，重疾发生或意外伤害发生，会导致支出的增加，比如治疗费用、康复费用、护理费用等的增加。

（二）二级风险

二级风险，可称为良性风险，这类风险的特点是可预知、不可控制的。例如：一个人会知道自己什么时候进入退休年龄，但对于退休后的实际生活开支难以确定，对自己的余命有多长也不能确定。如果养老储备不足，又没有其他经济来源保证，长寿者可能会出现"人活着钱没有"的经济窘境。

医疗水平的进步使得人们的寿命延长，进而带来"幸福的烦恼"。退休养老阶段的家庭收支曲线存在不平衡（如图10-1所示），若未及早准备，则有养老储蓄耗尽风险，因此运用保险工具规划与生命等长的养老金计划十分重要。

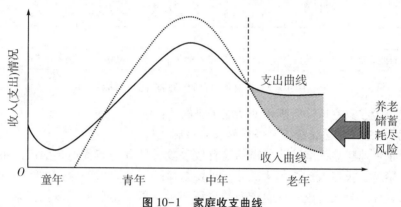

图10-1　家庭收支曲线

（三）三级风险

三级风险，可称为财富管理风险，其主要存在于富裕家庭或高净值家庭。财富管理风险具有不可预知、相对可控性。不可预知是指很难确定几十年以后的经济社会变化情况、法律及税收政策的变化；相对可控是指可以事前进行规划，未雨绸缪，锁定自己需要的结果。

比如投资收益、税务安排、资产传承等，在市场波动、政策多变的今天，我们都不知道未来会发生什么变化，但我们可以用保险和其他稳妥的理财工具，提前规划来锁定自己所想要的结果。

第二节　个人保险规划的原理和原则

一、保险在家庭风险管理中的特点和功能优势

建立基本医疗保障和养老保障，社会保险是基础，是建立人身风险保障的底层逻辑。商业保险是社会保险的补充，是指个人自愿购买保险公司的保险产品。广义的保险产品的功能与目标如图10-2所示。

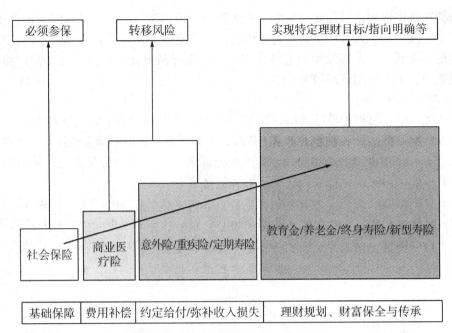

图 10-2　广义的保险产品的功能与目标

商业保险在家庭风险管理中的功能优势如下：

（一）风险保障是保险不可替代的核心功能

保险是快速建立家庭风险保障的最有效手段，具有任何其他金融产品不可替代的优势：第一，投保人购买保险产品，只要与保险人签订保险合同，能快速建立保障。第二，保险公司通过对保险产品的精算定价，将其销售给众多投保人，建立了科学的损害分摊机制；被保险人在保险合同的利益受法律保护，保单对其而言也是非常安全的金融资产。第三，投保人通过支付确定的保险费，建立高于保费若干倍金额的保障杠杆。尤其是纯保障类产品，比如医疗险、意外险和定期寿险等，保障杠杆可以高达千倍以上[1]。个人通过选择适合的保险产品进行组合配置，将未来不确定的风险转移出去，对冲极端风险发生对家庭财务的冲击。

（二）保险具有长期理财优势

人寿保险具有长期理财优势。短期理财不适合买保险。

银行存款计息在存款周期内是单利，国债计息也是单利，保单的收益是复利。只是所有保单都有成本费用，包括销售端费用、机构人力成本、风险保障部分成本等，区别只是不同保险产品的成本费用不同。因此，保单回本（现金价值＝总保费）需要时间，保险理财适合中长期，不适合短期，时间越长收益效果越好。

保险理财的优势表现在以下几个方面：

第一，受保险合同约束，更易实现长期理财计划。第二，不用费心打理，专款专用，适合教育、养老等刚性支出。养老年金保险可以建立与生命等长的现金流，防范长寿风险。第三，持续稳定的正收益。传统寿险、分红保险、万能保险的确定

---

① 定期寿险的保障杠杆与性别、年龄有关，医疗保险的杠杆与年龄有关。

利益部分，可以对冲长期利率波动风险，可以作为资产组合中的防守型金融工具，防范投资决策失误风险。第四，具有可融资性。有现金价值的保单，投保人可以基于现金价值，通过保单贷款向保险公司融资。

（三）保险在财富管理中的作用

人寿保险合同本身具有长期理财优势，投保方包括投保人、被保险人、受益人。投保人是保单的所有人，签订合同并承担缴纳保费的义务，享有保单的现金价值处置权、分红收益权。投保人是保单的实际控制人。被保险人是受保险合同保障的人，具有生存保险金领取权、健康保险的保险金领取权、意外险的伤残保险金的领取权、受益人的变更权等。受益人是投保人或被保险人在合同中指定的死亡保险金的领取人。人寿保险合同主体多元且可调整，约束性强，使其具有在财富管理中的优势：

第一，控制财富。人寿保险合同是一种非常好的财富管理和控制工具，其独特的投保人、被保险人、受益人设计，有利于财富控制的实现。投保人是保单的所有人，通过保单主体设计实现保单谁所有、保障谁、谁受益，主体利益指向非常清晰。且在长期人寿保险合同有效期内，可以通过保全更改投保人和受益人，调整各方利益分配。

第二，保全财富。投保人把保费交给保险公司，这份资产相当于让保险公司长期"代持"，保单利益通过保险合同约定清楚，而保单所有人仍是投保人自己。这种情况下，保险公司作为受到严格监管的金融机构，不会发生自然人代持情况下可能产生的道德风险和离婚风险等，从而通过保险合同规避了财产保全面临的风险。

第三，传承财富。投保人通过为继承人买保险，或者为自己买保险，以继承人作为受益人，实现财富传承。

第四，实现一定的节税目的。在实施遗产税法的国家和地区，受益人领取寿险保单的身故保险金，一般有一定的税收优惠。但这个功能不得过度解读，以当地具体的法律规定为依据。

二、人身保险需求测算基本原理

（一）寿险保障需求测算原理

1. 测算的整体思路

家庭保险规划以家庭风险分析为基础，以家庭主要成员万一不幸为条件进行情景分析，从而了解家庭成员不幸带来的收入减少和财产损失程度，并了解继续实现主要家庭财务目标是否存在资源缺口。寿险保障的内容包括：①债务余额；②子女教育金；③家人未来生活费用；④紧急预备金、丧葬费用；⑤其他目标。

2. 寿险需求保障测算方法

（1）以经验定保额——倍数法

倍数法是指以简单的倍数关系估计合理的年保费支出和寿险保障金额的方法，也称为"十一法则"，指家庭需要的寿险保额约为家庭年税后收入的十倍，保费支出占家庭年税后收入的十分之一。比如，李四40周岁，税后年收入30万元，那么以倍数法估算的寿险保障金额约为300万元，合理的保费支出约为3万元。

这种方法简便、考虑了一般经验，好操作。倍数法一般适用于对普通家庭人身保险的总保费测算。

这种方法也存在局限性：估算额度为经验数值，不能适用所有人或家庭，因每个家庭的人员结构、收入水平、收入结构、抚养赡养人口、负债情况、已有资产情况等都存在差异。

（2）以需求定保额——生命价值法

生命价值法是指以一个人的生命价值为依据估算保额的方法。人的生命价值，是指个人未来收入或个人服务价值扣除个人生活费用后的资本化价值。这种方法较倍数法考虑了更多因素，如年龄、工作年限、本人收入水平和消费水平，较好地考虑了家庭主要收入者遭遇风险事故后给家庭造成的财富净损失。

生命价值法的使用步骤：

①确定个人的工作或服务年限；

②估计未来工作期间的年收入；

③预期年收入扣除税及本人消费；

④选择贴现率计算前项的余额的经济价值，即"生命价值"。

这种方法主要用于估算家庭主要收入者遭遇风险事故后给家庭造成的净收入损失。其局限性在于未能考虑到整个家庭的收入情况及保障需求，未考虑遗产需求、家庭现有生息资产状况等。举例：李四40周岁，预计再工作25年后退休，目前税后年收入30万元，个人年消费支出10万元，未来预计年通货膨胀率2%、收入增长率3%，贴现利率为4%。

李四25年后的净收入现值和净支出现值的计算结果如图10-3所示。

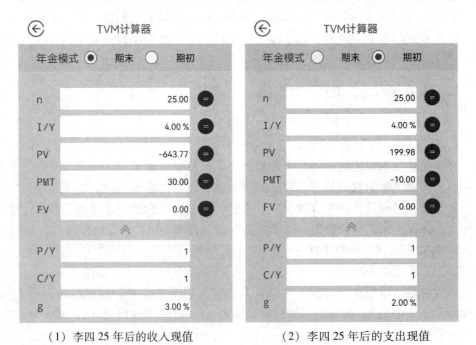

（1）李四25年后的收入现值　　　（2）李四25年后的支出现值

图10-3　李四25年后的净收入现值和净支出现值

李四的寿险保额=收入现值-支出现值=643.77-199.98=443.79（万元）

（3）以需求定保额——遗属需求法

遗属需求法从需求的角度考虑家庭成员遭遇风险事故后会给家庭带来的现金缺口。该方法相对更贴近普通家庭的实际情况，一般考虑家庭遗属如下需求：

①还债需要；

②子女成年前所需费用；

③配偶终身所需费用；

④其他方面需求，如老人赡养费、遗产安排、应急基金、丧葬费用等。

此方法的使用步骤：

①确立保障和理财目标，如还贷、丧葬费用、家庭紧急预备金、父母奉养、子女教育、遗属生活、退休养老等目标；

②考虑参数假设，如通货膨胀、收入增长、贴现率；

③确认现有资源与责任，如资产负债、收支等；

④计算不同事件下遗属所需收入现值与资源现值的缺口，得出寿险保障需求。

这种方法需要针对个体进行详细分析，不在这里展开。

（二）其他险种保障需求测算原理

1. 意外伤害保险需求额度测算

从经验考虑，意外险保额为寿险保额的2~5倍。保险人须结合客户的寿险保单保障条件统筹考虑意外伤害保险需求额度。作为纯保障性险种，意外险的保障杠杆非常高，价格也相对较低，对被保险人健康状况没有要求，对职业和年龄有限制。

2. 医疗保险需求额度测算

医疗保险的保额受到已有医疗保险保障的影响，由于社保全民医保的实施，自费部分的小额医疗费用对家庭财务影响有限，因此普通消费者购买商业医疗保险时主要关注的是大病带来的大额医疗自费部分。第八章已分析医疗保险档次差异大，对于普通家庭覆盖社保不能承担的医疗费用，百万医疗保险是较好的选择，只是健康告知严格。有一定付费能力的家庭，也可以选择中端或高端医疗保险。

由于医疗费的持续上涨，保险公司为控制经营风险，其供给的医疗保险一般是短期险种，且不承诺保证续保。个别定期医疗保险合同（比如20年期限）都有触发调价（费率调整）的条款。因此，医疗保险只能阶段性作为补偿医疗保障缺口的配置，不宜长期或终身依靠。

3. 重大疾病保险需求额度测算

普通家庭应重点考虑因重大疾病产生的收入损失，一般以5~10年净收入为参考，或覆盖5~10年家庭刚性支出，包括房贷、家庭日常开支、孩子教育开支等。

同时，普通家庭应考虑因重大疾病产生的费用支出（治疗、康复费用）是否准备充分，可用30万元保额加上3~5年净收入损失作为重疾保额的参照基准，可以根据医疗险配置情况和保费预算情况调整。

4. 养老保障需求额度测算

普通家庭需要考虑基本养老保险的缴费情况和可能的领取额，是否有职业年金，是否有其他养老资产可用。商业养老保险需求的计算公式如下：

商业养老保险需求=退休养老保障总需求-社会基本养老给付额度-企业年金养老给付额度-其他可用养老资产

三、个人及家庭保险规划的原则

（一）个人及家庭保险规划的基本原则

1. 保险产品配置顺序：先保障后理财

从风险的性质和家庭管理风险目标的递进层次角度出发，投保人身保险产品应当遵循先保障后理财的原则。在建立风险保障保险方案的基础上，有一定财力再考虑配置理财类保险产品，比如教育金、养老年金、理财型终身寿险等。

2. 家庭成员配置原则：突出家庭经济支柱保障

从规划家庭财务风险的角度出发，应优先为家庭经济支柱进行投保，因为经济支柱是家庭收入主要贡献者，支撑整个家庭财务，如果发生重大疾病、残疾等，会导致收入减少或丧失，或支出增加。这种双重打击对家庭财务的影响是严重的。如果发生家庭经济支柱早逝这种极端风险，会使家庭永久丧失收入来源，使仰仗其生活的家庭成员生活陷入困境。家庭经济支柱的人身风险保障应实现全覆盖，保额充足。家庭其他成员也需要保险保障，根据年龄和预算约束进行合理配置。

（二）个人及家庭保险规划的其他原则

1. 产品与期限：合理配置不同保障功能产品，实现终身、定期和短期保险产品组合

保险规划应尽量全面覆盖人身风险，避免功能遗漏，并使极端风险保障金额叠加。长期或终身险种可以保障被保险人长期或终身风险；短期险种杠杆很高，保费相对低且保额高，缺点是产品可能停售而失去保障，或者被保险人发生过理赔不能续保。因此，短期杠杆型险种，适合和长期险种一起配置，用于覆盖阶段性人身风险和加大保险金额。

终身重疾险和终身寿险等险种的优点是投保时锁定价格、缴费期可选择，年度缴费能力有限的年轻人可以选择较长的缴费期从而降低年缴费负担。终身寿险有储蓄功能，保费相对较高，比较适合有一定付费能力的中青年人。对同样年龄的被保险人而言，定期寿险的价格比终身寿险低得多，中青年人很容易建起较高金额的保障。意外险和普通医疗险等短期纯保障险种的保费支出少，很容易建立保障金额，但缺乏稳定性，适宜与长期险种配置。

2. 保障额度：保额优先，尽量足额投保

在人身风险额度测算后，投保人需要对保费预算合理规划，有条件的家庭尽量买足保险金额。当保费预算不足时，投保人应对投保方案进行调整，而非一味降低保障额度。

调整的方法如下：

第一，调整险种功能，偏重保障，比如选择定期寿险、意外险和大额医疗保险，首先解决保障问题，弱化储蓄功能的追求。

第二，缩短保障期限，比如可以选择定期重疾险，覆盖 30 年工作周期，或选择保至 70 岁、80 岁等，减少保费负担。

第三，调整风险承担方式。比如选择没有寿险责任的纯重疾险，拉长缴费期限，降低每年缴费负担。

3. 购买决策：越早越好

长期人寿与健康保险，年龄越小价格越低；短期医疗保险，保费高低也与年龄大小有关。投保人在年轻、健康时投保，具有任意选择保险公司和产品的优势，如果在身体出现一些问题时投保，会面临产品选择受限、核保时被加价或限制部分保险责任的风险，甚至被拒保。

4. 保单检视：非一劳永逸，需动态调整

购买保险后，由于家庭收入的变化、家庭成员的年龄变化和人员结构的变化，家庭成员的保障和理财需求会发生变化。比如原有的保障可能不足，需要加保；或结婚和添丁后新增人口需要加保；或家庭从成长期进入成熟期，需要增加保险理财规划等。一般 5~10 年为一个周期，应有专业的保险顾问参与，对保单进行动态检视。

（三）个人及家庭保险规划的制约因素

1. 客观因素

客观因素包括以下几个方面：

（1）年龄

从家庭生命周期看，不同人生阶段的人，保障需求不同。从个人年龄看，任何一个保险产品对被保险人的年龄都有限制。在可保年龄范围内，年龄越大，保费越贵，可购买保险金额越少，缴费期越短。购买保险的免体检额度，随着年龄的增长而降低。比如重疾险免体检额度，1~40 周岁一般为 50 万~60 万元（具体的保险公司有差异），40 岁以上会逐步降低，50 岁以上只能买 10 万元左右。

（2）健康状况

保险人对被保险人的健康状况有一定的要求。保险人有一套严格的核保规则：满足健康要求条件的人称为标准体，可以按标准的费率条件承保；不能满足标准体的称为非标准体，要评估是否能承保，以什么条件承保。健康告知完全不符合承保条件会被保险人拒保。

一般来说，健康险核保要求最严格，其次是寿险。意外险一般对健康状况没有严格的要求，但是对被保险人的职业范围、生活区域范围有要求，对高风险运动有限制。

（3）预算约束

预算约束是一个非常重要的约束条件，影响到保险计划的实质性安排。储蓄功能强的保险产品的价格偏高，偏保障的保险产品的价格较低，纯保障类保险产品的价格最低。除意外险外，同样的产品，随着被保险人年龄的增长价格越来越高。

2. 主观因素

（1）风险意识和保险意识

人们对风险的态度不同，对风险的心理承受能力也不同。风险厌恶型的人越担心风险，对保险保障的需求越高。从性别来看，一般来说女性更担心风险，保险购买的意愿比男性强。调查研究表明，保险意识与受教育程度有关：教育程度较高者，对风险的认知可能更充分，保险意识会更强。

（2）环境因素

如果某些人周围的同事、亲朋好友有患大病的，并对家庭财务带来了严重影响，往往会使他们对风险感知更强烈；或某些人周围买商业保险的人增加，会对其购买保险决策行为有影响。

第三节　个人及其家庭基础保险规划

一、不同时期家庭保险需求分析

家庭的保险需求可分为单身期、家庭形成期、家庭成长期、家庭成熟期和家庭夕阳期几个阶段。每个阶段的年龄、收支情况、资产负债情况、理财风险偏好是不同的。不同时期家庭的保险需求分析见表10-3。

表10-3　不同时期家庭的保险需求分析

阶段	阶段特征	收支情况	资产负债情况	保险需求	理财风险偏好
单身期	完成学业进入职场，年龄在22~30岁	已工作，收入有限，处于职业适应期，开销大	基本无资产，无负债	初步建立风险保障，有效配置保障类产品	资产少
家庭形成期	从结婚至子女出生，夫妻平均年龄在25~35岁	收入逐渐上升，支出逐渐增加	积累资产有限，可能要背负房贷，经济能力较弱	以风险保障为主，有效配置保障类产品，覆盖人身风险，建立夫妻双方的保障关联性	风险承受能力较强，期望取得高收益
家庭成长期	从子女出生至子女完成学业，夫妻平均年龄在35~50岁	收入稳步提升，支出趋于稳定	积累资产逐年增加，房贷等负债逐年减少	家庭支柱风险保障充分，建立子女保险保障，考虑子女教育规划	风险承受能力较强，期望获得稳定、较高收益
家庭成熟期	从子女完成学业至夫妻退休，夫妻平均年龄在45~60岁	收入达到最高值，支出随子女成家立业后减少	财富积累达到最高值，房贷将在退休前还清	防范大病、慢性病的风险，为退休养老做准备，有条件可以考虑成年子女保障	风险承受能力减弱，期望获取稳定收益
家庭夕阳期	从夫妻退休至一方离世为止，夫妻平均年龄在60岁以上	收入主要靠退休工资及理财收入，支出因身体健康状况逐渐变差而增加	逐步消耗积累资产	考虑医疗护理保障财富传承计划	风险承受能力差，期望获取稳定收益

（一）单身期

单身期是指完成学业进入职场，年龄在22~30岁的人。他们已工作，处于职业适应期和逐步上升期，如果离开父母异地生活，尤其是在大城市工作，开销大。

保险规划的重点：初步建立风险保障，保费开支留有余地；有效配置刚需产品，保障覆盖恶性风险；视保费负担能力考虑产品保额和功能；在风险保障基础上，有条件再考虑年金保险等。

（二）家庭形成期

家庭形成期是指从结婚至子女出生。夫妻平均年龄在25~35岁。处于此阶段的人收入逐渐提升，支出逐渐增加；尤其随着孩子的出生，家庭责任加重；积累资产有限，可能要背负房贷，经济负担较重。

保险规划的重点：第一，以风险保障为主，有效配置保障类产品，覆盖人身风险，侧重身故、重疾和伤残保障；第二，保险规划须建立夫妻双方的保障关联性，比如互相为对方投保重疾险，附加投保人保费豁免，放大保障功能；第三，孩子出生后，为孩子建立重疾保障和医疗保障。

（三）家庭成长期

家庭成长期是指从子女出生至子女完成学业。夫妻平均年龄在35~50岁。处于此阶段的人收入稳步提升、支出趋于稳定；积累资产逐年增加，房贷等负债逐年减少。整体上家庭财务状况比家庭形成期好。

保险规划的重点：第一，家庭支柱的风险保障充分，保险规划覆盖主要保障类险种，如重疾险、寿险、医疗险和意外险等，并买足保障金额；第二，已有保险的家庭，须对保单梳理和检视，查漏补缺；第三，为子女建立健康风险保障后，可以考虑子女教育金规划；第四，有条件的家庭，考虑夫妻双方的情况补充养老保险规划。

（四）家庭成熟期

家庭成熟期是指从子女完成学业至夫妻退休。夫妻平均年龄在45~60岁，收入达到最高值，支出随子女成家立业后减少。处于此阶段的人往往财富积累达到最高值，他们一般在退休前还清了房贷。

保险规划重点：防范大病、慢性病的风险，为退休养老做准备，有条件可以考虑为成年子女建保险保障。第一，此年龄阶段，重疾险已变得比较昂贵甚至出现缴费总额高于保险金额的倒挂现象，不宜再增加购买重疾险，但可购买百万医疗保险，有条件的可考虑中高端医疗保险。第二，处于此阶段的人风险承受能力减弱，期望获取稳定收益，可以考虑养老年金保险、理财型终身寿险等。第三，经济条件允许的家庭，父母可以为成年子女建立风险保障。年轻人一般身体条件好，保费低，保障容易建立，效果事半功倍。独生子女是高风险群体，未来的生计责任很重，父母可以通过保险规划减轻两代人的后顾之忧。

（五）家庭夕阳期

家庭夕阳期是指从夫妻退休至一方离世。夫妻平均年龄在60岁以上，收入主要靠退休工资及理财收入，因身体健康状况下降支出会增加。尤其是长寿者家庭可能逐步减少和消耗积累资产。处于该阶段的人理财风险承受能力差，期望获取稳定收益。

保险规划重点：考虑医疗护理保障和财富传承计划。第一，考虑老年医疗护理保障问题：①社会医疗保险一定要有。②60岁及以前健康状况较好的，可选择配置防癌险+百万医疗保险+意外险。③61～65岁，健康状况良好，可以选择老年版本百万医疗保险；有慢性病的，可以选择防癌百万医疗保险。④因健康问题买不了百万医疗保险的老人，若处于有条件的地区可以考虑购买"惠民保"。一些试点城市社保已经开办护理保险，注意参保。

第二，考虑老年阶段风险承受能力、理财认知能力和本身精力的下降，选择相对集中缴费的养老年金保险，约定领取年龄，可以建立老年专属、安全、不费心打理、稳定的现金流来源。有财产传承需要的家庭，可以规划理财型终身寿险。

二、风险保障规划的产品选择和配置

（一）主要保障类保险产品要素分析

建立风险保障规划，需要对保险产品进行选择和组合。任何一个保险产品，其保险责任范围都是有限的，合理配置保险产品才能全面覆盖人身风险，并加大对极端风险（死亡风险）的保障额度。保险市场主要的保障类产品见表10-4，要素分析包括每个产品的基本责任、是否承担身故责任、保险期限、赔付方式、解决什么风险问题、保险金赔付给谁。

这些产品包括重疾险、百万医疗保险、意外伤害保险（简称"意外险"）、定期寿险和终身寿险。

（1）百万医疗保险和意外险是纯粹的保障性险种，可以单独承保，也可以作为主险的附加险承保。它们的保险期限短，保费相对低，保障杠杆很高。

（2）重疾险是一个责任比较综合的险种，主要承担保单约定疾病发生的赔付责任。目前，保险市场的重疾险一般都包含了终身寿险责任；保单有现金价值，既有保障功能，也有储蓄功能；被保险人的可投保年龄区间为0岁到60周岁，年龄越大，价格越贵，保障杠杆越弱。

（3）定期寿险承保被保险人在一定期间或者到一定年龄的死亡风险，属于保障类险种。其保单没有储蓄性，保障杠杆较高。

（4）终身寿险承保被保险人终身死亡风险。其保单既具有现金价值，又具有储蓄功能。与被保人年龄相关，保险合同前期可以建较高杠杆的身故或全残保障，随着被保险人的年龄增长，保障杠杆逐渐降低而现金价值逐渐增加。

表 10-4　主要保障类保险产品基本要素分析

产品	基本责任	身故责任	保险期限	赔付方式	所解决的风险问题	保险金赔付给谁
重疾险	重疾、轻症、中症、保费豁免等	一般有	终身(定期)	给付	大病导致收入损失和费用支出	被保险人或受益人
百万医疗保险	约定费用报销(1万元免赔额)	无	1年期	补偿	免赔额以上,医保目录外不能报销的大额医疗费用	被保险人
意外险	身故或残疾等级赔付	一定有	短期(定期)	给付	意外伤害导致收入损失和支出	被保险人或受益人
定期寿险	身故(含全残责任)	一定有	定期	给付	生计责任重的人对家人保障	被保险人或受益人
终身寿险	身故(含全残责任)	一定有	终身	给付	生计责任重的人对家人保障、储蓄、传承	被保险人或受益人

(二)主要保障类保险产品实例分析①

1. 重疾险产品案例

A 款终身重疾险产品,投保年龄 0~55 岁,覆盖 1~4 类职业,等待期 180 天。保险责任归纳如下:

(1)单次重疾责任,100%基本保险金额赔付,赔付后合同终止;

(2)轻症 3 次责任,30%基本保险金额赔付,无间隔期;

(3)中症 2 次责任,50%基本保险金额赔付,无间隔期;

(4)被保险人 60 岁之前,重疾责任有基本保险金额的 50%赠送;

(5)首次中症、轻症发生赔付,豁免缴费期后续保费;

(6)被保险人身故,受益人获得基本保险金额 100%赔付;

(7)该产品可以附加恶性肿瘤二次赔付责任、投保人②豁免保费责任。

A 款终身重疾险 50 万元基础保险金额的年保费见表 10-5。

表 10-5　A 款终身重疾险 50 万元基础保险金额的年保费③

年龄	女性的年保费/元	男性的年保费/元	缴费期
0 岁	3 700	4 100	20 年
5 周岁	4 300	4 800	20 年
10 周岁	5 050	5 700	20 年

---

① 为分析问题和了解产品实务,本章以某阶段保险市场不同公司的几款产品为例。不同公司产品、同一公司不同阶段的产品,保险责任和价格存在差异。具体内容以保险合同为准。

② 投保人、被保险人非同一人情况下。

③ 只列举 0~45 周岁年龄段。

表10-5(续)

年龄	女性的年保费/元	男性的年保费/元	缴费期
15 周岁	6 000	6 700	20 年
20 周岁	7 050	7 900	20 年
25 周岁	8 300	9 300	20 年
30 周岁	9 700	10 950	20 年
35 周岁	11 805	12 995	20 年
40 周岁	13 820	15 475	20 年
45 周岁	16 135	18 485	20 年

B 款终身重疾险产品，投保年龄 0~60 周岁，覆盖 1~6 类职业，等待期 90 天。

保险责任归纳如下：

（1）不同重疾责任 2 次：第一次 100% 基本保险金额赔付；间隔期 365 天，第二次 100% 基本保险金额赔付。

第一次重疾责任赔付后，保单现金价值清零，中症、轻症责任不再承担，身故责任不承担，第一次疾病以外种类的重疾责任承担至终身。

（2）不同轻症 5 次，30% 基本保险金额赔付，无间隔期。

（3）不同中症 2 次，60% 基本保险金额赔付，无间隔期。

（4）首次重疾、中症、轻症发生赔付，豁免缴费期后续保费。

（5）保险合同没有发生过重疾赔付，被保险人身故，受益人获得基本保险金额 100% 赔付。

（6）该产品可以附加恶性肿瘤二次赔付责任、投保人[1]豁免保费责任、少儿特定重疾责任。

B 款终身重疾险 50 万元基础保险金额的年保费见表 10-6。

表 10-6　B 款终身重疾险 50 万元基础保险金额的年保费[2]

年龄	女性的年保费/元	男性的年保费/元	缴费期
0 岁	3 860	4 520	20 年
5 周岁	4 495	5 285	20 年
10 周岁	5 295	6 225	20 年
15 周岁	6 230	7 360	20 年
20 周岁	7 330	8 695	20 年
25 周岁	8 625	10 230	20 年
30 周岁	10 165	12 065	20 年

---

① 投保人、被保险人非同一人情况下。

② 只列举 0~45 周岁年龄段。

表10-6（续）

年龄	女性的年保费/元	男性的年保费/元	缴费期
35 周岁	11 980	14 310	20 年
40 周岁	14 070	17 070	20 年
45 周岁	16 450	20 430	20 年

2. 百万医疗保险产品案例

以 Z 公司百万医疗保险为例：

投保年龄：出生满 30 天~70 周岁。

保障期限：1 年。

保障区域：中国大陆地区（不含港、澳、台地区）。

医院范围：二级及二级以上的公立医院普通部。

赔付范围：不限社保。

职业范围：不属于该公司特殊职业范围。

等待期：30 天。

总保险金额：600 万元。

免赔额：1 万元。

分项保险赔偿最高限额如下：

（1）一般医疗保险金：最高 300 万元。

（2）一般门急诊医疗保险金：最高 300 万元。

（3）重大疾病医疗保险金：最高 600 万元。

（4）质子重离子医疗保险金：最高 600 万元。

（5）特定药品费用医疗保险金：最高 600 万元。

（6）重大疾病异地转诊公共交通费用保险金：最高 1 万元。

（7）重大疾病住院护工费用保险金：最高 1.5 万元。

Z 公司百万医疗保险各年龄段年保费见表 10-7。

表 10-7　Z 公司百万医疗保险各年龄段年保费①

年龄/周岁	保费/元	年龄/周岁	保费/元
0~5	796	51~55	1 155
6~10	269	56~60	1 533
11~15	142	61~65	2 401
16~20	195	66~70	3 114
21~25	245	71~75	3 928
26~30	308	76~80	4 757

221

---

① 0~70 周岁为初始投保年龄，假如产品不停售，续保年龄可以超过 70 周岁。

表10-7(续)

年龄/周岁	保费/元	年龄/周岁	保费/元
31~35	403	81~85	6 943
36~40	497	86~90	8 912
41~45	606	91~95	11 400
46~50	943	96~100	14 720

3. 意外险产品案例

以 X 公司综合意外险为例：

投保年龄：18~65 周岁。

保险期限：1 年。

保障区域：中国大陆地区（不含港、澳、台地区）。

赔付范围：二级或二级以上的公立医院普通部①。

职业范围：1~3 类。

等待期：无。

X 公司综合意外险计划见表 10-8。

表 10-8　X 公司综合意外险计划

计划类型	计划一	计划二	计划三	计划四
年保费	160 元	480 元	840 元	1 440 元
意外身故、伤残赔付	最高 10 万元	最高 30 万元	最高 50 万元	最高 100 万元
航空意外身故、伤残	最高 20 万元	最高 60 万元	最高 100 万元	最高 150 万元
火车（含地铁、轻轨）意外身故、伤残	最高 10 万元	最高 20 万元	最高 30 万元	最高 50 万元
轮船（含客船、渡船、游船）意外身故、伤残	最高 10 万元	最高 20 万元	最高 30 万元	最高 50 万元
汽车（含电车、有轨电车）意外身故、伤残	最高 10 万元	最高 20 万元	最高 30 万元	最高 50 万元
驾驶或乘坐非营运机动车意外身故、伤残	最高 10 万元	最高 20 万元	最高 30 万元	最高 50 万元
意外门急诊及住院医疗保险金	最高 2 万元	最高 3 万元	最高 5 万元	最高 10 万元
救护车费用保险金	最高 1 000 元	最高 1 000 元	最高 1 000 元	最高 1 000 元

4. 定期寿险产品案例

以 H 公司 2022 年定期寿险为例：

投保年龄：18~60 周岁。

---

① 指因意外伤害治疗的医疗费用。

基本保额：10 万元~400 万元。

保障期间：保 10 年、20 年、30 年或保至 60 周岁、65 周岁、70 周岁。

缴费期间：一次缴清或分 5 年、10 年、20 年、30 年缴清或缴费至 60 周岁、65 周岁、70 周岁。

等待期：90 天。

承保职业：1~6 类。

附加：公共交通意外责任（可选）。

5. 终身寿险产品案例

以 H 公司终身寿险为例：

投保年龄：18~75 周岁。

基本保额：10 万元~300 万元。

保障期间：终身。

缴费期间：一次缴清或分 3 年、5 年、10 年、20 年、30 年缴清。

等待期：90 天。

承保职业：1~6 类。

H 公司 100 万元保额的定期寿险与终身寿险年保费比较见表 10-9。

表 10-9 H 公司 100 万元保额的定期寿险与终身寿险年保费比较　单位：元

年龄	定期寿险（20 年缴费期、保险期限 30 年、45 周岁及以上只能保 20 年期限）		终身寿险（20 年缴费期、保险期限终身）	
	男	女	男	女
20 周岁	797	381	10 100	8 600
25 周岁	1 092	584	11 800	10 200
30 周岁	1 576	852	13 900	12 000
35 周岁	2 447	1 402	16 300	14 200
40 周岁	3 911	2 372	19 200	16 800
45 周岁	2 814	1 664	22 600	19 800
50 周岁	4 664	2 908	26 600	23 500

表 10-9 可以看出：第一，无论是定期寿险还是终身寿险，同样的 100 万元保额，随着被保险人年龄的增长，保费越来越高。第二，同一年龄段不同性别被保险人，无论是定期寿险还是终身寿险，男性的保费价格高于女性，这是因为男性的平均寿命低于女性。第三，由于终身寿险的身故保障是终身责任，人的寿命有限，每份保单都会得到赔付，只是时间早晚的问题。而定期寿险是一定期间的死亡责任，最高保障年龄为被保险人 70 周岁，被保险人整体生存概率高于死亡概率，死亡概率较低，因此保费低。

从保险规划的角度看，生计责任重又有严格预算约束的家庭主要收入者，建议配置一定额度的定期寿险，覆盖一定期间的死亡风险；生计责任重的中年人，收入相对较高的家庭主要收入者，可以配置一定额度的终身寿险。

（三）基础保险规划案例

1. 保险配置方案一

假设李四是三口之家的家庭唯一收入者，个人税后年收入 30 万元，孩子 5 岁，配偶无工作，有刚需住房房贷负担。李四的保险规划方案应侧重于人身风险保障。李四是家庭经济支柱，建议加大一定阶段的死亡风险保障，并覆盖重疾风险的收入损失，同时考虑医疗风险和意外风险保障。

李四基础保险规划建议见表 10-10。

表 10-10　李四基础保险规划建议

类别	保险金额	保险期限	缴费期	保费/元
A 重疾险	70 万元（60 岁前 105 万元保额）	终身	20 年	21 665
X 综合意外险	100 万元	1 年（续）	1 年	1 440
Z 百万医疗险	600 万元	1 年（续）	1 年	606
G 定期寿险	200 万元	至 70 岁	20 年	7 822
年保费合计				31 533

李四死亡风险保额合计 370 万元。重疾险终身保障 70 万元（60 岁前 105 万元保额）、终身死亡保障 70 万元。医疗保障 600 万元，意外伤害保障 100 万元。

2. 保险配置方案二

假设王五年龄 40 周岁，税后年收入 30 万元，有一个 5 岁的孩子。其配偶税后收入 15 万元，家庭无刚需住房房贷负担。

王五的保险规划方案应侧重于人身风险保障。王五是家庭主要收入者，关注生计责任重的阶段的死亡风险保障，建议其重点覆盖重疾风险的收入损失、关注医疗风险和意外风险。另外，配置 100 万元保额的终身寿险，为自己和家人多一份保障。

王五基础保险规划建议见表 10-11。

表 10-11　王五基础保险规划建议

类别	保险金额	保险期限	缴费期	保费/元
A 重疾险	40 万元（60 岁前 60 万元保额）	终身	20 年	12 380
B 重疾险	40 万元	终身	20 年	13 656
X 综合意外险	100 万元	1 年（续）	1 年	1 440
Z 百万医疗险	600 万元	1 年（续）	1 年	606
G 定期寿险	100 万元	30 年	20 年	3 911
G 终身寿险	100 万元	终身	20 年	16 800
年保费合计				48 793

王五死亡风险保额为 380 万元。重疾险终生保障 80 万元（60 岁前 100 万元保额）、终身死亡保障 180 万元。医疗保障 600 万元，意外伤害保障 100 万元。

（四）个人及家庭保险规划总结

一般家庭，通过基础保险规划的构建，保障家庭成员尤其是主要收入者的人身风险，解除后顾之忧，提升生活品质。在保险市场主体多元、保险产品日益丰富的今天，是完全可以做到的。

1. 从产品配置的角度考虑

普通家庭刚需保险产品：重疾险+百万医疗保险+意外伤害保险+定期寿险（家庭生计责任重的人）。

刚需产品配置基础之上的扩展如下：

（1）具有一定经济条件的中年青人：终身寿险+年金保险。

（2）高净值家庭：大额终身寿险、高端医疗保险、高端养老保险。

2. 保险规划的注意事项

（1）遵循保险规划基本原理、原则；

（2）考虑需求、产品、收入之间的匹配情况；

（3）适时检视和调整。

总之，在遵循基本原理、原则的基础上，保险规划应该满足个性化需求并动态调整。保险规划中，量化工具可以辅助应用。由于个体差异性的存在，没有绝对标准的保险规划，只有相对合理的保险规划。

225

■ 本章关键词

人身风险　财产损失风险　责任风险　财富管理风险　十一法则　生命价值法

■ 复习思考题

1. 如何对家庭风险进行识别？

2. 分析保险在家庭风险管理中的功能优势。

3. 寿险保障需求的测算基本方法有哪些？试加以分析。

4. 简述家庭保险规划的原则。

5. 你认为家庭保险规划的制约因素有哪些？试加以分析。

6. 分析不同时期家庭保险需求的侧重点。

7. 分析主要保障类产品的要素。

第五篇　保险的运行基础

第十一章
保险业务经营

章首语：

　　保险公司作为经营风险的特殊行业，其经营活动包括产品设计、展业、承保、分保、理赔、投资等环节。本章在介绍保险经营原则和经营主体的基础上，对直接保险业务经营环节、再保险和保险投资业务做了介绍。

第一节　保险业务经营概述

一、保险业务经营的基本原则

（一）风险大量原则

风险大量原则是指保险人在可保风险的范围内，应根据自己的承保能力，争取承保尽可能多的保险标的。风险大量原则是保险经营的首要原则。这是因为：

第一，保险的经营过程实际上就是风险管理过程，而风险的发生具有偶然、不确定的特点，保险人只有承保尽可能多的保险标的，才能建立雄厚的保险基金，以保证保险经济补偿职能的履行。

第二，保险经营是以大数法则为基础的，只有承保大量保险标的，才能使风险发生的实际情形更接近预先计算的风险损失概率，以确保保险经营的稳定性。

第三，扩大承保数量是保险企业提高经济效益的一个重要途径。因为承保标的越多，保险费收入就越多，单位营业费用就相对下降。

（二）风险选择原则

为了保证保险经营的稳定性，保险人对投保的标的和风险并非来者不拒，而是有所选择。原因如下：

第一，任何保险合同对保险标的和可保风险范围都做了规定，保险费率是在测定了面临同质风险的同类标的的损失概率的基础上制定的，为了保证保险经营的稳定，保险人必然要进行选择。

第二，防止逆选择。所谓逆选择，就是指那些有较大风险的投保人试图以平均的保险费率购买保险。逆选择意味着投保人没有按照应支付的公平费率去转移自己的风险。如居住在低洼地区的居民按照平均费率选择投保洪水保险。这样一来，由于某些更容易遭受损失的投保人购买保险而无须支付超过平均费率的保险费，保险人就成了逆选择的牺牲品，这样会影响保险人的财务稳定。

因此，保险人要按照风险选择原则，准确评价承保标的的风险种类和程度，以及投保金额的恰当与否，从而决定是否接受投保，以及以什么费率承保。保险核保是风险选择的重要环节。

（三）风险分散原则

风险分散原则是指保险人使承保风险的范围尽可能扩大。因为风险单位过于集中，保险标的金额过大，一次保险事故发生可能使保险人支出巨额赔款，可能导致保险公司偿付能力不足，从而损害被保险人的利益，威胁保险人的生存发展。因此，保险除了进行有选择的承保外，还要遵循风险分散的原则，尽可能地将风险分散，以确保保险经营的稳定。保险人分散风险一般采用承保时的分散和承保后的分散两种手段。

1. 承保时的风险分散

承保时的风险分散主要表现在保险人对风险的控制方面，即保险人对将承保的风险责任要适当加以控制。控制风险的目的是减少被保险人对保险的过分依赖，同时也是为了防止因保险而可能产生的道德风险。保险人控制风险的方法主要有以下几种：

（1）控制保险金额

保险人在承保时对保险标的要合理划分危险单位，按照每个危险单位的最大可能损失确定保险金额。例如，对于市区密集地段的建筑群，应分成若干地段，并科学估测每一地段的最大可能损失，从而确定保险人对每一地段所能承保的最高限额。若保险价值超过保险人的承保限额，保险人对超出部分不予承保。这样一来，保险人所承担的保险责任就能控制在可承受的范围之内。

（2）实行比例承保

比例承保即保险人按照保险标的的实际价值的一定比例确定保险金额，而不是全额承保。例如，在农作物保险中，保险人通常按平均收获量的一定成数确定保险金额，如按正常年景的平均收获量的 6~7 成承保，其余部分由被保险人自己承担责任。

（3）规定免赔额（率）

规定免赔额（率）即对一些保险风险造成的损失规定一个额度或比率，由被保险人自己负责赔偿。例如，在机动车辆保险中，对车辆损失险和第三者责任保险，一旦发生保险事故，保险人在赔偿时要根据驾驶员在交通事故中所负责任实行绝对免赔，以起到分散风险和督促被保险人加强安全意识的作用。

2. 承保后的风险分散

承保后的风险分散以再保险为主要手段。再保险是指保险人将其所承担的业务中超出自己承受能力的风险转移给其他保险人承担。

二、经营保险业务经营的组织形式

（一）保险股份有限公司

股份有限公司是世界各国保险业广泛采取的一种组织形式，也得到各国保险法的认可。股份有限公司是指由一定数量的股东依法设立的，全部资本分为等额的股份，其成员以其认购的股份金额为限对公司的债务承担责任的公司。股份有限公司因其具有集聚闲散资金为大规模资金的功能，易于筹集大规模资本金来组建大的企业，这样不仅有利于规模经营，而且能够有效地分散投资风险，因而为广大的投资者所青睐。

保险股份有限公司的特点是：

（1）保险股份有限公司是典型的资合公司

其股东的股权体现在股票上，并随股票的转移而转移。股份具有有限性，股东拥有多少股份就承担多少责任。若公司破产，股东仅以出资的股份承担有限责任。

（2）保险股份有限公司易于积聚资金

保险股份有限公司能积聚大量闲散资金，财力雄厚，经营规模较大，经营效率较高，使保险风险在较广的范围内分散，能满足保险基本的经营原则。

（3）经营机制灵活

由于经营以营利为目标，因而公司会不断开发新产品，努力降低经营成本，具有较强的市场竞争力。

（4）采用固定保费制

采用固定保费制使被保险人没有增加额外负担的忧虑，有利于保险业务的拓展。

由于保险业的特殊性，为防止因股份过于集中而导致少数大股东操纵或者控制保险股份有限公司，保护其他股东的利益和被保险人的利益，有些国家从法律上规定了每个股东所持股份的最高限额。

（二）国有独资保险公司

国有独资保险公司的股东只有一个——国家。它本质上是有限责任公司，其资本金来源于国家投资，因此是一种特殊形式的有限责任公司。根据《中华人民共和国公司法》的规定，国有独资公司是指国家授权的投资机构或者国家授权的部门，单独投资设立的有限责任公司。

与保险股份有限公司相比，国有独资保险公司具有以下特征：

（1）投资主体单一

国有独资保险公司的投资主体只有国家或者国家的投资部门。除此之外，没有其他任何投资者。

（2）无股东大会

国有独资保险公司的经营遵循谁投资谁受益和谁投资谁承担投资风险的原则。国有独资保险公司因无其他投资主体，一切投资利益和风险都应由投资者独立享有和承担，因此无股东大会。国有独资保险公司只设立董事会、监事会等，董事会成员由国家授权的投资部门委派、变更。公司的最高权利归于国家授权的投资部门。

因此，有关公司的合并、分立、解散以及临时性增减资本金、发行债券等都应由国家授权的投资部门决定。也就是说，凡是股份公司股东大会的权利，在独资公司都归于国家授权的投资部门。当然，国家为了维护独资公司的独立性，也可以将股份公司的股东大会的其他权利授予董事会行使。

（三）相互保险公司

相互保险公司是保险业特有的一种公司形态，是一种非营利性保险组织。公司由具有相同保险需求的人员组成，每个成员既是投保人和被保险人，同时又是保险人。这种保险组织没有股东，公司由保单持有人拥有，他们以缴付保险费为条件，只要缴付保险费，就可以成为公司成员，而一旦解除保险关系，也就自然脱离公司，成员资格随之消失。

相互保险公司没有资本金，以各成员缴付的保险费来承担全部保险责任。各成员以缴付的保险费为依据，参与分配公司盈余，如果发生亏空，也以所缴付的保险费为依据，计算各自的承担额进行弥补。

相互保险公司的权力机关是会员大会或者会员代表大会。会员的一切权利与义务都建立在缴付保险费的基础上，但其理事不限于会员，可以是非会员。相互保险公司以非会员为理事能够充分利用非会员的关系开展业务。在设立相互保险公司时，由会员或者非会员出资，支付开业费用和担保资金，但其性质属于借入资金，由公司设立后所筹集的保险费归还，在归还时，应支付利息。早期的相互保险公司筹集保险费采取分摊方式，现在则改为固定方式。若经营结果有盈余，以分红方式分配给会员；如果营运结果发生亏空，因现在的保险费筹集已经改为固定保险费方式，不能采取追加方式弥补，因此，以减少保险金的方式弥补。

最初的相互保险公司充分体现了相互性，即会员直接管理公司，实行公司自治，由所有会员相互承担风险责任。但是，随着公司规模的扩大，会员很难真正参与管理，现在已经演变为委托具有法人资格的代理人营运管理，负责处理一切保险业务。代理人通常由会员大会选举的指导委员会控制，但不承担任何责任，实际责任仍由所有会员承担。因此，相互保险公司的相互性已经部分消失，在内部组织机构的设置、保险业务的拓展、保险费率的拟定、保险基金的投资运用等方面，与股份制保险公司已无明显的差异。

相互保险公司比较适宜于长期性的人寿保险业务，会员间的相互关系能够较为长久地维系。因此，现在世界上不少规模大的人寿保险公司都是相互保险公司。然而，由于股份制保险公司推出了分红保单，相互保险公司的分红优势也日渐消失。

（四）保险合作社

保险合作社也是一种非营利性保险组织。保险合作社由社员共同出资入股设立，被保险人只能是社员。社员对保险合作社的权利以其认购的股金为限。社员一方面作为保险合作社的股东，另一方面又作为保险合作社的被保险人；保险合作社是保险人。社员关系为社团关系，而保险依据保险合同产生。要成为保险合作社的社员才有可能成为被保险人，但社员可以不与保险合作社建立保险关系。也就是说，保险关系的建立必须以社员为条件，但社员不一定必须建立保险关系。保险关系的消灭既不影响社员关系的存在，也不影响社员身份。

（五）个人保险组织

个人保险组织就是个人充当保险人的组织。这种组织形式在各国都比较少见，迄今为止，只有英国伦敦的劳合社采用这种形式。劳合社从劳埃德咖啡馆演变而来，它的每个社员就是一个保险人。他们常常是组成承保小组，以组为单位对外承保，每个成员以其全部财产承担保险责任。现在，劳合社开始接纳法人作为保险人，并承担有限责任。

我国保险市场上的保险组织形式主要是股份有限公司。过去的几家国有保险公司，除政策性保险公司外，通过股份制改造，逐步实现股权主体多元化、股权结构科学化和股份运作市场化，建立了产权清晰、权责分明、政企分开、管理科学的规范的现代企业制度，成为真正意义上的市场竞争主体。

第二节　直接保险业务的经营环节

一、保险展业

保险展业亦称"保险招揽"，是保险公司拓展业务的简称，是保险经营活动的起点，是争取保险客户的过程。展业对于保险人来说意义重大，没有稳定且日益扩大的保险客户群体，保险公司就难以维持经营。任何一家保险企业都要投入大量的人力物力进行展业，力求扩大自己的业务量。

（一）保险展业的主要内容

1. 加强保险宣传

保险宣传是保险展业的重要内容。保险宣传的目的是为展业奠定基础，使更多的人了解保险知识，增强保险意识，并了解保险公司及保险公司提供的保险产品，最终促使其向保险公司投保。保险宣传有多种途径，如销售人员上门宣传，在一些公共场所设点进行宣传，利用网络、电视、广播、报刊等媒体进行宣传等。

2. 帮助准客户分析自己所面临的风险

每个人或每个企业的生活状况、工作状况、健康状况等都会有所不同，所面临的风险也会不同。例如，准客户面临着财产损失风险、责任风险、意外伤害风险、疾病风险、残疾风险、死亡风险以及退休后的经济来源风险等，保险销售人员就要指导准客户去分析自己所面临的风险，并了解如何来应对这些风险。

3. 帮助准客户确定自己的保险需求

准客户确认自己所面临的风险及其严重程度后，需要进一步确定自己的保险需求。保险销售人员应当将准客户所面临的风险分为必保风险和非必保风险，那些对生产经营和生活健康将会产生严重威胁的风险，应当属于必保风险。有些风险事故虽然会给企业和个人带来一定的损失和负担，但是企业和个人可以承受的，因此，如果有能力投保，就可以投保，如果没有足够的资金，也可以不投保。

233

4. 帮助准客户估算投保费用和制订具体的保险计划

对于准客户来说，确定保险需求后，还需要考虑自己究竟能拿出多少资金来投保。资金充裕，便可以投保保额较高、保障较全的险种；资金不足，就先为那些必须保险的风险投保。在此基础上，保险销售人员应替准客户安排保险计划，确定的内容应包括：保险标的的情况、投保的险种、保险金额、保险费率、保险期限、险种的搭配等。

（二）保险展业的方式

保险展业的方式可分为直接展业和间接展业两种。

1. 直接展业

直接展业是指保险公司业务部门的专职业务人员直接向准客户推销保险，招揽保险业务。这种展业方式的优点是保险业务的质量较高，缺点是受保险公司机构和业务人员数量的限制，保险业务开展的范围较窄，数量有限。此外，采用这种方式支出的成本较高。所以，直接展业适用于那些规模较大、分支机构较为健全的保险公司。团体保险业务和金额巨大的保险业务也适合采用此方式。

2. 间接展业

间接展业是指由保险公司利用保险专职业务人员以外的个人或单位，代为招揽保险业务。代保险公司展业的主要是保险中介人，包括保险代理人和保险经纪人。保险代理人是指根据保险人的委托，向保险人收取代理手续费，并在保险人授权的范围内代为办理保险业务的单位或者个人，分为专业代理人、兼业代理人和个人代理人。保险代理人可以代保险人推销保险产品和收取保险费。保险经纪人是指基于投保人的利益，为投保人与保险人订立保险合同提供中介服务，并依法收取佣金的单位。保险经纪人为投保人拟订投保方案、选择保险人、办理投保手续等。保险经纪人在开展业务的过程中，客观上为保险公司招揽了保险业务。间接展业的优点是：范围广，招揽的业务量大，而且费用较少、成本低。其不足之处是由于中介人的素质差别较大，业务质量可能会受到一定的影响。但分散性的个人保险业务，通过分销渠道拓展业务是必须的，关键是保险公司应加强管理，规范分销渠道的行为，提升业务和服务质量。

二、保险承保

保险承保是指保险人对愿意购买保险的单位或个人（投保人）所提出的投保申请进行审核，做出是否同意接受和如何接受的决定过程。它包括核保、签单、收费、制单等程序，而核保是承保工作的重要组成部分和关键环节。

（一）保险核保的主要内容

所谓核保，也称为风险选择，是评估和划分准客户所反映的风险程度的过程。根据风险程度的高低，保险公司决定是拒保还是承保、怎么承保和采用什么保险费率。核保的目的在于通过评估和划分准客户所反映的风险程度，将保险公司实际风险事故发生率维持在精算预计的范围以内，从而规避风险，保证保险公司稳健经营。

1. 审核投保申请

对投保申请的审核主要包括对投保人的资格、保险标的、保险费率等内容的审核。

（1）审核投保人的资格

审核投保人的资格主要是审核投保人对保险标的是否具有保险利益。一般来说，财产保险合同中，投保人对保险标的的保险利益来源于所有权、管理权、使用权、抵押权、保管权等合法权益；人身保险合同中，保险利益的确定是采取限制家庭成员关系范围并结合被保险人同意的方式。保险人审核投保人的资格是为了防范道德风险。

（2）审核保险标的

审核保险标的即对照投保单或其他资料核查保险标的的情况，如财产的使用性质、结构性能、防灾设施、安全管理等。例如，承保企业财产险时，保险人要了解厂房结构、占用性质、建造时间、建筑材料、使用年限以及是否属于危险建筑等，并对照事先掌握的信息资料核实，或对保险标的进行现场查验后，再决定是否承保。

（3）审核保险费率

保险人根据事先制定的费率标准，按照保险标的的风险状况，使用与之相适应的费率。

2. 承保控制

控制保险责任就是保险人在承保时，依据自身的承保能力进行承保控制。

（1）控制逆选择

保险人控制逆选择的方法是对不符合保险条件者不予承保，或者有条件地承保。事实上，保险人并不愿意对所有不符合可保风险条件的投保人和投保标的一概拒保。例如，投保人以一栋消防设施较差的房屋投保火灾保险，保险人就会提高保险费率承保或限制赔偿比例。这样一来，保险人既不失去该业务，又在一定程度上抑制了投保人的逆选择。

（2）控制保险责任

只有通过风险分析与评价，保险人才能确定承保责任范围，才能明确对所承担的风险应负的赔偿责任。一般来说，对于常规风险，保险人通常按照基本条款予以承保；对于一些具有特殊风险的保险标的，保险人需要与投保人充分协商保险条件、免赔金额、责任免除和附加条款等内容后再特约承保。特约承保是指在保险合同中增加一些特别约定，其作用主要有两个：一是为了满足被保险人的特殊需要，以加收保险费为条件适当扩展保险责任；二是在基本条款上附加限制条件，限制保险责任。保险人通过保险责任的控制，可使所支付的保险赔偿金额接近其预期损失额。

3. 控制人为风险

避免和防止逆选择和控制保险责任是保险人控制承保风险的常用手段。但是有些风险往往是保险人在承保时难以防范的，如道德风险和心理风险。

（1）道德风险

道德风险是指投保人、被保人或受益人为骗取保险金，而故意造成保险事故或加重损失程度的风险。从承保的角度来看，保险人控制道德风险发生的有效方法之一就是将保险金额控制在适当的额度内。例如，在财产保险中应避免超额保险；在人寿保险的核保中，如果投保人为他人购买保险而指定自己为受益人时，保险人应注意保险金额是否与投保人的收入状况相适应。

（2）心理风险

心理风险是指投保人因疏忽大意或玩忽职守，而不是主观意愿上故意和蓄谋造成保险事故和加大损失程度的风险。如投保了火灾保险，就不再注意火灾防范；投保了盗窃险，就不再谨慎防盗。从某种意义上说，心理风险是比道德风险更为严重的问题。任何国家的法律对道德风险都有惩罚的方法，而且保险人可针对道德风险在保险条款中进行规定：凡被保险人故意造成的损失不予赔偿。但心理风险既非法律上的犯罪行为，而保险条款又难制定适当的规定限制它。因此，保险人在核保时常采用的控制手段有：

第一，实行限额承保。对于某些风险，保险人采用低额或不足额的保险方式，规定被保险人自己承担一部分风险。保险标的如果发生全部损失，被保险人最多只能够获得保险金额的赔偿；如果只发生部分损失，则被保险人按保险金额与保险标的实际价值的比例获得赔偿。

第二，规定免赔额（率）。

这两种方法都是为了促使被保险人克服心理风险因素，主动防范损失的发生。

（二）保险承保的程序

1. 填写投保单

投保人购买保险，首先要提出投保申请，即填写投保单，交给保险人。投保单是投保人向保险人申请订立保险合同的依据，也是保险人签发保险单的依据。投保单的内容包括：投保人的名称、投保日期、被保险人的名称、保险标的名称、种类和数量、投保金额、保险标的坐落地址或运输工具名称、保险期限、受益人以及保险人需要向投保人了解的事项等。

2. 审核验险

保险人收到投保单后，须详细审核投保单的各项内容，并对保险标的的风险进行查验，以达到对风险进行分类的目的。

验险的内容，因保险标的的不同而有差异。

（1）财产保险的验险内容

财产保险的验险内容主要为以下几个方面：①查验投保财产所处的环境；②查验投保财产的主要风险隐患和重要防护部位及防护措施状况；③查验有无正处在危险状态中的财产；④查验各种安全管理制度的制定和落实情况，若发现问题，应督促其及时改正；⑤查验被保险人以往的事故记录，包括被保险人发生事故的次数、时间、原因、损害后果及赔偿情况。

（2）人身保险的验险内容

人身保险的验险内容包括医务检验和事务检验。医务检验主要是检查被保险人的健康情况，如检查被保险人过去的病史，包括家庭病史，以了解各种遗传因素可能给被保险人带来的影响。事务检验主要是对被保险人的工作环境、职业性质、生活习惯、经济状况以及社会地位等情况进行调查了解。

3. 接受业务

保险人按照规定的业务范围和承保权限，在审核验险之后，有权做出拒保或承保的决定。如果投保金额或标的的风险超出了保险人的承保权限，其只能向上一级主管部门提出建议，而无权决定是否承保。

4. 缮制单证

缮制单证是指在接受业务后填制保险单或保险凭证等手续的程序。保险单或保险凭证是载明保险合同双方当事人权利和义务的书面凭证，是被保险人向保险人索赔的主要依据。因此，保险单质量的好坏，往往影响保险合同能否顺利履行。填写保险单的要求有以下几点：①单证相符；②保险合同要素明确；③数字准确；④复核签章，手续齐备。

5. 保单送达、犹豫期和保单回访

保险人出单后，要将印制的保单以及相关凭证送达投保人。随着保险服务电子化普及以及环保的考虑，电子保单应用较为普及。电子保单与纸质保单具有同样的法律效力，便于保存和查询。对于短期险种，保险公司一般都给客户电子保单，长期险种的客户可以申请纸质保单。

犹豫期也称为冷静期，是指投保人收到保险合同并书面签收后的一段时间。在此期间，投保人可以提出解除保险合同的申请，保险人扣除工本费后退还全部保费。

为维护保险消费者的权益，防止销售误导，对长期人身保险保单保险公司要对客户进行回访。回访的形式包括电话回访和在线问卷回访。回访的内容主要包括确认投保方的信息、确认投保人充分了解保单的关键事项等。

三、保险理赔

（一）保险理赔的原则

保险理赔是指保险人在保险标的发生风险事故导致损失后，对被保险人提出的索赔请求进行赔偿处理的过程。被保险人发生的经济损失有的是由保险风险引起的，有的则是由非保险风险引起的。即使被保险人的损失是由保险风险引起的，受多种因素和条件的制约，被保险人的损失不一定等于保险人的赔偿额和给付额。因此，保险理赔应遵循下列原则，以保证保险合同双方行使权利与履行义务：

1. 重合同、守信用

重合同、守信用是在保险理赔过程中应遵循的首要原则。保险理赔是保险人对保险合同履行义务的具体体现。在保险合同中，明确规定了保险人与被保险人的权利与义务，保险合同双方当事人都应恪守合同约定，保证合同顺利实施。对于保险人来说，在处理各种赔案时，应严格按照保险合同的条款规定受理赔案，确定损失。

2. 实事求是

由于案发原因错综复杂，被保险人提出的索赔案件形形色色，因此，对于一些损失原因极为复杂的索赔案件，保险人除了按照条款规定处理赔案外，更应该实事求是、合情合理地处理，这样做才是既符合条款规定，又遵循实事求是的原则。

3．主动、迅速、准确、合理

"主动、迅速"，即要求保险人在处理赔案时积极主动，不拖延并及时深入事故现场进行查勘，及时理算损失金额，对属于保险责任范围内的灾害事故所造成的损失迅速赔偿。"准确、合理"，即要求保险人在审理赔案时，分清责任，合理定损，准确履行赔偿义务。对不属于保险责任的案件，保险人应当及时向被保险人发出拒赔的通知书，并说明不予赔付的理由。

（二）保险理赔的程序

1．接受损失通知

保险事故发生后，被保险人或受益人应将事故发生的时间、地点、原因及其他有关情况，以最快的方式通知保险人，并提出索赔请求。发出损失通知书是被保险人必须履行的义务。发出损失通知书通常有时限要求，根据险种不同，被保险人在保险财产遭受保险责任范围内的损失后，应当在规定的时间内通知保险人。

被保险人发出损失通知的方式可以是口头方式，也可以是函电等其他方式，但随后应及时补发正式的书面通知，并提供各种必备的索赔单证，如保险单、账册、发票、出验证明书、损失鉴定书、损失清单、检验报告等。如果损失涉及第三者责任，被保险人在获得保险赔偿金后还需出具权益转让书给保险人，由保险人代为行使向第三者责任方追偿的权益。

2．审核保险责任

保险人收到损失通知书后，应立即审核该索赔案件是否属于保险责任范围，其审核的内容包括以下几方面：①损失是否发生在保险单的有效期内；②损失是否由所承保的风险所引起；③损失的财产是否为保险财产；④损失是否发生在保险单所载明的地点；⑤请求赔偿的人是否有权提出索赔等。

3．进行损失调查

保险人审核保险责任后，应派人到出险现场进行实际勘查，了解事故情况，以便分析损害原因，确定损害程度，认定索赔权利。

4．赔偿给付保险金

保险事故发生后，经调查属实并估算赔偿金额后，保险人应立即履行赔偿给付的责任。对于人寿保险合同，只要保险人认定寿险保单是有效的、受益人的身份是合法的、保险事故的确发生了，便可在约定的保险金额内给付保险金。对于财产保险合同，保险人则应根据保险单类别、损害程度、标的价值、保险利益、保险金额、合同上约定的赔偿计算方式确定赔偿金后，再予以赔付。保险人对被保险人请求赔偿或给付保险金的要求应按照保险合同的规定办理。赔偿的方式通常是货币支付。在财产保险中，保险人也可与被保险人约定其他方式，如恢复原状、修理、重置等。

第三节 再保险

一、再保险的概念及其特征

再保险，是指保险人将其承担的保险业务，部分转移给其他保险人的经营行为[1]。从保险经营的角度看，保险人为了分散自己承保的风险，通过签订再保险合同，将其所承保的风险和责任的一部分转移给其他保险公司或再保险公司。分出业务的保险公司称为分出公司、分保分出人或原保险人，接受再保险业务的保险公司称为分入公司、分保接受人或再保险人。分保接受人将接受的再保险业务再分保出去，称为转分保，分出方为转分保分出人，接受方为转分保接受人。一个保险人既可以是分保分出人，又可以是分保接受人。

再保险的基础是原保险，再保险的产生是基于原保险人经营中分散风险的需要。原保险也称直接保险，是相对再保险而言的保险，由投保人与保险人直接订立保险合同的保险业务。再保险具有以下特征：第一，原保险是再保险的基础；第二，再保险是保险人之间的一种业务经营活动；第三，再保险合同是一种独立的保险合同。

在再保险业务中，分保双方责任的分配与分担是通过确定自留额和分保额来体现的，分出公司根据偿付能力所确定的自己承担的责任限额称为自留额或自负责任额；经过分保由接受公司承担的责任限额称为分保额、分保责任额或接受额。自留额与分保额可以用百分率表示，如自留额与分保额分别占保险金额的 25% 和 75%，也可以用绝对值表示，如超过 100 万元以后的 200 万元。而且，根据分保双方承受能力的大小，自留额与分保额均有一定的控制线，如果保险责任超过自留额与分保额的控制线，则超过部分应由分出公司自负或另行安排分保。

自留额与分保额可以以保额为基础计算，也可以以赔款为基础计算。计算基础不同，决定了再保险的种类不同。以保险金额为计算基础的分保方式叫比例再保险，以赔款金额为计算基础的分保方式叫非比例再保险。

自留额和分保额都是按危险单位来确定的。危险单位是指保险标的发生一次灾害事故可能造成的最大损失范围。危险单位的划分既重要又复杂，应根据不同的险种和保险标的来决定。危险单位的划分关键是要和每次事故最大可能损失范围的估计联系起来考虑，而不一定和保单份数相等同。划分危险单位并不是一成不变的，危险单位的划分有时需要专业知识。对于每一危险单位或一系列危险单位的保险责任，分保双方通过合同按照一定的计算基础对其进行分配。

---

① 《再保险业务管理规定》第二条，2021 年 7 月 21 日原中国银行保险监督管理委员会令第 8 号公布，自 2021 年 12 月 1 日起施行。

二、再保险的业务种类

(一) 比例再保险

比例再保险，是指以保险金额为基础确定再保险分出人自留额和再保险接受人分保额的再保险方式。在比例再保险中，分出公司的自负责任和分入公司的分保责任都表示为保险金额的一定比例。分出公司与分入公司要按这一比例分割保险金额、分配保险费和分摊赔款。比例再保险包括成数再保险和溢额再保险两种。

1. 成数再保险

成数再保险是指原保险人与再保险人在合同中约定保险金额的分割比例，将每一危险单位的保险金额，按照约定的比例在分出公司与分入公司之间进行分割的再保险方式。在成数再保险合同已经成立的前提下，不论原保险人承保的每一危险单位的保险金额有多大，只要该保险金额在合同规定的限额之内，都要按合同规定的比例来分割保险金额，每一危险单位的保险费和所发生的赔款也按这一比例进行分配和分摊。总之，成数再保险的最大特征是"按比例"的再保险，即原保险人与再保险人对于保险金额的分割、保险费的分配、赔款的分摊都是按照合同规定的同一比例来进行的。因此，成数再保险是最典型的比例再保险。下面举例说明成数再保险的计算（见表11-1）。

表 11-1　成数分保计算表　　　　　　　单位：万元

船名	总额 100%			自留 30%			分出 70%		
	保险金额	保费	赔款	自留额	保费	自负赔款	分保额	分保费	摊回赔款
A	100	1	0	30	0.3	0	70	0.7	0
B	300	3	10	90	0.9	3	210	2.1	7
C	600	6	20	180	1.8	6	420	4.2	14
D	800	8	0	240	2.4	0	560	5.6	0
E	1 000	10	0	300	3.0	0	700	7.0	0
总计	2 800	28	30	840	8.4	9	1 960	19.6	21

2. 溢额再保险

溢额再保险是指原保险人与再保险人在合同中约定自留额和最高分入限额，将每一危险单位的保险金额超过自留额的部分分给分入公司，并按实际形成的自留额与分出额的比率分配保险费和分摊赔款的再保险方式。

由于在溢额再保险合同项下，原保险人与再保险人之间的保险费的分配、赔款的分摊都是按实际形成的保险金额的分割比率进行的，因此，溢额再保险也属于比例再保险。

在溢额再保险合同中，分出公司首先要对保险金额确定自留额，对于每一笔业务，将超过自留额的部分转移给再保险人，但以自留额的一定倍数为限。自留额和分出额与保险金额之间的比例分别称为自留比例和分保比例。自留比例和分保比例随不同保险标的的保险金额的大小而变动。

例如：某一溢额分保合同的自留额为50万元。现有三笔业务，保险金额分别为50万元、100万元和200万元。第一笔业务的保险金额在自留额之内，无须分保；第二笔业务的保险金额超过自留额，需要分保，实际自留额为50万元，分出额为50万元；第三笔业务的保险金额超过自留额，需要分保，实际自留额为50万元，分出额为150万元。本例第二笔业务的自留比例为50%，分保比例为50%；第三笔业务的自留比例为25%，分保比例为75%。每笔业务按照实际形成的分保比例分配保险费和分摊赔款。

从以上可以看出，溢额再保险与成数再保险相比较，最大的区别是：如果某一业务的保险金额未超过分出公司的自留额，无须办理分保；只有在保险金额超过自留额时，才将超过的部分分给再保险人。也就是说，溢额再保险的自留额，是一个确定的数额，不随保险金额的大小而变动，而成数再保险的自留额表现为保险金额的固定百分比，随保险金额的大小而变动。

溢额再保险的分入公司不是无限地接受分出公司的溢额责任，通常以自留额的一定倍数，即若干"线"数为限，一"线"相当于分出公司的自留额。如自留额为50万元，分保额为5线，则分入公司最多接受250万元，即分保额最高为250万元。对于分出公司承保的巨额业务，可以签订多个溢额再保险合同，按合同签订的顺序，有第一溢额再保险、第二溢额再保险等。

（二）非比例再保险

非比例再保险，是指以赔款金额为基础确定再保险分出人自负责任和再保险接受人分保责任的再保险方式。当赔款超过一定额度或标准时，再保险人对超过部分的责任负责。与比例再保险不同，在这种再保险方式中，分出公司和分入公司的保险责任和有关权益与保险金额之间没有固定的比例关系，因此称其为非比例再保险。

非比例再保险有两个限额：一是分出公司根据自身的财力确定的自负责任额，即非比例再保险的起赔点，也称为免赔额；二是分入公司承担的最高责任额。以上两个限额需要在订立再保险合同时由当事人双方约定，一旦保险事故发生，便依照规定的限额进行赔付。如果损失额在自负责任额（再保险起赔点）以内，赔款由分出公司负责；损失额超过自负责任额，分入公司负责其超过部分，但不超过约定的最高限额。有时，损失额可能超过分出公司的自负责任额和分入公司的最高责任限额之和，在此情况下，超过的部分由分出公司自己承担，或依据分出公司与其他分入公司签订的再保险合同处理。

例如：分出公司的自负责任额为1 000 000元，分入公司的最高责任限额为3 000 000元。现以赔款不等的五个保险标的为例，说明赔款责任的分摊情况（见表11-2）。

表11-2　赔款责任的分配情况　　　　　　　　　　单位：元

保险标的	发生赔款	分出人自负额	接受人负责额	其他
A	500 000	500 000	0	0
B	700 000	700 000	0	0

表11-2(续)

保险标的	发生赔款	分出人自负额	接受人负责额	其他
C	1 400 000	1 000 000	400 000	0
D	4 000 000	1 000 000	3 000 000	0
E	4 200 000	1 000 000	3 000 000	200 000

非比例再保险分为超额赔款再保险和超额赔付率再保险。

1. 超额赔款再保险

超额赔款再保险是指由原保险人与再保险人签订协议，对每一危险单位损失或者一次巨灾事故的累积责任损失，规定一个自负额，自负额以上至一定限度由再保险人负责的保险。超额赔款再保险又分为险位超赔再保险和事故超赔再保险。

（1）险位超赔再保险

这是以每一危险单位的赔款金额为基础确定分出公司自负赔款责任限额即自负额的保险。超过自负额以上的赔款，由分入公司负责。

（2）事故超赔再保险

这是以一次巨灾事故中多数危险单位的累积责任为基础计算赔款的保险，是险位超赔在空间上的扩展。其目的是确保分出公司在一次巨灾保险事故中的财务稳定。

无论是险位超赔再保险，还是事故超赔再保险，分入公司可接受分出公司的全部分出责任，也可只接受部分分出责任。超过分入公司接受部分的保险责任，仍由分出公司自己负责。

2. 超额赔付率再保险

超额赔付率再保险也称损失中止再保险，是指按年度赔款与保费的比率来确定自负责任和再保险责任的一种再保险方式。在约定的年度内，当赔付率超过分出公司自负责任比率时，超过的部分由分入公司负责。

与超额赔款再保险不同，在超额赔付率再保险合同项下，分出公司与分入公司的责任划分并不以单个险位的赔款或一次事故的总赔款的绝对量为基础，而是以一年中赔款的相对量，即赔款与保费的比率为基础。其实质是对分出公司提供的财务损失的保障，以防止年度内某类业务的赔付率发生较大的波动而影响分出公司的经营稳定。

在超额赔付率再保险合同中，一般约定两个限制性的比率：一个是分出公司自负责任比率，另一个是分入公司的最高责任比率。当实际赔付率尚未超过合同约定的自负责任比率时，全部赔款由分出公司负责；反之，当实际赔付率已经超过合同约定的自负责任比率时，分出公司只负责自负责任比率以内的赔款，超过自负责任比率以上的赔款由分入公司负责，直至其最高责任比率。如果实际赔付率超过分出公司自负责任比率与分入公司最高责任比率之和，超过部分的赔款由分出公司自己负责。通常，一般在保险业务实收保费中，营业费占25%，净保险费占75%。因此，划分分出公司和分入公司的责任可以以75%的赔付率为界线。当分出公司的赔付率在75%以下时，由分出公司自己赔偿；当分出公司的赔付率超过75%时，超过部分由分入公司负责赔偿。分入公司也有接受分入责任的限额，一般为营业费用率的两倍，即已得保费的 50%。这就是说，分入公司仅对赔付率在 75%~125% 的赔款负责，并有金额限制，在两者中以低者为限。

例如：有一超额赔付率再保险合同，约定分出公司的自负责任比率为 70%，分入公司的最高责任比率为超过 70% 后的 50%，即实际赔付率在 70% 以下的赔款由分出公司负责，超过 70%~120% 的赔款由分入公司负责。为了控制分入公司的绝对赔付责任，合同还规定分入公司的赔付责任以 600 000 元为限。

假设：

年净保费收入 1 000 000 元；已发生赔款 800 000 元，赔付率为 80%；分出公司负责 70%，即 700 000 元；分入公司负责 10%，即 100 000 元。

如果当年已发生赔款为 1 350 000 元，赔付率为 135%，则分出公司负责其中的 70%，即 700 000 元的赔款，分入公司负责其中的 50%，即 500 000 元的赔款。剩下的 15%，即 150 000 元的赔款将仍由分出公司负责。

三、再保险业务的安排方式

在再保险经营实务中，有三种安排方式可以选择。

（一）临时再保险

临时再保险也称为临时分保，是指保险人临时与其他保险人约定，将其承担的保险业务，部分向其他保险人逐保单办理再保险，再保险接受人需逐保单约定分保条件并承担再保险责任的经营行为[1]。

临时再保险是产生最早的再保险安排方式，分出公司根据自己的业务需要将有关风险或责任进行临时分出的安排，一般由分出公司或分保经纪人向其选定的分入公司提出再保险建议，开出临时再保险要保书；分入公司接到要保书后，对分保的有关内容进行审查，以决定是否接受。该种再保险安排方式比较灵活，但由于每笔业务要逐笔安排，所以手续烦琐，增加了营业费用开支。临时再保险一般适合于新开办的或不稳定的业务。

（二）合同再保险

合同再保险也称为合约分保，是指保险人与其他保险人预先订立合同，约定将一定时期内其承担的保险业务，部分向其他保险人办理再保险，再保险接受人需按照约定分保条件承担再保险责任的经营行为[2]。

合同再保险分出公司和分入公司签订再保险合同规定双方的权利、义务、再保险条件和账务处理等事项，凡经分出公司和分入公司约定，并在合同中明确规定的业务，分出公司必须按照合同的规定向分入公司办理分保，分入公司必须接受，承担相应保险责任。该种再保险合同没有期限规定，是长期性合同。订约双方都有终止合同的权利，但一般须在终止前的三个月向对方发出注销合同的通知。

---

[1] 《再保险业务管理规定》第二条。
[2] 《再保险业务管理规定》第二条。

（三）预约再保险

预约再保险是指分出公司对合同规定的业务是否分出，可自由安排而无义务约束，而分入公司对合同规定的业务必须接受、无权选择的一种再保险安排方式。该再保险安排方式是在临时再保险基础上发展起来的，介于临时再保险与合同再保险之间。对分出公司而言，预约再保险具有临时再保险性质；对分入公司而言，预约再保险具有合同再保险性质。

第四节　保险投资

一、保险投资及其意义

保险投资也称为保险资金运用，是指保险公司将自有资本金和保险责任准备金，通过法律允许的各种渠道进行投资以获取投资收益的经营活动。在此，保险公司是保险投资的主体，保险资金则构成了保险投资活动中的客体，保险公司投资的目标则是通过保险资金的有偿营运，使其保值增值的活动。

在现代保险经营中，保险公司的业务大体分为两类：一类是承保业务（直接保险业务），另一类是投资业务。作为保险经营业务两大支柱之一的保险投资，已经成为保险公司生存和发展的重要因素。在一个开放竞争的保险市场上，保险人想要依靠直接保险业务来获得较多利润显然是一件相当难的事情。然而很多保险公司不仅生存下来了，而且发展势头还很好，其原因就在于保险人从保险投资活动中获得了丰厚的回报。投资利润不仅弥补了直接业务收益的减少甚至亏损，增加了保险基金的积累，而且使保险人降低保险费率成为可能，有利于减轻客户的负担，并为寿险公司开发如分红保单、投资连结保险等业务创造了条件，从而直接推动了保险业务的发展。此外，投资业务的开展也使得保险人成了各国资本市场上举足轻重的机构投资者，意味着保险公司通过资本市场向国民经济的其他行业渗透。它既使保险公司分享了其他行业的利润，也提升了保险业在国民经济中的地位。

二、保险可运用资金的来源

保险可运用资金主要由保险公司的自有资本金、非寿险责任准备金和寿险责任准备金三部分构成。

（一）保险公司的自有资本金

保险公司的自有资本金包括注册资本（或实收资本）和公积金。注册资本或实收资本一般由《保险法》规定，在开业时可视作初始准备金，在经营期间又是保险公司偿付能力或承保能力的标志之一。公积金是保险公司依照有关法律、行政法规及国家财务会计制度的规定以及《公司法》的规定从历年的利润中提存的，它和保险公司的注册资本（或实收资本）共同构成保险公司的偿付能力。

（二）非寿险责任准备金

非寿险的基本特点是短期保险，保险期限是一年或一年以内，保险业务从性质上具有补偿性。非寿险责任准备金分为三大部分：保费准备金、赔款准备金和总准备金。

1. 保费准备金

保费准备金又称未了责任准备金或未满期责任准备金。保险公司在一个会计年度内签发保单后入账的保费称为入账保费。假定会计年度与日历年度一致，那么，在当年满期的保单，其对应的入账保费称已赚保费；在当年未满期的保单，其对应的入账保费则称未赚保费。未赚保费部分即保费准备金，该项准备金一般由保险人按照《保险法》或保险监管部门规定的比例提取。

2. 赔款准备金

赔款准备金包括未决赔款准备金、已发生未报告赔款准备金和已决未付赔款准备金。

（1）未决赔款准备金

当会计年度结束时，被保险人已提出索赔，但在被保险人与保险人之间尚未对这些案件是否属于保险责任、保险赔付额度等事项达成协议，称为未决赔案。为未决赔案提取的责任准备金即未决赔款准备金。未决赔款准备金的提取方法有逐案估计法和平均估计法。逐案估计法，即对未决赔案逐个估计在将来结案时需要支付的赔款数；平均估计法，即根据以往的保额损失经验，预先估计出某类业务的每件索赔的平均赔付额，再乘以该类未决索赔的件数，即得到未决赔款准备金数额。

（2）已发生未报告赔款准备金

有些损失在年内发生，但索赔要在下一年才可能提出。这些赔案因为发生在本会计年度，仍属本年度支出，故称已发生未报告赔案。为其提取的责任准备金即已发生未报告赔款准备金。由于已发生未报告的赔案件数和金额都是未知的，因而只能由每家保险公司根据不同业务的不同经验来确定。最简单的办法是，用若干年该项赔款额占这些年份内发生并报告的索赔额的比例来确定提取数。

（3）已决未付赔款准备金

对索赔案件已经理算完结，应赔金额也已确定，但尚未赔付，或尚未支付全部款项的已决未付赔案，为其提取的责任准备金则为已决未付赔款准备金。该项准备金是赔款准备金中最确定的部分，只需逐笔计算即可。

3. 总准备金

总准备金又称巨灾准备金，是为了应对承保风险发生巨灾损失或大幅度非正常波动而提取的准备金。提取总准备金的原因是如果承保标的发生巨灾损失，单凭未到期责任准备金不足以应付，巨灾损失一般在较长时间才发生一次，因此保险公司应做好巨灾损失的统计记录，做好防灾防损工作，并对巨灾损失发生时间、损失金额等做出估计，作为计提总准备金的依据。

总准备金一般在税后利润中计提。由于巨灾准备金在税后利润中计提，所以归属所有者权益，而非负债。

（三）寿险责任准备金

寿险的基本特点在于保险责任具有长期性；保险期间短则数年，长则数十年；

保费或一次性趸缴，或分期均衡缴付。寿险责任准备金是指保险人把投保人历年缴纳的纯保费和利息收入积累起来，作为将来保险给付和退保给付的责任准备金。《保险法》第九十八条对各种准备金的提取做了原则规定。

三、保险投资的形式

保险投资应根据资金来源的不同性质、用途和结构，在遵循资金运用安全性、盈利性和流动性原则的基础上，合理选择投资对象和投资结构。基于保险可运用资金的负债性，安全性是保险投资应遵循的首要原则，在符合安全性的前提下追求盈利性，保持合理的流动性。因此，《保险法》第一百零六条第一款规定："保险公司的资金运用必须稳健，遵循安全性原则。"

一般而言，保险资金的运用有以下几种形式：

（一）购买债券

债券是指发行者为筹集资金而向债权人发行的，在约定时间支付一定比例的利息，到期偿还本金的一种有价证券。

保险资金一般有一定比例用于购买国库券、地方政府债券、金融债券和公司债券等可在二级市场流通的债券。这类投资具有安全性强、变现能力强、收益相对稳定的优点。尤其是国库券基本上不存在不确定性风险，但其收益不如金融债券和公司债券。

（二）股票投资

保险资金投资的股票，主要包括公开发行并上市交易的股票和上市公司向特定对象非公开发行的股票。保险资金开展股票投资，分为一般股票投资、重大股票投资和上市公司收购。

一般股票投资，是指保险机构或保险机构与非保险一致行动人投资上市公司的股票比例低于上公司总股本的20%，且未拥有上市公司控制权的股票投资行为。

重大股票投资，是指保险机构或保险机构与非保险一致行动人持有上市公司股票比例达到或超过上市公司总股本的20%、且未拥有上市公司控制权的股票投资行为。

上市公司收购，包括通过取得股份的方式成为上市公司的控股股东，或者通过投资关系、协议、其他安排的途径成为上市公司的实际控制人，或者同时采取上述方式和途径拥有上市公司控制权。

（三）投资不动产

保险资金进行不动产投资一般是用于直接建造、购买并自行经营的房地产。房地产投资的特点是：安全性好、收益高、项目投资额大、期限长、流动性差。因此，房地产投资比较适合长期性保险资金的运用。

（四）用于贷款

贷款是指保险公司作为信用机构直接将保险资金提供给资金需求方，以获取利息收入的一种信用活动。保险贷款可分为一般贷款和保单质押贷款。其中，一般贷款是指保险公司作为非银行金融机构向社会提供贷款。

目前我国不允许将保险资金运用形成的投资资产用于向他人提供担保或者发放贷款，保险资金只允许用作保单质押贷款。保单质押贷款是指在寿险保单具有现金价值的基础上根据保险合同的约定，保单持有人向保险公司申请的贷款。保单质押贷款是一种安全的投资方式。

（五）银行存款

存款是指保险公司将闲置资金存放于银行等金融机构。存款具有良好的安全性和流动性，但与其他投资相比则收益率较低。正因为如此，存款主要用作保险公司正常的赔付或寿险保单满期给付的支付准备金，一般不作为追求收益的投资对象。

各国政府基于经济环境和历史背景的差异，对保险资金运用的规定有所不同，采取了不同的监管方式，但总的来讲对资金运用的渠道和运用的结构都做了规定，特别是对高风险的投资项目在投资总额中的比例做了规定。我国对保险资金运用采取了较为严格的监管方式。

■ 本章关键词

风险大量原则　风险选择原则　风险分散原则　再保险　危险单位　自留额
分保额　比例再保险　非比例再保险　临时再保险　合同再保险　保险投资

■ 复习思考题

1. 简述保险经营的基本原则。
2. 股份制保险公司与相互保险公司各有什么特点？
3. 简述保险核保的内容。
4. 再保险有何特征？
5. 自留额、分保额与危险单位有什么关系？
6. 简述再保险的业务种类。
7. 再保险有哪些安排方式？
8. 保险投资有何意义？
9. 保险可运用资金来源于哪几个方面？
10. 保险资金运用的一般形式有哪些？《保险法》对保险资金运用形式是如何规定的？

第十二章
保险的数理基础

章首语：
    保险是一项建立在大数法则基础上的经济活动，也是一项投保人和保险人之间的私人商业交易活动，其有效的运行基础之一是数理基础。结合当前《保险法》的规定，基于非寿险和寿险的运营差异和分业经营实践，本章分别介绍了非寿险和寿险的费率厘定的统计模型及基础方法、各类准备金提取方法和基本原理。通过本章的学习，读者应该对保险经营的数理基础有一个清晰、概括、全面的认识，以更有效地理解保险经营活动。

第一节　非寿险费率的厘定基础

一、非寿险保费和保费费率

（一）保费

保险费简称"保费"，是指投保人为转嫁风险，获得经济保障而缴纳给保险人的费用。保险费由纯保险费和附加保险费构成。纯保险费主要用于保险赔付支出。附加保险费主要用于保险人的各项业务开支和预期利润，包括代理手续费、业务费、企业管理费、工资及工资附加费、税金、利润等。

保费是保险金额与保险费率的乘积，因此，保费的多少是由保险金额的大小和保险费率的高低这两个因素来决定的。从保险公司的角度来说，它们所赔偿或给付的保险金并不具有救济性质，而是在保险事故发生造成保险标的的损害或保险单到期按合同规定赔付保险金；从投保人的角度来说，他们所缴纳的保费也并不是一种慈善性捐款，而是分摊部分被保险人的损害。因此，保险人与全体投保人之间应当存在"赔付保险金与缴纳保险费总额精算现值相等的原则"，即纯费用总额等于未来赔偿或给付保险金总额。用公式来表示，则为

$$P = \omega Q \tag{12-1}$$

式中：P 代表纯保险费，即保险人用于支付预期损失的那一部分保费；Q 代表保险金

额；ω 代表纯费率。纯费率是根据损失率计算出来的，而损失率则代表赔偿保险金的概率。根据此项原则，投保人所缴纳的保险费与保险人对其风险所负的责任应当彼此相当。纯费率 ω 越大，纯保费 P 越大；保险金额 Q 越大，纯保费 P 亦越大。

（二）保费费率

保险费率是保险费与保险金额的比率，保险费率又被称为保险价格，通常以每百元或每千元的保险金额的保险费来表示。作为保险价格的保险费率是不同于其他商品的价格的。因为保险人制定费率时主要依据的是过去的损失和费用统计记录的经验，这会加大保险费率制定的难度。因此，保险商品和其他商品之间一个最基本的差异就是其价格的确定在成本发生前，是建立在预测的基础之上的。保险人首先对未来的损失和未来的费用进行预测，再将这些费用在不同的被保险人之间进行分配，这一过程就叫作费率的制定。由于不同险种承保的风险及规律不同，因此不同险种的费率通常也不同。不同的保险险种的费率通常是不一样的。

二、非寿险保费费率的构成

非寿险保险费率一般由纯费率（P）与附加费率（F）两部分组成。纯费率又称净费率，它是用来支付赔款的费率，其计算依据因险种的不同而不同，非寿险保险纯费率的计算依据是损失概率。附加费率是附加保费与保险金额的比率。把纯费率和附加费率加起来，就构成了毛费率。其计算公式为

$$R = P + F \tag{12-2}$$

式中，R 为总保费费率，又称为总保费费率或毛保费费率。

三、非寿险保费费率厘定的基本原则

（一）公平合理原则

公平合理原则是指厘定保险费率时，在保险人与投保人之间及投保人之间要做到公平合理。公平合理有两方面含义：

第一，保险人与投保人之间的公平合理。保险人与投保人之间的公平合理，要求纯费率的厘定必须以损失概率（寿险纯费率根据生命表上的死亡率和生存率以及预定利率确定）为依据，使保险人收取的保费应与其承担的风险相当，而制定附加费率时对业务费用和预期利润的估算均须适当。因为保险费率不能偏高，否则，会使投保人负担太重，损害投保人利益，而使保险公司获得过多的利润。保险费率也不能过低，否则，会影响保险人的财务稳定性和偿付能力。总之，保费费率厘定过高或者过低，都可能导致供需主体退出市场，进而引发市场萎缩。

第二，各投保人之间的公平合理。保险人向投保人收取的保险费，应当与保险标的所面临的危险程度相适应。保险人要按照危险性，相应地分担保险的损失与费用。对危险程度高的保险标的，保险人按较高的保险费率收取保险费用；对危险程度低的保险标的，保险人按较低的保险费率收取保险费。

（二）确保保险人的保险财务稳定性与偿付能力

所谓保险财务稳定性，是指保险人在正常年景情况下，向投保人收取的保险费

是否足以应付赔付支出。如果足以支付，则表示财务稳定性是良好的；反之，则较差。保险偿付能力是全球保险业管理和保险监管的核心目标，体现为保险公司要拥有雄厚的资本和足够的资产，能满足被保险人的索赔需要。

保险费是补偿保险标的损害的资金来源，保险人按保险费率向投保人收取的保险费，必须足以应付赔付支出及各种经营费用。如果费率过低，就会影响保险财务稳定，导致保险公司缺乏偿付能力，最终严重损害被保险人的利益。

在竞争激烈的保险市场上，为了提高自己的竞争力，保险人常常不惜降低保险费率以招徕顾客，这种恶性竞争的结果，会影响保险人的财务稳定性和偿付能力。为了保证保险经营的健康发展，维护被保险人的利益，很多国家的保险监管部门对保险费率实施监管。

（三）相对稳定原则

相对稳定原则是指在一定时期内应保持费率的稳定，避免过于频繁的变动。因为：第一，经常变动费率，会向客户传递保险人业务发展不稳定、经营管理不善的信号，导致投保人对保险人的不信任，影响保险业务的开展。第二，不稳定费率，当其呈现下降趋势时，可能诱使投保人为追求低费率而中途解约；当费率呈现上涨趋势时，可能会使长期性的保险合同数量骤增，影响保险业务的健康发展。因此，在制定费率上，要遵循相对稳定原则。然而，这一原则并不是指保险费率一成不变，当风险环境、保险责任以及保险需求状况发生变化时，费率应及时进行调整。

（四）促进防灾防损原则

从减少保险人的赔付支出和减少整个社会财富的损失考虑，保险费率的厘定应有利于促进防灾防损。具体而言，就是对注重防灾防损工作的被保险人采取较低的费率；对不注重防灾防损工作的被保险人采取较高的费率。比如在机动车辆保险期内无赔款发生的客户，续保时可享受无赔款优待费率。

四、非寿险损失模型

变异系数和偏度系数是描述风险损失特征的重要指标：变异系数可以估测均值的代表性，偏度系数可以很好地表征或描述风险的概率函数分布特征。由于损失频率和损失金额数据特性的差异，非寿险保费厘定中用到的损失模型包括损失频率模型和损失金额模型两大类，厘定保费过程中往往会借助恰当的损失模型进行损失模拟，进而预测纯保费费率。

（一）损失频率模型

损失概率是离散变量，因此泊松分布、二项分布、负二项分布等模型都可以根据风险损失发生频率的特征进行选择。尽管损失频率和索赔频率本质不同，但描述损失次数和索赔次数的分布模型类似，因此模拟损失次数的模型也可以用于拟合索赔次数数据。

1. 泊松分布（设参数为 λ）

泊松分布的均值和方差相等，且都等于泊松分布的参数。此外，泊松分布的偏度系数和变异系数相等，当参数趋于无穷时，泊松分布的偏度系数趋于零，即当参数较大的时候，泊松分布趋于对称分布，可以用正态分布近似，这是泊松分布区别于其他损失次数分布的一个主要特征。总体来说，泊松分布有以下特征：

（1）可加性。如果损失次数 N_1 和 N_2 分别是参数 λ_1 和 λ_2 的相互独立的泊松随机变量，则 $N = N_1 + N_2$ 是参数 $\lambda = \lambda_1 + \lambda_2$ 的泊松随机变量。

（2）可分解性。假设两种保险责任的总索赔次数 N 服从参数为 λ 的泊松分布，而两种保险责任发生的概率分别是 a_1 和 a_2，且 $a_1 + a_2 = 1$，则这两种保险责任的索赔次数 N_1 和 N_2 是独立的泊松随机变量，参数分别是 λ_{a1} 和 λ_{a2}。

（3）如果保险事故发生的时间间隔服从指数分布，则在一个固定的时间区间内发生的保险事故次数服从泊松分布。

2. 二项分布（设参数为 m，q）

二项分布的偏度系数小于变异系数，这表明在给定均值和方差的情况下，二项分布更适合描述尾部较短的损失次数。如果用二项分布描述次数，则意味着损失次数存在着一个最大者，这个值就是二项分布的参数 m（m 为整数，指损失次数的最大值）。例如单次交通事故造成的人员伤亡数量不会超过某个最大的值，一般为客运最大承载量。二项分布有以下特征：

（1）当二项分布的参数 m 足够大，q（每次事故损失发生的概率，$0 < q < 1$）充分小的时候，若能保持 mq 在适当的大小时，二项分布近似于参数为 $\lambda = mq$ 的泊松分布。

（2）二项分布的方差小于其均值，区别于泊松分布的两者相等，也区别于负二项分布的方差大于均值。

（3）假设每个风险发生损失的概率均为 q，则二项分布可以描述为 m 个独立同分布的风险所组成的风险集合的损失次数。

当固定参数为 q 时，即假设每次事故损失发生的概率相对稳定时，随 m 的增大二项分布趋于对称分布；当固定次数为 m 时，即假设事故损失次数的最大值相对稳定时，随着 q 的增大趋于对称分布。

3. 负二项分布（设参数为 r 和 β）

负二项分布的偏度系数大于变异系数。如前所述，泊松分布的偏度系数和变异系数相等，故泊松分布适合均值和方程相等的损失，而负二项分布的偏度系数大于变异系数，因此在给定均值和方差的情况下，意味着负二项分布的偏度系数大于泊松分布对应的偏度系数。无论两个参数如何变化，负二项分布的概率函数都是右偏的，因此负二项分布比较适合描述尾部较长的损失次数。负二项分布具有以下性质：

（1）方差大于均值。这意味着如果损失次数数据的观察值是离散的，那么负二项分布较泊松分布更适合拟合观察数据。

（2）负二项分布是一种混合泊松分布，如果假设泊松分布的参数服从伽玛分布，则可以得到混合泊松分布，即负二项分布。

4. 几何分布（设参数为 β）

几何分布是负二项分布的特例，与负二项分布相同，几何分布的偏度系数大于变异系数。但几何分布不具有记忆性，如果用几何分布来描述损失次数，则在给定

的 m 次损失的情况下，以后的损失次数分布与 m 无关，即如果损失次数服从几何分布，则未来损失次数的分布不受已经发生损失次数的影响。参数 β 越大，其概率函数的尾部就越短，其众数恒为零。

（二）损失金额模型

损失金额是离散变量，因此指数分布、对数正态分布、伽玛分布和帕累托分布等模型都可以根据损失发生的特征进行选择。

1. 指数分布（设参数为 θ）

指数分布的偏度系数是变异系数的 2 倍，与几何分布一致，指数分布无记忆性且众数也为零，随着参数 θ 的增大，指数分布的尾部也越来越短。此外，如果在单位时间内损失次数服从次数为 θ 的泊松分布，则相邻两次损失之间的时间间隔服从参数为 θ 的指数分布，即如果单位时间内平均发生 θ 次损失（泊松分布的均值），则相邻两次损失之间的平均时间间隔为 $1/\theta$（指数分布的均值）。

2. 伽玛分布（设参数为 α 和 θ）

伽玛分布的偏度系数是变异系数的 2 倍，因此当形状参数 $\alpha > 1$ 时，伽玛分布有非零的众数；当 $\alpha \leq 1$ 时，伽玛分布的众数为零。伽玛分布是一个右偏的分布，当形状系数 α 趋于无穷大时，伽玛分布近似于正态分布；当 $\alpha = 1$ 时，伽马分布就是参数为 θ 的指数分布。此外，伽马分布具有可加性，即如果损失 X_1 服从参数为（α_1 和 θ）的伽玛分布，损失 X_2 服从参数为（α_2 和 θ）的伽玛分布，且 X_1 和 X_2 相对独立，则 $X_1 + X_2$ 服从参数（$a_1 + a_2$，θ）；伽玛分布的变量乘以一个倍数如 r 之后，其分布仍然服从伽马分布，参数变为（α，θ/r）。

3. 逆高斯分布（设参数为 α 和 θ）

逆高斯分布也是右偏的特征，其偏度系数是变异系数的 3 倍，因此在给定均值和方差时，逆高斯分布的尾部比伽玛分布的尾部长。

4. 对数正态分布（设参数为 μ 和 σ）

对数正态分布总是右偏的，在给定均值和方差的情况下，对数正态分布的偏度系数大于逆高斯分布的偏度系数，也大于伽玛分布的偏度系数，因此适合用于长尾损失数据的拟合。此外，对数正态分布有以下特征：

（1）对数正态分布经对数变换后为正态分布。

（2）对数正态分布具有非零众数 $\exp(\mu - \sigma^2)$。

（3）当给定参数 μ，σ 趋于零时，对数正态分布的均值趋于 $\exp(\mu)$，方差趋于零。

5. 帕累托分布（设参数为 α 和 θ）

帕累托分布的变异系数不总是存在，只有当变异系数的平方在区间（1，3）取值时，帕累托分布的偏度系数才是存在的。帕累托分布也是右偏分布，其众数恒为零；其变量乘以一个倍数如 γ 后，其仍然服从帕累托分布，参数变为（α，γ^θ）；当均值 $\mu = E(X)$ 保持不变，α 趋于无穷时，帕累托分布收敛到参数为 $1/\mu$ 的指数分布。

五、非寿险纯保费费率的厘定

非寿险纯保费费率的厘定是以损失金额和损失概率为基础的，主要的工作是通过对有效索赔概率和有效索赔金额的特征进行提炼，选择恰当的模型进行拟合，进而测算出费率水平。纯保费费率（pure premium rate）通常用赔款总额与风险单位数之比进行估计，公式如下：

$$P = L/E \qquad (12-3)$$

式中，P 为纯保费费率，L 为赔款总额，E 表示风险单位数。

也可以用索赔次数进行估计，则可以表示为

$$P = \left(\frac{N}{E}\right) \times \left(\frac{L}{N}\right) \qquad (12-4)$$

式中，P 为纯保费费率，L 为赔款总额，N 表示索赔次数，E 表示风险单位数；$\frac{N}{E}$ 表示索赔频率，$\frac{L}{N}$ 表示索赔强度。可以看出，索赔频率和索赔强度都是非寿险纯保费费率的影响因素，因此非寿险纯保费费率的厘定需要分别预测索赔频率和索赔强度，这也是前文介绍损失模型的意义所在。非寿险纯保费费率的厘定主要包括以下几个步骤：

（1）确定保额损失率。由于保险索赔金额和保险事故具有随机性，因此实务中往往会借助较长一段时间的数据，一般不低于 5 年的数据拟合赔偿金额占保险金额的比例，即保额损失率。

（2）计算方差，描述风险特征。方差可以描述单次保额损失率与平均保额损失率之间的差异性，进而评估平均保额损失率的代表性。方差越小则代表性越强。

（3）计算变异系数（稳定系数），评估保险经营的稳定性。变异系数是标准差和均值的比率，用于衡量期望与实际结果的差异性，可用于评估平均保额损失率对各次实际保额损失率的代表程度。变异系数越小，则意味着保险经营越稳定。

（4）确定纯保费费率。

六、非寿险总保费费率的厘定方法

非寿险公司在确定保费时，往往需要考虑税金以及佣金、保险保障基金以及管理费用等，可以将这部分保费称为"承保费用（underwriting expense）"。在费率厘定中，承保费用通常可以分为两大类，即固定费用和变动费用。变动费用指与保费收入有关联的费用，比如税金和佣金就属于这类；固定费用指的与保费收入无关的费用，一般来说印刷等日常管理费用就是固定费用。在实务中，这些费用都通过附加保费费率来体现，厘定的方法主要有两种：纯保费法和赔付率法。

（一）纯保费法

纯保费法（pure premium method）通过在纯保费的基础上附加各种必要的费用和利润来得到毛保费费率，附加上的费用率和利润率构成了附加保费费率。基本思想可以表达为

$$R = P + (F + RV) + RQ \qquad (12-5)$$

式中，R 为每个风险单位的保费，P 表示纯保费，F 表示固定费用率，V 表示变动费用

率，Q 表示单位保费的利润附加比率。进一步有，

$$R = (P + F)/(1 - V - Q) \tag{12-6}$$

（二）赔付率法

赔付率法（loss ratio method）是一种应用更为广泛的费率厘定方法，在此方法中，新的费率等于费率调整因子与当前费率的乘积，首先需要根据赔付率确定出费率的调整因子，可表示为

$$R = A \times R_0 \tag{12-7}$$

式中，R 为每个风险单位的保费，R_0 表示当前的费率，A 表示调整系数（因子）。因此，在赔付率法中，费率厘定的关键在于确定调整因子 A。通常来说，调整因子 A 受固定费用率和变动费用率以及利润附加比率的影响，可表达如下：

调整因子 $A =$（赔款理赔费用率 + 固定费用率)/(1 − 变动费用率 − 利润附加比率）

在既定的目标利润附加比率 Q、确定的固定费率 F、变动费率 V 以及当前费率 R_0 条件下，调整因子

$$A = \left(\frac{P}{R_0} + \frac{F}{R_0}\right)/(1 - V - Q) \tag{12-8}$$

实践中，纯保费法是基于每个风险单位的纯保费来计算总保费费率的，因此如果风险单位的确定较为困难或风险单位在不同风险个体上难以保持一致，例如地震风险、火灾风险，就不适宜用纯保费法；赔付率法的基础是有经验赔付率并有确定的已有保费费率，因此在进行产品开发时，赔付率法将失效，新业务往往会采用纯保费法厘定保费费率。

第二节　非寿险准备金

一、非寿险准备金概述

非寿险准备金是指非寿险公司开展业务所需提取的准备金，用于支付未来需要赔付而预留或准备的资金，主要包括未到期责任准备金、未决赔款准备金和理赔费用准备金三类。

未到期责任准备金是为了支付当年承保的业务在会计年度末尚未到期的保险合同所需的保险赔付。由于非寿险经营的负债性，会计年度末所承保的当年保单在时间上还有尚未到期的保险责任，因此需要提留准备金用于以后年度支付可能发生的损失。未决赔款准备金主要用于支付在会计年度末尚未确定赔付金额的保险事故损失，引起未决赔款的原因主要在于保险事故的发生、报告和理赔之间的时间延迟。例如，可能事故发生后很长时间才表现出损失，进而投保人或被保险人会出现"报案延迟"，而保险人接到报案后需要对保险损失进行评估又可能由于技术等方面的约束而产生"理赔延迟"，这种"报案延迟"和"理赔延迟"都可能导致保险人在会计年度末由于缺乏信息或不能确定具体赔偿金额而面临未来会计年度难以确定的保险赔付，因而需要提取未决赔款准备金。不难看出，未决赔款准备金的提取是非

寿险精算中较有挑战的一项工作。理赔费用准备金是用于支付尚未结案的索赔而发生的理赔费用所提取的准备金。对于任何一项保险事故，保险人除了需要发生必要的保险金赔付外还需要承担一定的理赔费用，因此非寿险公司在提取赔款准备金的同时也需要提取理赔费用准备金。

二、未到期责任准备金

未到期责任准备金的提取一般假定风险分布是均匀的，保险保费的收取是均匀的，进而采用比例的方法进行提取。在上述假设条件下，可以假定未到期责任准备金和未到期的保险合同期成正比，因而可按比例提取。根据假设不同，比例法主要包括四种：年比例法（1/2 法）、季度比例法（1/8 法）、月比例法（1/24 法）和日比例法（1/365 法）。其中，年比例法、季度比例法和月比例法都要求保费收入在年、季度、月内满足均匀分布的假设。不难看出，假设条件越严格，偏离实际的可能性越大，因此如果在计算技术条件和数据足够充分的情况下一些非寿险公司都会采用 1/365 法进行未到期责任准备金的提取。

三、未决赔款准备金

未决赔款准备金包括已报案未决赔款准备金和已发生未报案未决赔款准备金（incurred but not reported，IBNR）。未决赔款准备金是非寿险公司最重要也是最难准确评估的一项负债业务。已报案未决赔款准备金主要用于"理赔延迟"引发的赔款准备，已发生未报案未决赔款准备金主要用于"报案延迟"引发的赔款准备。未决赔款准备金的提取方法可以分为确定性方法和随机性方法。确定性方法包括链梯法、案均赔款法、准备金进展法以及将链梯法和赔付率法结合起来的 B-F 法（Bornhuetter 和 Ferguson 于 1972 年提出，为解决统计数据不充分的未决赔款准备金提取的困难）。链梯法是指将赔款数据根据事故发生年和赔款支出年交叉分组而形成的数据，即流量三角形中的各列的比例关系来外推未来的赔款数据的方法。其中的"链"是由后一年与前一年的比率逐年构成的，其重要的一个前提假设是非寿险公司的赔款支出的延迟是稳定的模式。案均赔款法和准备金进展法的基本原理相同，但采用的数据基础不同。

四、理赔费用准备金

理赔费用准备金主要包括直接理赔费用准备金和间接理赔费用准备金。直接理赔费用准备金指直接用于赔付的费用，包括专家咨询费、损失检验费用等；间接理赔费用主要包括不直接发生在具体赔案而是在整个理赔过程中都会产生的理赔费用，如定期发生的印刷费用、交通费用等。

（一）直接理赔费用准备金

提取直接理赔费用准备金的方法主要包括两种：一种是直接将直接理赔费用纳入未决赔款准备金中，用未决赔款准备金的提取方法进行提取；另一种是对直接理赔费用准备金进行单独提取，常用的方法是链梯法和比率法。一般来说，当理赔费用延迟方式和赔案赔付延迟方式差异较大时，或者单个的保险案件的理赔费用较大时，就可以采用单独提取的方式。链梯法的优点在于简单、直观；比率法综合了直接理赔费用和赔款之间的关系，假定直接理赔费用和相应的理赔金额之间存在着一种稳定的比率关系，并认为这种比率关系在未来也是稳定适用的。

（二）间接理赔费用准备金

间接理赔费用准备金与整个非寿险公司经营业务类型和流程相关，大多数情况下可以将间接理赔费用准备金按照统一的标准进行提取，但是在特殊情况下需要根据业务类型，即保险险种类型进行提取。由于间接理赔费用发生在整个保险期内和理赔期内，所以对于间接理赔费用准备金的提取最简单的一种方式是假定间接理赔费用在立案时发生了50%，在剩余的理赔过程中发生了50%。此时，间接理赔费用准备金可以按下式进行提取：

间接理赔费用准备金＝（逐案估计准备金×50%＋IBNR）×间接理赔费用占已付赔款比例

实际操作中，50%的比例可以根据实际情况进行调整。

第三节　寿险费率的厘定基础

一、利息的度量

（一）利息概述

利息是资金所有者由于借出资金而获得的报酬。利息广泛存在于现代生活之中，已成为衡量经济效益的一个尺度。关于利息的来源，经济学理论有不同的观点，但总体来说其本质可以理解为一种价值。这种价值在"节欲论"看来是由于资本所有者不能将资本用于当前的消费（节欲）而得到的报酬，节欲者需要等到未来才能运用资金进行消费，所以得到了相应的报酬，这种报酬体现为资金接待者向其支付的价值。根据"时差论"的观点，这种价值则由于人们对当前的资本评价会大于对未来相等金额的资本评价，即现在的一元钱比未来任意一个时点上的一元钱更有价值，利息是时差产生的价值；这种"时差论"的主要依据是人们都具有"流动性偏好"，即人们都更愿意持有流动性资金。基于此，"流动性偏好理论"将利息表达为资金所有者放弃资金的流动性即现金的持有而获得的由资金借贷者支付的报酬。马克思政治经济学认为劳动、资本和土地一样，都是可以创造价值的要素，和地租一样，占用了资本的资本借贷者需要支付相应的租金，即利息，这部分利息来源于剩余价值。

利息作为资金所有者和借贷者之间的资金交易纽带，在宏观经济中对资源配置，调节国民经济活动，国民消费和企业生产有明显的作用；利率作为利息的价格，效果更为明显，有显著的杠杆作用。当利息存在时，资本借贷者往往需要向资金所有者支付多余本金的资金，即本息和，也称为积累值；如果在借贷期结束时支付利息，那本息和也就是终值，积累值、本息和、终值、本金和利息的价值关系式可以表达

如下:

$$本息和＝本金+利息＝积累值＝终值 \tag{12-9}$$

终值表达了资金借用者在期终需要支付的金额总量,可以记为 $a(t)$,表达 1 个单位的本金在经历了 t 期后将获得的资本量;如果将这部分资金按一定的方式折算到发生借贷的时点,那这部分资金就成为现值,可以记为 $a^{-1}(t)$ 。它表示在 t 期后可以获得 1 个单位的资本金,即终值为 1。终值和现值之间的关系式可以表达如下:

$$a(t) = 1/a^{-1}(t) \tag{12-10}$$

(二)利息的度量方式

实践和理论上,经常用利率表达利息;也可以在折现的条件下用贴现率表达利息;如果关注具体某一个时间点本金创造价值的能力,还可以用利息力度量利息。寿险产品往往是长期的,因此利息的度量非常重要,是寿险精算的基础,对寿险产品定价和责任准备金的提取都非常重要。

1. 利率(实际利率和名义利率)

寿险精算中,利率有实际利率和名义利率之分。值得注意的是,寿险精算中的名义利率区别于宏观经济中的名义利率。所谓的实际利率就是本金在经历了一段时期后实际产生的利息与期初投入的本金之比,反映了 1 个单位的本金在这段时期内创造价值的能力。往往将一个时期内结息一次的利率表达为实际利率,最常见的是采用一年结息一次的利率。实际利率可以表达为

$$i_t = \frac{[a(t) - a(t-1)]}{a(t-1)} \quad t \in N \tag{12-11}$$

进而有

$$a(t) = (1 + i_1)(1 + i_2) \cdots\cdots (1 + i_t) \tag{12-12}$$

名义利率是用来表达一期结息多次的情况下利息的价格,如果一期内结息 m 次,例如一年内结息 4 次,一个季度结息一次,那 $m = 4$;那么 1 期的利率可以记为 $i^{(m)}$,可以推论得出 $i^{(m)} = m * \dfrac{i^{(m)}}{m}$ 。$\dfrac{i^{(m)}}{m}$ 即 $\dfrac{1}{m}$ 期内的实际利率,$i^{(m)}$ 为 1 期内的名义利率,故进一步可以得出

$$\left(1 + \frac{i^{(m)}}{m}\right)^m = 1 + i \tag{12-13}$$

式中,i 为一期内结息一次的实际利率,表达了实际利率和名义利率的等价关系式。寿险精算或利息利率中,实际利率和名义利率可以等量换算后替代使用,不影响计算结果,但一般习惯性将名义利率换算为实际利率再进行计算。

实践中,利息主要受计息时长(借贷期限)、本金以及计息方式影响,根据是否将某一期限结束时产生的利息在下一个时期内当作本金进行计息,计息方式可分为单利和复利。

(1)单利

单利是指本金投入一个时期后计算出来的利息不计入下一期的本金,即下一期产生的利息基础始终是原始投入的本金。因此,单利计息条件下,终值/积累值可以

表达为

$$a(t) = (1+i_1)(1+i_2)\cdots\cdots(1+i_t) = 1 + it \quad t \geq 0 \qquad (12-14)$$

由于各期的利息均源于原始投入的本金产生，而各期的投入时长相等，故式（12-14）中的 it 可以理解为期末时总的利息值，由于各期的利息值均为 i，固有式（12-14）始终成立。

单利下的现值可以表达为

$$a^{-1}(t) = \frac{1}{(1+it)} \quad t \geq 0 \qquad (12-15)$$

（2）复利

复利是指本金投入一个时期后计算出来的利息重新计入下一期的本金，因此本金不断增加，下一期的本金与上一期的本金之间在数额上相差上期产生的利息，因此不同时间点上观测到的各期利息值也在不断变化。因此，复利计息条件下，终值/积累值可以表达为

$$a(t) = (1+i_1)(1+i_2)\cdots\cdots(1+i_t) = (1+i)^t (t \geq 0) \qquad (12-16)$$

复利也被形象地称为"利滚利"。对于任意 t，由于各期的利息均源于新计算出来的本金 $(1+i_t)$，故下一期的积累值为 $(1+i_t)(1+i_{t+1})$，而各期的投入时长相等，始终有 $i_1 = i_2 = \cdots\cdots = i_t$，故式（12-16）总是成立。

复利下的现值可以表达为

$$a^{-1}(t) = \frac{1}{(1+i)^t} = (1+i)^{-t} \quad t \geq 0 \qquad (12-17)$$

2. 贴现率（实际贴现率和名义贴现率）

贴现是资本交易中常见的方式。商业银行经常以未到期的票据向投资人（借款人）提供资金支持，借款人因而获得了流动性而向银行支付贴息，即向银行支付了借款的代价，银行获得了对应的报酬。贴息往往根据市场利率和票据发出人的信用进行确定。实际交易中，银行会将扣除掉贴息后的金额支付给票据持有人而获得了票据所有权，即如果银行认为面额为 1 000 元的票据需要收取 250 元的贴息，那么票据持有人在向银行转移票据所有权时将获得 750 元的流动性。可以看出，区别于利息在借贷期结束时进行支付或计算，贴息的计算发生在借贷发生时，即整个借贷期期初。贴现率就可以表达为贴息于票据到期时应得到金额之比。同样的，贴现率也有实际贴现率和名义贴现率之分：如果一期内贴息一次，那么对应的是实际贴现率，可记为 d；如果一期内贴息多次，那么对应的是名义贴现率 $d^{(m)}$。

可以推论得出，若期末值/终值为 1 个单位的货币量，利息率 i 和贴现率 d 之间存在以下关系：

$$(1+i)(1-d) = 1 = (1+i) - (1+i)d \qquad (12-18)$$

式（12-18）左边可以理解为 $1-d$ 单位的本金积累一期，即乘以 $(1+i)$ 后，得到终值 1；式（12-18）的右边可以理解为如果终值为 $1+i$，则应扣除掉 $(1+i)d$ 的贴息值后得到应该支付的本金 1。故始终存在以下关系式：

$$d = i/(1+i) \qquad (12-19)$$

$$i = d/(1 - d) \qquad (12\text{-}20)$$

如果将 $1/(1 + i)$ 定义为折现因子 v，那么折现因子也等于期末值为 1 的期初值，故存在以下关系式：

$$id = \frac{i}{1 + i} = iv \qquad (12\text{-}21)$$

因此，贴现率和利率之间的关系可以理解为利率是贴现率的终值。对于相同金额的本金和投资期限，贴息是利息的现值，利息是贴息的终值。

不难看出，单利条件下，有

$$a^{-1}(t) = 1 - di \qquad (12\text{-}22)$$

复利条件下，有

$$a^{-1}(t) = (1 - d)^t \qquad (12\text{-}23)$$

3. 利息力

贴现率和利率都表达了一段时期内本金创造价值（利息）的水平和能力，实际利率和实际贴现率表达了一段时期内结息一次的利息，名义利率和名义贴息率表达了一期内结息 m 次的利息；如果需要度量或表达一笔资金在某一时刻（时点）上创造价值的强度，那就可以选择利息力这一指标。利息力表达的是瞬时的概念，故可以借用导数的思想来进行表达。若将利息力记为 δ，则 δ_t 表示 t 时资金创造利息的价值，可表示为

$$\delta_t = \frac{a'(t)}{a(t)} \qquad (12\text{-}24)$$

不难证明，δ_t 既表达了贴息强度，也表达了利息强度，即当 m 趋于无穷时，必然有 $1/m = h$ 趋于 0，则有

$$\frac{\lim\limits_{h \to 0}[a(t + h) - a(t)]}{a(t)} = \delta_t = \frac{\lim\limits_{h \to 0}[a^{-1}(t + h) - a^{-1}(t)]}{a(t)} \qquad (12\text{-}25)$$

进一步，可以发现当利息力为常数时，意味着每个时点资金创造利息的能力相同，故可以说如果利息力为常数，则每期的实际利率相同；前文已经证明了复利条件下一个单位货币相同期限内创造的利息值均为 i，从表象上来看这两种情况吻合，但每期的实际利率相等并不意味着每个时点上资金创造利息的能力相同，可能实际上是某一个时段内强度大些，另一个时段内强度小些。寿险精算中，我们往往采用复利进行计息，这一点请读者尤其注意。

二、生命表的编制与选择

（一）生命表概述

生命表是一个统计表，研究同一时刻出生的一群人的整个生命过程，根据一定时期某一国家或地区的特定人群的有关生存、死亡的统计资料，加以分析整理而形成。生命表全面地反映某一国家和地区一定人群的生死状况，生命表所提出的最重要的一个信息就是呈现出某一个年龄的死亡率。因此，生命表记载的生存数、死亡

259

数、生存率、死亡率和平均余命是人寿保险测定风险的工具，是厘定人寿保险纯费率的基本依据，也是寿险精算重要的基础工具。

生命表可分为国民生命表和经验生命表。国民生命表是根据全体国民或某一特定地区人口的死亡资料编制而成的；经验生命表是根据保险机构的死亡记录编制而成的。在人寿保险的精算过程中，一般选用经验生命表，因为国民生命表统计的范围很大而经验生命表所统计的对象仅为被保险人，他们只有在身体合格的情况下，才能参加人寿保险。因此，相对于国民生命表而言，经验生命表中的死亡率更低，对保险机构更具有实际意义。

(二) 生命函数的随机变量

生命函数通指以生命表的生存数为基础推衍出来的各种函数，依赖于生命表中的原始生存数，即 0 岁的人数及死亡率。在生命函数中有以下三个关键的随机变量：

1. 个体寿命

个体寿命 X 表示新生儿或 0 岁的人在死亡时的年龄为 X。X 为连续随机变量，假定其服从分布函数 $F(x)$，则有 $F(x) = P(X \leq x, x \geq 0)$，即新生儿尚未活到 x 岁就死亡的概率为 P，那 $1 - F(x) = 1 - P(X \leq x)$ 则为新生儿活过 x 岁的概率，即 $S(x) = P(X > x)$；$S(x)$ 称为关于 x 的生存函数。我们不难得出生存函数具有以下性质：

$S(0) = 1$；

$S(\infty) = 0$；

$S(x)$ 是一个关于 x 的递减函数；

$S(x)$ 是一个关于 x 的连续函数；

$$P(x_1 < X \leq x_2) = S(x_2) - S(x_1) \qquad (12\text{-}26)$$

2. 个体余命

个体余命 $T(x)$ 表示年龄为 x 岁的人未来还能存活的生存时间，由此可以看出 $T(x)$ 是一个连续随机变量。如果 $T(x)$ 记为 T，T 满足 $G(t)$ 的分布函数，则有 $G(t) = P(T \leq t)$，指 x 岁的人在 t 年内死亡的概率。运用生存函数 $S(x)$，可以得出生存函数 $S(x)$ 和 $G(t)$ 的关系：

$$G(t) = \frac{s(x) - s(x + t)}{s(x)} \qquad (12\text{-}27)$$

式 (12-27) 明确地表述了个体余命和生存函数的关系。

3. 取整余命

取整余命 $K(x)$ 表示年龄为 x 岁的人死亡时已生存的整数年，由此可以看出 $K(x)$ 是一个离散的随机变量。如果 $K(x)$ 记为 K，则 K 的取值为 0，1，2，3，$\cdots$，k，K 与个体余命 T 的关系，可以表达为 $K = [T]$，即 K 为 T 的最大整数。故可借用 T 的分布函数来表达 K 的分布特征，可有以下表达式：

$$P(K = k) = P(k \leq T < k + 1) = G(k + 1) - G(k) = \frac{s(x + k) - s(x + k + t)}{s(x)}$$

$$(12\text{-}28)$$

（三）常见的基本生命函数

（1）同时出生的一批人活过 x 岁的生存人数 l_x 的计算公式如下：

$$l_x = l_0 P(X > x) = l_0 S(x) \tag{12-29}$$

（2）同时出生的一批人中在 x 岁和 $x+1$ 岁间平均死亡的人数 d_x 的计算公式如下：

$$d_x = l_0 P(x < X \leqslant x+1) = l_0 S(x) - l_0 S(x+1) = l_x - l_{x+1} \tag{12-30}$$

（3）x 岁的人活过 $x+1$ 岁的概率 p_x 的计算公式为

$$p_x = P(T > 1) = 1 - P(T \leqslant 1) = l_{x+1}/l_x \tag{12-31}$$

（4）x 岁的人在未来一年内死亡的概率，即活不过 $x+1$ 岁的概率 q_x 的计算公式为

$$q_x = P(T \leqslant 1) = 1 - \frac{l_{x+1}}{l_x} = 1 - p_x \tag{12-32}$$

不难看出，存在以下关系式：

$$q_x + p_x = 1 \tag{12-33}$$

$$l_{x+1} = l_x - d_x \tag{12-34}$$

（5）x 岁的人在未来 n 年内生存的概率，即活过 $x+n$ 岁的概率 $_np_x$ 的计算公式为

$$_np_x = P(T > n) = \frac{l_{x+n}}{l_x}$$

（6）x 岁的人在未来 n 年内死亡的概率，即活不过 $x+n$ 岁的概率 $_nq_x$ 的计算公式为

$$_nq_x = P(T \leqslant n) = 1 - \frac{l_{x+n}}{l_x} = 1 - {_np_x} \tag{12-35}$$

（7）活到 x 岁的人当中，瞬间死亡的人所占的比例被称为死力 μ_x，其计算公式为

$$\mu_x = -\frac{S'(x)}{S(x)} = -\frac{l'_x}{l_x} \tag{12-36}$$

三、寿险纯保费费率和毛保费费率

（一）纯保费费率

寿险中的纯保费 P 用于日后保险金的给付，其主要决定因素是预定死亡率和预定利率，一般按照收支相等原则根据不同的年龄进行计算。与非寿险一样，纯保费费率和附加保费费率共同构成保费费率。理论上看，寿险保费既可以趸缴，也可以期缴；实践中，由于大多数的寿险都是长期且有一定的储蓄或投资属性而采取期缴的方式居多。

1. 趸缴纯保费费率

趸缴纯保费一般可以理解为保险金现值函数的数学期望值。由于寿险的投保时间点与保险金的支付时间点不同，因此支付保险金的时间点就成为计算现值的关键点。实践中，保险金的支付时间点存在两种情况：一种是保险金在死亡年度末支付，

另一种是保险金在死亡后立即支付。根据趸交保费计算的基本思想，可以用下列数理表达式呈现趸交纯保费 P，进而计算趸交纯保费费率 p。

首先，根据收支平衡原则，应有

$$趸缴纯保费 = E(保险金支付的现值) \tag{12-37}$$

$$保险金支付的现值 = b_t \times v_t \tag{12-38}$$

其中，b_t 表示未来的保险金支付额，v_t 表示折现因子。

根据前面所学习的知识可知：

$$v_t = a^{-1}(t) = \frac{1}{(1+i)^t} = (1+it)^{-1} (t \geq 0) \tag{12-39}$$

（1）死亡保险的趸缴纯保费费率

死亡保险是指以被保险人死亡为支付保险金的条件的保险，实践中有保险合同双方约定死亡之后立刻支付保险金的情形和死亡年度末支付保险金的情形。在死亡保险中，进一步观察发现，t 值的选择会影响 P 的大小：当保险金支付发生在死亡年度末时，t 的取值实际上等于被保险人的取整余命 $K+1$，当保险金支付发生在死亡之后，t 的取值实际上等于被保险人的个体余命 T。即有如下表达式：

$$t = \begin{cases} k+1 & （被保险人死亡年度末支付保险金） \\ T & （被保险人死亡立即支付保险金） \end{cases} \tag{12-40}$$

因此，不难得出保险金现值的基本表达式：

$$b_t \times v_t = \begin{cases} b_{k+1} \times v_{k+1} & （被保险人死亡年度末支付保险金） \\ b_T \times v_T & （被保险人死亡立即支付保险金） \end{cases} \tag{12-41}$$

最终，可以得出趸交纯保费 P 及费率 p 的表达式：

$$P = E(b_t \times v_t) = \begin{cases} E(b_{k+1} \times v_{k+1}) & （被保险人死亡年度末支付保险金） \\ E(b_T \times v_T) & （被保险人死亡立即支付保险金） \end{cases}$$

$$\tag{12-42}$$

$$纯保费费率 p = P / 保额 \tag{12-43}$$

（2）生存保险的趸缴纯保费费率

生存保险是指以被保险人生存为支付保险金的条件的保险，实践中有以生存为条件支付一次保险金的情形和以生存为条件在一定期限内于每年年末或其他固定时间点支付多次保险金的情形。为简便起见，本书仅讨论以生存为条件的一次性给付的情形，支付多次的情形可计算各支付年度的现值之和。根据趸缴纯保费的基本含义，我们同样可以得出生存保险纯保费的基本数理表达式。

计算精算现值 $_nE_x$，精算现值是指以生存为支付条件所支付的现值。不难看出

$$_nE_x = v^n \times {_np_x} = v^n \times \frac{l_{x+n}}{l_x} \tag{12-44}$$

实际上，不难看出精算现值可以被看作被保险人或投保人投保的保险金为 1 的趸缴纯保费，也相当于纯保费费率 p。

2. 期缴纯保费费率

期缴保费是寿险实践中经常采用的方式，期缴保费是保险公司采取均衡保费经

营方式的重要表现。根据寿险精算的基本收支平衡式，有

$$E(Z) = E(X) \qquad (12\text{-}45)$$

式中，$E(Z)$ 为趸缴纯保费，$E(X)$ 为以纯保费为金额的生存年金精算现值。

设期缴纯保费为 P，Y 为单位纯保费的现值，则有以下关系式：

$$E(Z) = E(P \times Y) \qquad (12\text{-}46)$$

进一步，有

$$P = E(Z)/E(Y) \qquad (12\text{-}47)$$

（二）毛保费费率

毛保费 P' 是由纯保费 P 和附加保费 P^f 构成的。计算附加保费是计算毛保费的关键，一般可使用三种方法。

1. 三元素法

三元素法把附加保费 P^f 分为三类：原始费用、维持费用、收费费用。原始费用是指保险公司为招揽新合同，在第一年度支出的一切费用。在这里，我们把单位保险金额的原始费用设为 P_1。维持费用是指整个保险期间为使合同维持效力的一切费用，它应分摊于各期。我们把单位保险金额的维持费用设为 P_2。收费费用是指收取保费时的支出。与维持费用一样，它也分摊于各期，单位保险金额的费用可设为 P_3。然后，我们把将来年份的附加费用 $P^f = p_1^f + p_2^f + p_3^f$ 折合成现值，就可得到附加保费的现值之和。再根据"毛保费现值＝纯保费现值+附加保费现值"的原理来计算毛保费 P'。三元素法的优点是计算结果准确，缺点是计算过程复杂、繁琐。

2. 比例法

比例法假设附加保费为毛保费的一定比例 K，这一比例通常是根据经验来确定的。设毛保费为 P'，纯保费为 P，附加保费比例为 K，则有

$$P' = P + KP \qquad (12\text{-}48)$$

整理得

$$P = P'/(1 + K) \qquad (12\text{-}49)$$

比例法的优点是计算简便，不足之处在于 K 值的确定缺乏合理性。

3. 比例常数法

比例常数法是指根据每张保单的平均保险金额计算出每单位保险金额所必须支付的费用，并把其作为一个固定常数 C，然后，再确定一个毛保费的比例作为附加保费的方法。设固定常数为 C，则可得

$$P' = P + KP + C \qquad (12\text{-}50)$$

整理得

$$P = (P' - C)/(1 + K) \qquad (12\text{-}51)$$

第四节 寿险准备金

一、保费准备金

提取保费准备金是采取均衡保费经营的寿险公司必须开展的重要工作之一。在均衡保费条件下，寿险公司收取的保费与实际死亡率无明显关系，区别于自然保费与死亡率成正比。均衡保费可以缓解投保人的缴费压力，但同时对于保险人来说增强了其经营的负债性。

（一）均衡纯保费准备金

均衡纯保费责任准备金简称"均衡纯保费准备金"。在实践中，有两种提取的方法，分别是预期法和追溯法，实际上这两种方法是等价的。

1. 预期法

预期法又称将来法。其基本思想是：基于某一时刻，从未来预期的支出的精算现值中减去收入的精算现值。在趸交纯保费条件下，若记趸缴纯保费为 A，则有 $A = Pa$，P 为期缴纯保费，a 为保险金为 1 的生存年金的精算现值。

进一步，可以计算出预期法下的 t 时刻应提取的责任准备金 $_tV$，t 为提取准备金的时刻，定有

$$_tV = A - Pa \qquad (12\text{-}52)$$

2. 追溯法

追溯法又称过去法。其基本思想是：基于某一时刻，将被保险人过去缴纳的纯保费收入的终值减去过去死亡给付给被保险人的保险金的精算终值。在趸交纯保费条件下，若记 A 为过去给付给死亡被保险人的精算现值或趸缴纯保费，S 为某一时刻前被保险人过去缴纳的纯保费的精算终值，P 为期缴纯保费，E 为纯生存保险的趸交纯保费（精算现值），在追溯法下的 t 时刻应提取的责任准备金 $_tV$，t 为提取准备金的时刻，则应有以下表达式：

$$_tV = PS - A/E \qquad (12\text{-}53)$$

（二）毛保费准备金

当纯保费采取均衡保费时，毛保费也必然采取均衡保费，而附加保费一度不是均衡的，故毛保费准备金的提取也非常必要。毛保费准备金的计算原理与均衡纯保费准备金的计算原理相同，提取方法也一致。

1. 预期法

毛保费准备金＝未来毛保费收入的精算现值－未来支付保险金和管理费用的精算现值

2. 追溯法

毛保费准备金＝过去毛保费收入的精算现值－过去保险金支付和管理费用的精算现值

二、实际责任准备金

由于上述的均衡纯保费准备金或毛保费准备金的提取有一系列前提条件，而这些条件在实践中不一定总是成立，所以可以称为理论责任准备金。在实践中，各国（地区）的相关法律或监管部门往往会对人寿保险准备金进行最低限度的规定，以保障被保险人的利益和保险人的偿付能力。

实际责任准备金也来自保费收入，其提取方法与前述的理论准备金的提取方法一致，即预期法和追溯法两种，不过在提取实际准备金时提取的基础是根据实际情况修正后的均衡纯保费。

■ 本章关键词

保费费率　生命表　毛保费　准备金　预期法　趸交保费　未决赔款准备金

■ 复习思考题

1. 保险费率主要由哪两部分构成？
2. 简述保险费率厘定的原则。
3. 财产保险确定纯费率的基本因素是什么？
4. 寿险保费计算的基本影响因素有哪些？
5. 什么是生命表？其内容有哪些？
6. 寿险保费计算的基本原则是什么？
7. 简述寿险保费计算的步骤。
8. 寿险毛保费的计算方法有哪些？
9. 寿险准备金的提取方法主要包括哪两种方法？
10. 为什么会有理论寿险责任准备金和实际责任准备金？
11. 寿险毛保费费率的确定方法有哪些？

参考文献

----

[1] 尼豪斯. 风险管理与保险 [M]. 陈秉正, 等译. 北京: 清华大学出版社, 2005.

[2] 普雷切特, 丝米特, 多平豪斯, 等. 风险管理与保险 [M]. 孙祁祥, 等译. 北京: 中国社会科学出版社, 1998.

[3] 多尔蒂. 综合风险管理: 控制公司风险的技术与策略 [M]. 陈秉正, 王珺, 译. 北京: 经济科学出版社, 2005.

[4] 福柯. 规训与惩罚 [M]. 刘北成, 杨远婴, 译. 上海: 上海三联书店, 1998.

[5] 园·乾治. 保险总论 [M]. 李进之, 译. 北京: 中国金融出版社, 1983.

[6] 罗雪尔. 历史方法的国民经济学讲义大纲 [M]. 朱绍文, 译. 北京: 商务印书馆, 1981. 03.

[7] 斯密. 国富论 (上) [M]. 郭大力, 王亚南, 译. 北京: 商务印书馆, 1972.

[8] 威廉姆斯, 汉斯. 风险管理与保险 [M]. 陈伟, 译. 北京: 中国商业出版社, 1990.

[9] 布莱克, 斯基博. 人寿与健康保险 [M]. 孙祁祥, 郑伟, 等译. 北京: 经济科学出版社, 2003.

[10] 贝克. 风险社会 [M]. 何博闻, 译. 南京: 译林出版社, 2004.

[11] 奈特. 风险、不确定性和利润 [M]. 王宇, 等译. 北京: 中国人民大学出版社, 2015.

[12] 美国COSO. 企业风险管理: 应用技术 [M]. 张宜霞, 译. 大连: 东北财经大学出版社, 2006.

[13] 3C框架课题组. 全面风险管理理论与实务 [M]. 北京: 中国时代经济出版社, 2008.

[14] 中国保险史编审委员会. 中国保险史 [M]. 北京: 中国金融出版社, 1998.

[15] 董波. 世界保险史话 [M]. 北京: 中国金融出版社, 2020.

[16] 全国保险标准化委员会. 保险术语 [M]. 北京: 中国财政经济出版社, 2009.

[17] 杨雪冬. 风险社会与秩序重建 [M]. 北京: 社会科学文献出版社, 2006.

[18] 中国金融教育发展基金会金融理财师标准委员会 (FPCC), 周伏平. 个人风险管理与保险规划 [M]. 北京: 中信出版社, 2004.

基/础/保/险/学

［19］北京金融培训中心，北京当代金融培训有限公司组织. 个人风险管理与保险规划［M］. 北京：中信出版社，2009.

［20］宋明哲. 现代风险管理［M］. 北京：中国纺织出版社，2003.

［21］卓志. 风险管理理论研究［M］. 北京：中国金融出版社，2006.

［22］兰虹. 保险学基础［M］. 5版. 成都：西南财经大学出版社，2018.

［23］孙蓉，王凯. 保险法概论［M］. 4版. 成都：西南财经大学出版社，2019.

［24］孙蓉，兰虹. 保险原理［M］. 5版. 成都：西南财经大学出版社，2021.

［25］兰虹. 财产与责任保险［M］. 5版. 成都：西南财经大学出版社，2023.

［26］温世扬. 保险法［M］. 北京：法律出版社，2007.

［27］最高人民法院民事审判第二庭. 最高人民法院关于保险法司法解释（四）：理解与适用［M］. 北京：人民法院出版社，2018.

［28］最高人民法院民事审判第二庭. 最高人民法院关于保险法司法解释（三）：理解与适用［M］. 北京：人民法院出版社，2015.

［29］最高人民法院民事审判第二庭. 最高人民法院关于保险法司法解释（二）：理解与适用［M］. 北京：人民法院出版社，2015.

［30］卓志. 寿险精算［M］. 3版. 成都：西南财经大学出版社，2017.

［31］孟生旺，张连增，刘乐平. 精算学基础［M］. 北京：中国人民大学出版社，2018.

［32］孟生旺，刘乐平. 非寿险精算学［M］. 3版. 北京：中国人民大学出版社，2015.

［33］孟生旺. 金融数学基础［M］. 北京：中国人民大学出版社，2014.

［34］张运刚. 利息理论与应用［M］. 3版. 成都：西南财经大学出版社，2016.

［35］张运刚. 寿险精算理论与实验［M］. 成都：西南财经大学出版社，2010.

［36］吴小平. 保险原理与实务［M］. 北京：中国金融出版社，2002.

［37］唐运祥. 保险经纪理论与实务［M］. 北京：中国社会科学出版社，2000.

［38］魏华林，李继熊. 保险专业知识与实务（中级）［M］. 北京：经济管理出版社，2000.

［39］魏华林，朱铭来，田玲. 保险经济学［M］. 北京：高等教育出版社，2011.

［40］魏华林，林宝清. 保险学［M］. 北京：高等教育出版社，1999.

［41］郭振华. 行为保险经济学［M］. 上海：上海交通大学出版社，2020.

［42］姜世杰. 行为保险［M］. 北京：中国财政经济出版社，2018.

［43］王国军. 保险经济学［M］. 2版. 北京：北京大学出版社，2016.